我们一起解决问题

INSIDE THE CRIMINAL MIND
Newly Revised Edition

天生坏种

〔美〕斯坦顿·E.萨梅诺
(Stanton E. Samenow)
著

姚峰 蔡贺 译

罪犯与犯罪心理分析

人民邮电出版社
北京

图书在版编目（CIP）数据

天生坏种：罪犯与犯罪心理分析／（美）斯坦顿·
E. 萨梅诺（Stanton E. Samenow）著；姚峰，蔡贺译.
北京：人民邮电出版社，2024. -- ISBN 978-7-115
-64988-1

Ⅰ．D917.2

中国国家版本馆 CIP 数据核字第 2024TV3253 号

内 容 提 要

罪犯是天生的，还是由家庭或社会造成的？当他们犯下骇人听闻的罪行时，心里到底在想什么？或者说，罪犯的心理本来就与常人不同，在伤害他人时不仅毫无内疚之心，甚至还会获得某种特殊的快感？如果事实真的如此，那么他们有变成好人的可能吗？

在本书中，犯罪心理学家斯坦顿·E.萨梅诺博士基于对数百个案例的深入研究，提出了一种独特的观点。他认为，环境不一定会导致犯罪，一个人是否会成长为暴力罪犯更多取决于认知因素。罪犯的思维模式异于常人，因此，理解罪犯的认知模式比了解犯罪原因更重要。这一观点颠覆了把犯罪归结于外部环境或精神疾病的传统理论，为我们重新认识、预防犯罪并改造罪犯提供了全新的视角。

作为里根总统的犯罪顾问和美国联邦调查局的鉴定专家，萨梅诺博士强调，犯罪人格虽然异常顽固、难以辨别和矫治，但心理健康专家依然可以通过帮助罪犯改变其思维模式来对他们进行矫治。毕竟，罪犯能否痛改前非完全取决于他们自己：他们认为自己是什么样的人，就会变成什么样的人。

◆ 著　[美]斯坦顿·E. 萨梅诺（Stanton E.Samenow）

　　译　姚　峰　蔡　贺

　责任编辑　杨　楠

　责任印制　彭志环

◆ 人民邮电出版社出版发行　　北京市丰台区成寿寺路 11 号

　邮编　100164　　电子邮件　315@ptpress.com.cn

　网址　https://www.ptpress.com.cn

　固安县铭成印刷有限公司印刷

◆ 开本：720×960　1/16

　印张：20.75　　　　　　　　　　2024 年 10 月第 1 版

　字数：294 千字　　　　　　　　2025 年 7 月河北第 6 次印刷

　著作权合同登记号　图字：01-2022-4461 号

定　价：89.00 元

读者服务热线：（010）81055656　印装质量热线：（010）81055316

反盗版热线：（010）81055315

译者序

当我从人民邮电出版社编辑手中拿到本书原著的时候，我才知道作者已经重新修订了书中的内容。和上一版相比，本版内容又发生了很大变化，于是我开始翻译这本书。由于有其他任务，翻译工作没能持续进行，如今经过一年多的努力，最新的译本终于可以面世了。

作者仍然认为，罪犯和常人之间的区别主要在思维模式上，一些流行的观点不足以解释犯罪行为的成因，而思维错误才是主要原因。作者在第 3 章总结了 12 种典型的思维错误，他认为矫治的关键是帮助罪犯改变其思维模式，放弃思维错误并负责任地生活。

本书的观点不仅可以为我国从事犯罪预防和矫治的专业人士提供一定的参考，还可以让从事教育工作的老师和家长借鉴使用。此外，本书也适合对犯罪心理学感兴趣的人阅读。但是，由于文化等方面的差异，我们在阅读本书的时候需要结合我们自身的实际情况，有鉴别地反思相关案例。

本书译者为：姚峰（负责前言、第 1 章至第 10 章的内容）；蔡贺（负责第 11 章至第 19 章的内容）。

本书同时也作为 2023 年度青少年心理健康与危机智能干预安徽省哲学社会科学重点实验室开放基金重点项目"人工智能在青少年心理健康评估和预警中的应用研究"（SYS2023B04），以及 2022 年度安徽省高等学校科学研究项目自然科学重大项目"青少年抑郁症状的脑机制和经颅电刺激干预效果研究"（2022AH040356）的阶段性成果。

姚　峰

2023 年 10 月于合肥

1970 年 1 月，我成为美国华盛顿特区圣伊丽莎白医院犯罪行为调查项目的临床研究心理学家。这个项目是塞缪尔·约克尔森（Samuel Yochelson）医生于 1961 年率先开展的，我于 9 年后参与进来，并在他去世 2 年后的 1978 年完成了这个项目。我们的工作仍然是北美地区对罪犯进行的时间最长的深入研究和矫治。参与者从小偷到杀人狂，其中一些人被法院宣判为"因精神错乱而无罪"。我们花了数千小时采访了来自不同背景的罪犯，对他们来说，犯罪是一种生活方式。

基于早年在底特律郊外的一家州立医院对年轻且犯有重罪的成年患者的临床工作，我开始相信，犯罪是因贫穷、缺乏机会、创伤和绝望而表现出的一种可以被理解的反应。换言之，我认为罪犯也是受害者。但是，在采访了参与研究的罪犯及那些熟悉他们的人后，约克尔森博士和我对罪犯及其犯罪原因的思考有了 180 度的转变。

与我们最初的想法相反，这些罪犯并不是被他们的环境无情地塑造出来的，他们也不是疯了。我们最初关注的是关于犯罪原因的传统心理学和社会学的表述，结果却适得其反，因为这些表述为罪犯提供了更多借口。我们发现，罪犯之所以选择犯罪，是因为他们的思维模式而不是他们所处的环境。罪犯的思维模式与我们正常负责任的人不同。

我们采访的这些人不是受害者，而是自由选择生活方式的施害者。在一部名为《犯罪人格》（The Criminal Personality）的三卷本作品中，我们不仅详细描述了罪犯的思维模式，还提供了一套程序，使一些惯犯心甘情愿地改变自己的思维模式，从而使自己在生活中不伤害他人。

自 1978 年在亚历山大建立办公室以来，我已经为数百名被指控犯罪的男性、女性和儿童提供了心理评估。我曾作为专家证人在 20 多个法庭作证。我花了数千小时帮助罪犯改变他们的思维模式。在这期间，我的部分工作需要与他们的父母、兄弟姐妹、其他亲属、老师和他们生活中的其他重要人物进行面谈，并给他们提供建议。

在美国的 48 个州和加拿大，我曾为几乎所有需要每天与罪犯打交道的专业人士——执法、惩戒、教育、心理健康、社会服务、司法机构及神职人员——提供咨询和培训。我的工作引起了这些在职专业人士的共鸣，但在大多数情况下却被那些没有与罪犯面对面接触的理论家拒绝或忽视。自《犯罪人格》第一卷出版以来，这种情况一直存在。内布拉斯加大学的心理学教授理查德·丁斯特比尔（Richard Dienstbier）在其 1977 年的严肃评论中认定："这本书可能对那些有实践兴趣而不是理论兴趣的人非常有益。"

在与罪犯打交道的 50 多年里，我目睹了美国人对罪犯是谁及应该如何减少犯罪的态度所发生的转变。20 世纪 60 年代，人们对改造罪犯而不是选择把他们关进监狱更感兴趣。20 世纪 70 年代，在再犯罪率很高的情况影响下，"没什么是有效的"这一结论产生了，人们开始对改造罪犯的效果产生了怀疑。1971 年，"禁毒战争"爆发了。20 世纪 80 年代，严厉的量刑准则开始生效。20 世纪 90 年代，相关立法被通过。从 20 世纪 80 年代到 20 世纪 90 年代，美国更多州开始实施死刑，联邦政府和一些州废除了假释。

在经历了一个以"大规模监禁"著称的时代后，美国一直在摒弃"对犯罪采取强硬态度"的做法。随着政治上的整体左倾，一种观点再次出现，即大多数罪犯本质上是善良的，但他们由于被剥夺了机会并遭受了不公正的待遇而走上歧途。改革者更多的是基于意识形态而非事实，他们迫切要求将"非暴力"囚犯从监狱中释放出来，参加提供教育、工作技能和社会技能培训的社区项目。此时，罪犯被再一次认作无法控制的力量的受害者，如贫穷、种族主义、不良榜样，甚至他们自己的基因。除了联邦债务，几乎所有的东西都被认定为可能导致犯罪。

美国曾经走过这条不成功的道路，希望通过解决罪犯犯罪的"根本原因"来减少犯罪。然而，在 20 世纪，人们对犯罪行为的原因几乎没有明确的认识。一个世纪以来的神话再次出现，转移了人们需要关注的焦点，即罪犯及其思维模式。虽然继续研究犯罪的原因很重要，但确定原因并不能解决问题。沉迷于因果关系之谜可能会在智力上得到满足，但对于帮助罪犯改变导致其犯罪的思维模式没有多少帮助。

由于我强调选择和责任，一些批评者断言我是一个顽固的保守派。更糟糕的是，他们断言我是一个将罪犯妖魔化的保守派，想要"把他们关起来并扔掉钥匙"。还有人认为我是一个盲目的自由主义者，坚持认为只要有足够的治疗，罪犯就会改变，可以自由地在街上闲逛。任何读过这本书的人都会发现，我没有任何政治目的。

本书于 1984 年首次出版，随后分别在 2004 年和 2014 年进行了两次修订。尽管关于犯罪的政策、法律、理论和公众情绪不断变化，但犯罪心理的本质并没有改变。批评者认为，犯罪行为是由法律定义的，而法律确实在变化。我将不考虑美国个别州的法律，而是提出一个广泛的犯罪概念，强调人们对彼此造成的伤害，无论它们是否真正构成犯罪。

抛开对罪犯的理论和成见，尝试从他们的角度来看待生活是至关重要的。我将讨论 12 种具体的思维错误，这些思维错误来自不同背景和犯下不同罪行的罪犯的思维。通过这次对罪犯思维的考察，你将了解罪犯在家庭、学校、同伴交往、工作场所和社区的日常生活中是如何发挥作用的。了解罪犯的想法可能有助于你避免成为受害者。

罪犯的思维模式与常人不同，使用的语言也不同。例如，如果一名罪犯说他"信任"你，不要认为这是一种赞美。在他的世界观里，"信任"一词所表达的意思与一般的意思不同，熟悉这个特殊的词的用法以避免误解是很重要的，甚至罪犯使用的"理解"这个词也可能被误解。

最近的大规模枪击事件引起了美国民众对相关立法的呼吁。这意味着要让执法当局和精神健康专业人士注意那些精神不稳定的人，并证明这些人对自己或他人有潜在的危险性。这样的建议得到了相当多的支持，但这样的努力有多实际？效果如何？我将在讨论精神疾病的过程中解决这个复杂的问题。通过观察那些在罪犯手中忍受恐吓和霸凌的家庭成员和同事，我将讨论恐怖主义，因为它在家庭暴力、儿童监护权战争，以及在工作中对同事和下属的霸凌方面都有所体现。

每当发生特别离奇或看似反常的犯罪行为时，人们的直觉反应可能都是：这个人一定是真的有病。但是，暴力行为通常不是病态心理或精神障碍的产物。我将用一个案例来解释这一点，在这个案例中，一个有着长期精神病住院史的人残忍地杀害了自己的母亲。看起来，这起凶杀案很明显是由精神疾病导致的，然而，漫长的法医研究得出了一个意想不到的结论。

保守派和自由派都在呼吁对刑事司法系统进行改革。在政治上几乎没有共识的人也似乎认为需要进行深远的改革。然而，在否定强硬犯罪政策的热潮下，公共安全可能会受到危害。出于良好意图而释放罪犯的努力将导致一场灾难，甚至比50多年前关闭州立医院更糟糕。由于"去监禁化"，精神病患者在被释放后，最终可能会住在桥下，或者被关押在监狱，抑或在城市的街道上搭帐篷。

我有很多关于刑事司法改革的书。我主要关注两个问题。一是全面了解罪犯是谁，以便制定打击犯罪的有效政策。二是采用专门的程序来帮助罪犯改变他们的思维模式。我的建议不是基于意识形态或政治，而是基于对犯罪心理的了解。

目录

CONTENTS

所有罪犯都认为自己是好人。他们知道法律是什么，也承认自己违反了法律。但这并不能撼动他们自认为的好人形象。他们只是觉得自己犯了个错误。此外，不同类型的罪犯还会互相鄙视甚至强烈谴责对方的恶劣行径。这种自以为是的态度真是令人不可思议。

在被判因精神失常而无罪的案件中，许多伪装精神病人的罪犯逃离了法律的制裁。他们不用待在暗无天日的监狱，而是被送往医院，享受着更大的自由和更好的待遇。这让受害者及其家属无不为之愤恨。然而，天网恢恢，这些装病的罪犯总会露出马脚，让正义最终得到伸张。

监狱被认为具备四种功能：惩罚、威慑、使丧失能力和改造。当罪犯被捕入狱后，他们会被安排打扫卫生、进行"二次教育"，并完成劳动改造。"改过自新"是监狱对罪犯的唯一要求。然而，又有多少罪犯真正能洗心革面、重新做人呢？

第 1 章

"天生坏种"还是环境所迫

为了理解自己所处的世界，人们通过以下方式寻求解释——询问"为什么"。我们认为，如果能够确定问题的原因，就能找到解决方案。几十年来，为了找出犯罪的成因，学界先后提出了社会学、心理学和生物学理论。我不打算重述这些理论。我想讨论的是一直以来基于传统的错误结论的观点，即人们之所以成为罪犯是因为他们无法控制的环境。2019 年，伦纳德·伯恩斯坦（Leonard Bernstein）的音乐剧《西区故事》（*West Side Story*）的新版本在百老汇上演。尽管伯恩斯坦对乐谱进行了修改，但讽刺性的歌曲《哎呀，克鲁普克警官》（*Officer Krupke*）仍保留在剧中。在这首歌曲中，帮派成员将他们的犯罪行为归咎于社会经济剥夺或根深蒂固的心理病理学。小混混之所以是小混混，是因为他们的父亲是酒鬼。他们并非一无是处，而是被误解了。社会"玩了一场可怕的把戏"，使他们"得了社会病"。歌词中暗示的基本误解反映了这样一种观点，即社会比罪犯更应该对犯罪负责。

环境不会导致犯罪

最早将贫穷和犯罪联系在一起的是马可·奥勒留（Marcus Aurelius）（公元121—180 年），他认为："贫穷是犯罪之母。"犯罪被认为是对经济贫困的一种自然的适应性反应。美国耶鲁大学教授伊莱贾·安德森（Elijah Anderson）在

《街头准则》（"The Code of Streets"）一文中描述了"成群结队的街头青年必须维护反制法则，以巩固自己的声誉"。威尔莱特集团 2019 年的一项研究表明，安德森的工作是在"为犯罪行为辩护，甚至会导致犯罪行为"。正如无数研究所表明的那样，贫困对于为了生存而挣扎的人具有深刻的影响。然而，并没有证据表明，所有经济上最困难的人都会通过犯罪来改变自身的处境。

半个多世纪前，美国历史协会报告称："在我们的城市里，犯罪率最高的是贫民区，其原因是可以理解的。"但该协会也承认，"犯罪确实发生在社会的各个阶层。绝大多数贫民区的孩子长大后都会成为体面、守法的公民，这一点也需要我们高度注意"。

我们在提到"犯罪的根源"时，仍然是指导致犯罪的社会条件，但专家们承认：没有任何一个因素能够充分解释导致犯罪行为的原因。相反，他们确定了"风险因素"，这个术语最初用来指代任何增加患病概率的因素。美国疾病控制与预防中心（Centers for Disease Control and Prevention，CDC）已经确定了 31 个风险因素：11 个来自个体、8 个来自家庭、6 个来自同伴和社会，以及 6 个来自社区。CDC 同时也提醒道："风险因素不是导致青少年暴力的直接原因。"在看似大杂烩的 31 个风险因素中，CDC 几乎确定了人们可以想象的任何社会或家庭逆境。有些风险因素不应该被称为"风险因素"，因为它们实际上描述的是结果。例如，"与反社会同伴交往"就不是一个真正意义上的风险因素。它只是一个人所做出的选择的结果，也是青少年罪犯的特征。另一个例子是"对父母或照顾者的情感依恋程度低"，这一点其实不足为奇，有犯罪思想的孩子对父母的依恋程度"较低"，主要是因为父母会干扰他们的非法活动。

CDC 还确定了"保护因素，这些因素可以降低年轻人变得暴力的风险"。其中包括高平均成绩、积极的社会取向和宗教信仰。然而，我曾采访过一些青少年和成年人，他们虽然身上有这样的保护因素，但仍从事犯罪活动。

相反，对一个人来说是风险的因素对另一个人来说可能就是机会。我采访过一些在贫困且混乱的家庭中长大的罪犯，他们生活在容易获得枪支和非法毒品的社区，但几乎所有人都报告称他们的兄弟或姐妹也面临类似的风险因素，不过都没有犯罪。目睹父母或兄弟姐妹因参与犯罪活动而毁掉自己的生活，反而会激励许多生活在受犯罪影响的社区居民负责任地生活。

我采访了琳达，她的父亲和哥哥都被关在监狱里。琳达在美国华盛顿特区东南部的一个公共住房中长大。她在红十字会工作，拥有一套住房，从未被捕。我问她，鉴于她的家庭和邻里的"不良榜样"，她为什么没有走上犯罪的道路？琳达用一句话解释道："我不感兴趣。"她说她从童年期开始，就选择了她想效仿的对象，以及她想过的生活。如果琳达成为毒贩、小偷或妓女，许多人也许会说，鉴于她的生活背景，这些结果完全是在预料之中的。但事实并非如此，她在周围的风险因素中选择了不断地自我完善。

事实上，几乎任何生活条件都可以被理解为风险因素，包括在富裕的环境中长大。心理学家科特·巴托尔（Curt Bartol）和安妮·巴托尔（Anne Bartol）指出："来自富裕家庭的儿童和成年人也会犯下严重的罪行。"2013 年，一名少年在醉酒驾驶时杀害了四名行人。他的律师向法官解释说，这名少年由于家庭富有，父母纵容他，以致家庭规则不足。这种关于家庭"富裕"的辩护理由非常有效，以至于这名少年并没有入狱，而是被判缓刑。然而，他的违法行为仍在继续，由于他违反了缓刑条款，在与母亲逃到墨西哥后，二人都被判监禁两年。很明显，犯罪心理并不局限于任何特定的社会经济群体。

大多数生活在犯罪猖獗地区的人都不是罪犯，而是犯罪行为的受害者。20 世纪 70 年代，随着人们从农村地区涌向城市，巴西的贫民窟应运而生。由于找不到负担得起的住房，他们挤进了棚户区。仅在里约热内卢，就有大约150 万人生活在超过 1000 个贫民窟里。这些贫民窟被贩毒集团统治，在毒枭的控制下，全副武装的年轻人打着保护居民的幌子在他们的地盘巡逻。罗西尼亚是里约热内卢最大的贫民窟，这里居住着近 10 万名居民，"朋友之友"（Amigos dos Amigos）是控制着罗西尼亚的黑帮团伙，该团伙从事谋杀、贩毒、卖淫、非法赌博和绑架等犯罪活动。贫民窟的大多数居民都是守法的，许多人都有工作，成为中产阶层的一部分。他们辛勤工作，帮助贫民窟慢慢变成拥有自来水、电力、卫生设施和互联网的社区。罗西尼亚有小型企业、社区中心、学校、娱乐设施和有线电视。一代又一代勤劳的人生活在那里，为改善生活条件而持续奋斗。然而，他们仍然是受害者，因为每当帮派成员之间或帮派分子与警察之间爆发暴力冲突事件时，他们就会被迫留在室内，他们的孩子无法去学校，被迫待在家里，医疗保健设施也会被关闭。

在罗西尼亚，人们可以清晰地看到富裕的科帕卡巴纳地区的摩天大楼。有人认为，收入不平等与大规模枪击事件有关。罗伊·权（Roy Kwon）和约瑟夫·F. 卡布雷拉（Joseph F. Cabrera）认为，收入不平等会导致愤怒和怨恨，最终导致暴力。作为社会学家，他们强调，要想有效解决"大规模枪击事件"的问题，必须"遏制不断扩大的收入不平等，以及这种不平等所带来的不稳定因素"。但是这种观点忽视了富人也会制造大规模枪击事件的事实。2017 年，富豪斯蒂芬·帕多克（Stephen Paddock）在拉斯维加斯米高梅曼德勒海湾度假酒店发动袭击并杀害了 58 人，他在玩电子扑克时每次都会赌上几万美元。2020 年 4 月 18 日，百万富翁加布里埃尔·沃特曼（Gabriel Wortman）在加拿大新斯科舍省的一个乡村小镇谋杀了 18 人。如果我们侧重于不平等的社会学解释，就会将责任推给社会，以要求其进行彻底的改变，但是我们却看到数十亿人即使受到收入不平等的影响，也从未向任何人开枪。因此，实施大规模枪击是一种犯罪心态，而有这种心态的人来自不同的社会背景。

因此，与其说是不平等导致了犯罪，不如说是犯罪大大加剧了不平等。当一个人被监禁时，他的家庭资源，无论多寡，都会变得更加紧张。没有了固定的薪水，生活水平就会下降。受到罪犯侵害的小企业可能会被迫关闭，使业主和雇员陷入贫困。

风险因素的概念似乎为解释犯罪行为提供了一种全面而复杂的方式，但它实际上并没有给这个问题带来任何启发。所谓的风险因素是无穷无尽的，远远超出了 CDC 所确定的范围：过多的糖、高胆固醇、睡眠障碍、外表丑陋、含铅涂料、月亮周期、维生素缺乏和室外高温都有可能成为风险因素。

心理学家卡梅利亚·E. 霍斯提纳（Camelia E. Hostinar）和格雷戈里·E. 米勒（Gregory E. Miller）认为，保护因素在很大程度上影响了一些在"经济困境"中长大的儿童的"积极适应能力"。他们将这些儿童的"活跃、善于交际的气质和整体复原力"归功于他们所处的"社会环境"。心理学家并没有解释为什么来自相同环境的孩子会走上完全不同的道路，有些孩子最终会被送进拘留所。

无论讨论的结果如何，似乎都有一个现成的解释，而且这个解释往往很容易理解。

环境可以提供犯罪的机会

虽然环境不会直接导致犯罪，但会对其产生影响。

《纽约时报》（*New York Times*）的记者伊恩·乌尔维纳（Ian Urbina）在其著作《罪行海洋》（*The Outlaw Ocean*）中将海洋描述为最后的边界。因为大部分海洋空间都是无人管辖的，在这个无法无天的领域，犯罪行为很有可能不被报告，不被调查，也不被起诉。这样的海上条件为货物走私、人口贩运和非法捕鱼等猖獗的犯罪行为的发生提供了机会。什么样的人会被这种环境吸引？乌尔维纳先生指出，有相当多的人被吸引到海洋上度过他们的一生，因为他们希望逃避政府和规则。

机会并不会创造罪犯。罪犯会通过寻找脆弱的目标来发现机会。当车主在寒冷的冬日给他们的车预热并将其置于无人看管的情况下时，它们就会成为小偷的活靶子。罪犯会利用汽车租赁应用程序，找到车内有钥匙的车，然后利用这些车辆进行犯罪。新冠疫情被认为是导致美国华盛顿特区在 2019 年至 2020 年间劫车事件上升了 141% 的因素。《华盛顿邮报》(*The Washington Post*) 称:"道路上有这么多送货员从运行的汽车里爬出来送餐和包裹,使劫车者和小偷的机会增多。"

在摸清漏洞后,罪犯往往会在危机中出击。《财富》(*Fortune*) 杂志报道称,罪犯利用新冠疫情侵入医院和实验室的计算机,锁定危重患者的记录。意识到访问这些文件的时间敏感性,这些网络罪犯提出了巨额赎金的要求。

当数以百万计的人因新冠疫情待在家里时,诈骗者的数量创下了美国历史新高。有报道称:"诈骗者正在进行全方位的攻击——通过机器人电话、短信、电子邮件和社交媒体上的广告,提供财务帮助或销售假货。"《华盛顿邮报》的专栏作家米歇尔·辛格塔里(Michelle Singletary)警告说,通过宣传从投资中获得高额回报的计划和"居家营销"计划,罪犯正在利用人们渴望获得收入的愿望实施犯罪。根据美国联邦贸易委员会消费者保护局局长安德鲁·史密斯(Andrew Smith)的说法,2020 年第二季度,即新冠疫情的感染情况首次达到顶峰时,出现了有记录以来数量最多的入境诈骗。

环境可以阻止犯罪

罪犯不会因为不利的环境或其他外在阻碍而改变自己的人格。但是,当环境因素不利于犯罪时,他们就会避免或至少暂时避免犯罪。2010 年,亚当·斯密研究所的博客报道了巴尔的摩的高谋杀率在一场暴风雪中降至零的现象,《基督教科学箴言报》(*The Christian Science Monitor*) 在评论这件事时说:"在有暴风雪的那些日子里,不平等、贫穷、匮乏或义愤填膺的情绪不可能减少,犯罪的根本原因在于犯罪的机会。"

在 2020 年新冠疫情期间,由于人们被隔离在家中,一些犯罪的机会减少了。据《纽约时报》报道,当年 2 ~ 3 月,萨尔瓦多的谋杀率下降了 50%。据

《华盛顿邮报》报道，华盛顿特区的抢劫案骤减了三分之一。由于罪犯不能轻易在大街上对人们实施抢劫，他们就更换了作案方式。例如，他们试图吸引惊恐的民众，宣传并兜售未经许可的检测试剂盒和未经测试的治疗方法。华盛顿特区警察局长评论道："我认为对暴力罪犯来说，新冠疫情完全没有改变他们的行为。"

加强威慑措施和改变环境设计被证明是有效的。在攻击和轻度犯罪率上升之后，美国铁路公司增加了列车上的警察人数。建筑师、开发商和城市规划者通过结合预防性措施，如明亮的安全灯、监控摄像头和多段式门闩锁，来遏制犯罪。他们在公共集会场所创造开放的空间，使罪犯难以藏身。在费城，贫困社区的空地被改造成整齐的、覆盖着草地的场所。在 3 年的时间里，与枪支有关的暴力事件发生率下降了 29.1%。

作为哥伦比亚卡利市的市长，罗德里戈·格雷罗·贝拉斯科（Rodrigo Guerrero Velasco）不得不应对"猖獗的"杀人事件。2015 年，在《科学美国人》（*Scientific American*）杂志的一篇文章中，格雷罗博士回忆了他曾收到的警告，即除非社会经济问题得到解决，否则暴力犯罪不可能减少。面对凶杀案件增多的问题，他增加了警员数量，并为他们配备了监控摄像头。结果是"更多的犯罪嫌疑人被送上法庭"。在限制酒精销售和枪支许可的日子里，凶杀案发生率下降了 35%。

事实上，提高威慑力并不能改变罪犯的人格。如果环境使他们难以实施犯罪，他们就会寻找其他出路。

大众传媒中的暴力

半个多世纪以来，美国媒体中的暴力一直与犯罪行为有关。1963 年，心理学家莱纳德·埃伦（Leonard Eron）指出，看电视的习惯与攻击行为之间存在因果关系。1969 年,社会学家马歇尔·克利纳德(Marshall Clinard)发现,广告"培养了一种参与并屈服于欺诈行为的倾向"。1972 年,精神病学家弗雷德里克·魏特汉(Fredric Wertham)将漫画书描述为"犯罪的引子"。

几十年来,关于宣扬暴力的电影、电视节目和电子游戏是不是从事暴力行为的风险因素,一直存在争议。2017 年,《牛津犯罪学研究百科全书》(*Oxford Research Encyclopedia of Criminology*)评论道:"说这场辩论有时会引起争议,是一种轻描淡写的说法。"暴力电子游戏在儿童和青少年中的销量飙升,被认为是助长犯罪的原因之一。20 多年前,美国心理学会指出:"高水平的暴力电子游戏与违法行为、在学校打架及更多的暴力犯罪行为有关。"最近,一个更温和的说法是,玩这种游戏与攻击行为的增加有关。2016 年,美国儿科学会传播与媒体委员会报告了近 400 项关于各类媒体暴力影响的研究结果,指出"接触媒体暴力与攻击行为之间存在显著关联"。

模仿犯罪确实存在。然而,每一个模仿者背后,都有数以百万计的人会看到同样的内容,但是他们甚至没有想过要做他们所看到的事情。2021 年,一项对七年期间进行的四项调查的分析发现,"消费媒体的数量并不能预测男性或女性的模仿犯罪"。关键问题是观看者的心理构成,而不是屏幕上的内容。一个负责任的人不会因为他看的东西或玩的游戏而变成罪犯。

也有报道声称玩电子游戏是有好处的。安娜·戈舒亚(Anna Goshua)在《华盛顿邮报》上写道,这些游戏"对你有好处",因为它们"对暴力进行了细致入微的探索,将其置于社会环境中,给玩家一个亲身体验的机会以探索他们在现实生活中永远不会面对的道德难题"。她总结道:"如果有更多的人玩电子游戏,我们可能会过得更好。"

生物学与犯罪

研究试图找出可能使一个人产生犯罪行为的生物学因素。半个多世纪前，社会学教授克拉伦斯·杰弗里（Clarence Jeffery）预言，随着研究者对行为的生物学方面的理解加深，在未来的几十年里，"犯罪学领域将出现一场重大革命"。但是，现在研究仍在继续，革命尚未发生。

宾夕法尼亚大学的阿德里安·雷恩（Adrian Raine）指出，低静息心率是年轻人在成年后成为暴力罪犯的一个重要的生理决定因素。他推测，这些人可能会寻求刺激以使自己的心率恢复正常。肯特·基尔（Kent Kiehl）通过扫描四千多名监狱囚犯的大脑活动，发现"精神病患者"的杏仁核活动不足或体积过小，而杏仁核是大脑中处理情绪和发展情感的关键部分。亚利桑那州立大学的达斯廷·帕迪尼（Dustin Pardini）发现，精神病患者之所以会犯下残忍的罪行，是因为"他们的大脑会忽视关于危险的线索"。伦敦的全球性大学在 2020 年报告的一项研究指出，大脑结构的差异"使一些人难以发展防止他们从事反社会行为的社交技能"。研究人员指出，这些大脑差异是"遗传并先于反社会行为的"还是"持续的反社会生活方式的结果"目前尚不清楚。

在芬兰进行的一项研究发现了两种与暴力犯罪有关的基因。科学家们报告称，芬兰所有暴力犯罪的 4%～10% 可归因于具有这两种基因型的个体。然而，首席调查员指出，大多数人即使具有这种"高风险组合"也不会犯罪。所以，这项研究也证明不了什么。

科学家们知道，基因和环境之间的互动是复杂的。耶鲁大学教授尼古拉斯·克里斯塔基斯（Nicholas Christakis）正在研究环境对基因表达的影响方式。弗吉尼亚大学的凯瑟琳·克罗尔（Kathleen Krol）博士虽然没有写过关于犯罪本身的文章，但她提出了一个普遍的问题，即"婴儿期的经历是否会影响发育中儿童的基因表达"。但是，生物学倾向并不一定会导致必然的命运。雷恩博士指出，"相同的生物学和气质可能会导致不同的结果"。是什么将那些有特定条件的罪犯与那些没有犯罪的人区分开来，目前尚不清楚。

人们之所以走上犯罪的道路，要么是因为他们所处的环境，要么是因为他们的生理构成，这种想法延续了罪犯是受害者的观点。这种对原因的关注并没有使人们在打击犯罪方面取得进展。

社会学、心理学和生物学的决定论者几乎没有考虑选择和个人责任的空间。这些罪犯可以说，"因为我们像泥块一样被外部力量塑造，所以不能对自己的行为负责"。两位在惩教机构工作的心理学家在努力帮助罪犯成为有责任感的人时，遇到了这一阻碍。

1991 年，我收到一封来自一位临床心理学家的信，他在新英格兰的一个惩教机构工作，该机构声称正在实施一项帮助罪犯改变思维的计划。这位心理学家描述了从事学术研究的心理学家 "对犯罪思维模式这一概念的奇怪且有趣的抵制"，他们似乎认为 "罪犯就像我们其他人一样"。他困惑地发现，许多搞学术的心理学家 "不愿意把罪犯描述为不负责任的人——这种把责任放在中心位置的理论使他们感到尴尬"。

19 年后，佛罗里达州一家惩教机构的一名社会工作者写信给我，因为他遇到了类似的情况。他的几个担任行政职务的同事确信，罪犯需要学习 "应对技能"（这些技能是他们在成长的恶劣环境中没能发展起来的），否则他们就会患上精神障碍。这名社会工作者说，"心理健康专家被带到了一条为罪犯提供技能的道路上，而这些罪犯实际上应对得非常好"。他还观察到，罪犯正在接受 "精神障碍治疗，但心理健康专家并没有观察到症状"。他发现，"由于没有采取任何措施以处理思维过程，因此不良行为持续存在"。同事们认为他 "苛刻且固执"，因为他强调的是个人责任和思维过程，而不是根本原因。

结论

　　各种各样的理论试图解释为什么罪犯会有这样或那样的行为。一些因果解释可能有一定的真实性，但它们并没有提出解决方案。期望许多人从改善社会条件中获益的想法是合理的。然而，犯罪心理并不会因为这些努力而改变。例如，一名罪犯可能掌握了一项工作技能，但是他可能会利用此技能进入新的领域从事犯罪活动。终身的思维过程不会自行消失。

　　关于人类行为，还有许多原因仍然是未知的。但这并不意味着我们没有办法解决犯罪行为。采取我所说的"从头开始"的方法是非常重要的。你不需要知道为什么桌子被划伤，相反，你有必要发现桌子是由什么材料制成的，以便决定如何处理这个划痕。虽然我们不知道罪犯为什么会有这样的想法，但我们知道他们的思维过程是什么。在下一章，我将讨论导致犯罪行为的思维误区。

第 2 章

关于 " 犯罪 " 的几个问题

1976 年，在《犯罪人格》第一卷出版后，一些批评家说，不存在犯罪人格或犯罪心理这样的实体。他们的批评意见包括：

1. "犯罪"的定义取决于在特定地域和时间支配人类行为的法律；

2. "罪犯"一词并不能区分犯有轻微过失的人和重罪累犯的人；

3. 人们犯罪并非出于恶意，而是为了应对他们几乎无法控制的环境；

4. 人们犯罪是出于某种心理状况，而非邪恶的意图；

5. 由于严重的压力或意外的灾难，任何人可能都会"崩溃"或被"推向犯罪的边缘"；

6. 那些使他人受害但从未引起执法部门注意的人是"罪犯"吗？

下面我们将逐一讨论这些观点，为读者在人们如何思考和生活的背景下看待"犯罪"提供依据。

"犯罪"的定义取决于在特定地域和时间支配人类行为的法律

根据法律规定，一个人可能在一个司法管辖区或社会中是罪犯，但在另一个司法管辖区或社会中却不是。然而，有些人反复伤害他人的身体、经济或情感，不管他们住在哪里或当地的法律是什么，他们都是在犯罪。一名罪犯告诉我："如果今天强奸合法化，我就不会强奸了。但我会做其他事情。"这个人和其他像他一样的人有一种特殊的思维模式，即对自己和世界的看法与基本上负责任的人有很大不同。一有机会，他们就会利用别人，几乎没有什么顾虑。即使他们没有从事非法行为，他们所造成的伤害也比一些最终被关进监狱的恶棍要大。

"罪犯"一词并不能区分犯有轻微过失的人和重罪累犯的人

从偷棒棒糖到实施大规模谋杀的罪犯都有可能被捕。我举一个可能会导致一系列罪行的例子——"机动车违规"。一位驾驶者自觉遵守限速规定，从未收到过罚单，另一位驾驶者多次违反交通规则，但在驾驶执照被吊销后仍继续开车。在进行心理评估时，我发现这类不法分子不仅在驾驶方面不计后果，在生活的其他方面也是如此。驾驶记录可以提供一个线索，让我们了解他们的性格。

以保罗为例。在多次无证驾驶后，他终于被拦下并被开了罚单。但保罗的不负责任早在这次违章之前就开始了。他逃学，拒绝做家庭作业，扰乱课堂秩序，并因打架被停学。他从 14 岁开始喝啤酒，后来又尝试使用毒品。在一次争吵中，他袭击了自己的父亲并离家出走。独自生活后，保罗只有在他想工作的时候才会工作。后来，他成为一个暴饮者，而且基本上都是自行其是。在取得驾驶执照后不久，他就因鲁莽驾驶被捕。后来，保罗对摩托车产生了浓厚的兴趣，他努力工作了很长时间，赚到了购买"哈雷·戴维森"的钱，然后在骑着新车超速行驶时滑倒在冰面上，导致车祸，不幸身亡。他的犯罪心理在被捕前几年就已表现出来，并导致他过早死亡，但光看他的驾驶记录是无法知道这一点的。

人们犯罪并非出于恶意，而是为了应对他们几乎无法控制的环境

我们所处的家庭或更大的社会环境确实影响着我们。然而，这些因素并不是全部的决定因素，我们的基本人格通常也是我们会做出何种反应的重要因素。

以17岁的肖恩为例，他被指控犯有多项盗窃罪。他在一个中产阶层家庭长大，这个家庭似乎很混乱，而且长期处于冲突之中。肖恩的缓刑监督官努力想弄清楚这名少年的行为，他最初将其描述为"与肖恩的成长经历和家庭价值观非常不相称"。在这名缓刑监督官的报告中，他提到了几个因素，并认为是这些因素导致了这名少年的不守规矩和非法行为："肖恩的父亲被派往偏远地区工作，成年人的责任落在了这个处于青春期的儿子身上"；全家搬到了位于郊区的一个社区，在那里，肖恩不得不应对"霸凌者的暴力对待"；"青春期自我/困惑的出现"；以及"父亲的回归和儿子的流离失所"。该缓刑监督官指出，肖恩的生活因其父母不稳定的婚姻而变得更加复杂，这种婚姻缺乏沟通和相互尊重。他提到肖恩的父亲是"不宽容的""僵硬的"，表现出对家人的"零容忍"，并认为从小镇搬到郊区有助于将肖恩转变为一个"硬汉"。

尽管缓刑监督官对肖恩的犯罪心理成因有自己的观点，但这些观点有可能都是错的。虽然肖恩父母的婚姻正在恶化，但导致父母争吵的主要因素是肖恩。我花了几个月的时间对他进行辅导，并与他的父母进行商讨。即使一家人住在一个小型的、田园诗般的海滨社区，肖恩还是参与了恶作剧电话、说谎、盗窃和其他他说的"能让肾上腺素飙升的活动"。肖恩说："我活着就是为了一些刺激。我总是喜欢处于边缘状态。"成千上万的人适应了搬迁，每个人都经历了青春期，但这些因素与肖恩的反社会行为无关。在举家搬迁后，肖恩发现自己更容易找到志同道合的朋友，并利用人口稠密的郊区所提供的匿名性来掩盖自己的罪行，这是他在人人都认识他的小镇上做不到的。

从很小的时候起，肖恩就表现出犯罪心理。他是他的家庭环境恶性循环的

施害者而不是受害者。他的欺骗和违抗加剧了家庭生活的混乱和冲突，他却把责任归咎于他的父母。

人们犯罪是出于某种心理状况，而非邪恶的意图

有些罪行似乎与个体的性格不符——这些罪行是由有情绪困扰的个体犯下的，但他们并不是罪犯。埃莉诺因没有付款就将装有价值 200 美元杂货的手推车推出超市而被捕。她的父母对于女儿竟然会有这样的行为感到震惊。她以前没有犯罪记录，似乎也没有犯罪的意图。埃莉诺因事业上的挫折及与男朋友的动荡关系而深感沮丧，并声称自己在专注于这些问题时，无意中带着杂货走了出去。

但在进行了心理评估后，我了解到她被指控犯有重大盗窃罪，并不像她所辩解的那样，是一时冲动或精神错乱。埃莉诺透露自己曾多次在商店行窃，她说，"这太狡猾了，你以为你能逃脱惩罚"。她承认，即使在被捕后，当她进入商店时，盗窃的想法依然时常在她的脑海中闪过。

埃莉诺盗窃并非出于贫穷或饥饿，她来自一个中上阶层家庭。尽管她的钱包里有现金和信用卡，但她偷的食物比她可能消费的要多。埃莉诺也计算过，当她推着装满食物的手推车经过无人看管的收银台时，店员会认为她已经付过款了。

在评估过程中，我进一步了解了埃莉诺的人格。对那些不太了解她的人来说，她看起来很慷慨，很敏感，但事实上，她在关系上很神秘，很不诚实。她经常与家庭成员及她的男朋友进行权力斗争，通常她会坚持自己的方式，让他们处于服从状态。

由于埃莉诺没有犯罪记录，她理所当然地被法院视为初犯。然而，在对被指控犯罪的人进行评估时，我还没有发现真正的初犯。所谓的"初犯"是因为

他们第一次被捕。正如埃莉诺的案件一样，看似初犯的行为表现了她的两面性和犯罪行为倾向性的冰山一角。

由于严重的压力或意外的灾难，任何人可能都会"崩溃"或被"推向犯罪的边缘"

你可能会说，如果在经历无法忍受的压力或创伤时感到绝望，那么任何人都有可能犯罪。难以忍受的逆境会把我们推向"犯罪的边缘"，让我们"崩溃"，犯下看起来完全"不正常的罪行"。让我们仔细看看这意味着什么。考虑一下在全公司裁员期间突然被解雇的人，这一创伤对他的家庭造成了严重的破坏，因为一家人都靠他的工资生活。他决定报复，于是买了一把枪，回到他的工作场所，开始射击。

了解一个人的行为就要了解他的性格。一个人对压力或创伤的反应取决于他在逆境发生之前是什么样子。在这个例子中，其他下岗员工并没有寻求报复。在类似的情况下，人们通常的反应可能是大量饮酒、自我隔离，或者寻找新工作，但不会想到从身体上消除痛苦的根源。

非正常犯罪这种事是不存在的。我们可能会认为我们知道熟悉的人的"性格"是什么。但是，当我们认为一个人的行为与他的性格不符时，那是因为我们并不像我们想象的那样了解他。他能够用他的才华、成就和魅力掩盖自己的犯罪心理。这样的人可能直到造成了不可挽回的损害后才会被人们认识到他们到底是谁。

那些使他人受害但从未引起执法部门注意的人是"罪犯"吗

心理健康领域的诊断标签一直在变化，但人性却始终如一。术语"精神病患者""反社会者"及目前的"反社会型人格障碍"经常被交替使用——尽管"精神病患者"和"反社会者"已经不再用于心理健康诊断。根据美国精神医学学会编著的《精神障碍诊断与统计手册》(第五版)(*Diagnostic and Statistical Manual of Mental Disorders, Fifth Edition*，DSM-5)，一个有反社会型人格障碍的人会表现出"一种普遍的无视和侵犯他人权利的模式"。这种人通常是冲动、鲁莽、激进的，并且毫无悔意。显然，他们是罪犯，但有些人会利用一些表象，使自己能够吸引受害者并欺骗执法官员和心理健康专家。

有些人造成了广泛的伤害，但并没有违法。他们也是罪犯。患有自恋型人格障碍的男人和女人会操纵并利用他人来支撑他们已经膨胀的自我形象。他们的轻蔑和急躁会对人产生负面影响，尤其是那些与他们最亲近的人。DSM-5列举了他们对他人崇拜的需求、他们的剥削行为及缺乏同理心。配偶、子女和同事每天都饱受折磨，因为这些人试图满足自恋者贪得无厌的心理需求。即使是陌生人也会在与自恋者接触时感觉很不愉快，服务员、销售人员或接待人员都可能成为他们不屑一顾、征服和蔑视的目标。一位心理学家是这样描述他的自恋型来访者的："他习惯于做自己想做的事，不管别人的意见或他的行为可能对别人造成的影响。他追求极致，想要控制所有的事情，并经常公然无视规则、他人的看法，或者他的行为的影响，他只做他想做的事，为达目的不择手段。"千万不要低估这种人的危害。自恋者可以说是"罪犯"，他们会不断地伤害他人，并认为自己可以不受惩罚。

"犯罪"一词可能会引起人们强烈的情绪反应，但读者要明白，我不是在法律背景下使用"犯罪"这个词的，我强调的是思维过程。负责任的人偶尔也会有"思维错误"——如同正直的人也不会一直都很正直一样，他们也可能会因为不敏感、无礼、固执或在说话前未过脑子而中伤他人。有时，他们也会故意在言语上打击他人。但是，对那些把犯罪当作生活方式的人来说，思维上的错误会达到一个极端，他们的思维与负责任的人的思维完全不同。

第 3 章

罪犯的思维模式

行为是思维的结果。要想了解行为的"原因"，就要确定引发行为的思维。如果不知道罪犯的思维过程是什么，读者就很难理解下面的陈述。一名盗窃犯说："当我走进一个房间时，我感觉房间里的一切都属于我。"另一名罪犯说："我希望他们为我保管好我的钱。"他指的不是他储蓄账户中的资金，而是他计划抢劫的银行中的钱。一名因谋杀未遂而被监禁的男子说："我从未伤害过我的家人。"他将自己描述为一个有家室的人，并透露他经常在儿子和妻子面前喝得酩酊大醉，有时还与其他女人过夜，"以满足我的肉体"。一名财产型犯罪者兼性犯罪者断言："如果我认为自己是邪恶的，我就无法生存。"

在这一章，我将讨论 12 种思维错误，这些思维错误在那些把犯罪作为生活方式的人身上表现得非常突出。为了证明我的观点，我们必须记住，每个思维错误都是伴随一个连续的过程存在的。例如，说一个小谎和把说谎作为一种生活方式是明显不同的。罪犯的思维模式与基本负责任的人的思维模式不同，罪犯的思维错误结合起来会造成广泛的伤害。请思考以下三名员工对工作环境所带来的相同挑战的反应。

鲍勃在一家汽车修理厂工作，收入勉强够维持生计。在淡季时，员工会被要求进行不必要的维修，并向客户收费，鲍勃认为这是盗窃行为。当他的主管指示他进行这样的维修时，他把工作交给了别人，尽管他非常需要这笔钱。同时，他也在寻找一份不需要牺牲自己原则的工作。另一名机械师道格拉斯也对欺骗顾客的行为持保留态度，他只有在极度缺乏客户的情况下才会进行不必要的维修。卡尔是第三名机械师，他经常为不必要的工作开维修单，有时还会为从未进行过的维修向客户收取费用，他对"抢劫客户"毫无顾忌，并为自己能逃脱惩罚而感到自豪，他的不诚实不仅体现在工作表现上，还渗透在个人生活中。

你可能会认为汽车修理厂的业务量不足是一种环境压力，它迫使员工不顾一切地向客户收取费用。然而，决定其行为的关键因素是一个人的思维而不是环境。鲍勃和道格拉斯在思维模式上与卡尔不同，因此他们的行为也不同。

本章的重点是讨论这个世界上像卡尔一样的人，对他们来说，欺骗、剥削和恐吓是一种生活方式。能够识别思维错误将使你了解罪犯是如何在家庭、学校、工作和社区中产生影响的。

罪犯具有异于常人的思维这一观点并不新鲜。1930 年，著名心理学家阿尔弗雷德·阿德勒（Alfred Adler）观察到："罪犯的情况就不同了。他们有自己的逻辑、自己的'智慧'。他们对世界的看法是错误的，他们错误地估计了自己和他人的重要性。"阿德勒接着说，罪犯的罪行"符合他们对生活的总体看法"。阿德勒的作品自始至终都在暗示，有些人选择成为罪犯。90 多年前，阿德勒的声音是孤独的，即使是现在，他也不会有太多听众，因为我们倾向于相信罪犯是环境的受害者，而不是思维模式有缺陷和自我认知不切实际的人。

虽然罪犯普遍存在各种各样的思维错误，但我列出了 12 种最普遍的思维错误，这些思维错误如果达到极端程度，必然会导致对他人的伤害。熟悉这些基本的思维过程将使读者更好地理解由此产生的犯罪行为。

说谎

罪犯会说谎，但诚实的人可能也会在试图避免尴尬、获得一时的优势或努力给他人留下好印象时说谎。电影制片人和时装设计师汤姆·福特（Tom

Ford）在接受《名利场》（*Vanity Fair*）采访时说："在大型鸡尾酒会上，你很难做到不说谎几十次，如'你看起来棒极了。天哪，见到你真是太好了。我们需要多见面'，而实际上，你真的很想回家看 Netflix（一家提供影视播放服务的公司）。"

孩子通常是不情愿说谎的，并且在说谎后会遭受良心的谴责。对大多数孩子来说，说谎并不会成为一种生活方式。但是，罪犯会为了自我保护而说谎，如隐瞒他们的计划、动机、意图和行踪。他们也会无缘无故地说谎，甚至在琐碎的事情上说谎。他们的"无目的的谎言"其实是有目的的：通过蒙蔽他人的双眼，来维护他们拥有权力和控制力的形象。

说谎对罪犯来说就像呼吸一样容易，这让说谎看起来像一种强迫症。但是，自动形成的习惯并不是强迫症，说谎是罪犯可以控制的。如果他们认为真相有利于他们，他们就会说出真相，为了消除他人的疑虑，他们可能也会陈述一部分事实，让天真的听众相信自己已经听到了整个故事。骗子会通过这种策略，用谎言、失实陈述和冒充他人等手段来实施各种犯罪，当其他人相信他所说的话时，他就会体验到一种胜利感。

罪犯会根据不同的情况改变谎言的形式，为达到某种效果，他们也可以预设某种谎言。他们可以通过表面上同意某个人的观点来讨好他，实际上却对他充满蔑视。他们也会隐藏自己的想法，隐瞒一些信息。如果被他人视为操控者，他们会感到不快，因为按照他们的思维模式，他们只是在做他们需要做的事。

罪犯是能够区分真相和谎言的，他们可以说任何对他们最有利的话，在对不同的人说了不同的谎言后，他们可能会忘记自己说过什么，对谁说过。当他们说的事情自相矛盾时，他们可能会被揭穿。

伪装成受害者

罪犯的目标是在任何情况下成为胜利者。他们通常不认为自己有错，而是指责他人，抱怨自己被他人误导、欺骗，或者被不公平地指控或对待。当他们实际上没有被歧视时，他们却声称自己受到了歧视。有时，罪犯会经常讲述自己受到伤害的故事，以至于他们自己也相信了这个故事。如果受到质疑，他们不会退缩，而是断言自己被误解了，这是一种让他人处于守势的计谋。

与那些真正意义上的环境的受害者相比，罪犯在遇到逆境时会把自己描绘成受害者。例如，如果某名罪犯的女朋友离开了他，那一定是她的错，而不是因为他做了什么。面对不可接受的后果，如监禁，罪犯会认为自己是受害者。一名盗窃犯说："我知道那家伙丢了他的东西，但我却要坐牢。"

当有无可争议的证据表明罪犯是罪魁祸首时，他们可能会指责受害者：

"他把钥匙留在那辆奔驰车里了。这就像邀请我拿走它一样。"

"那个女人不应该在晚上穿着那样的衣服出来。"

"我没打算射杀那个人，但他把手伸进了口袋。"

罪犯会说任何他们认为能将自己的罪责降至最低的话语。就像上面的例子那样，他们试图将焦点从自己的行为转移到其他人（包括受害者）的行为上。在大多数情况下，他们都知道自己做了什么。正如一名罪犯所说："我可以把任何正确的事情变成错误的。我可以把任何错误的事情变成正确的。所谓'正确'的事情就是我当时想做的事情。"从童年期开始，当罪犯需要为自己的行为负责时，他们就会熟练地对他人指手画脚，而且在他们成年之前，这已经成为一种习惯。

很强的权力欲

罪犯追求权力不是为了他人的利益，而是为了自己的利益。权力是他们生命中的氧气。他们把世界看作他们个人的棋盘，把其他人当成棋子，希望自己每次都能赢。罪犯喜欢玩弄他人的思想，让他人措手不及，并假设每个人都和他们一样有阴谋。他们的隐晦性使他们有一种权力感。一名罪犯在反思自己的行为时说："每次我都把自己变成一个小神。"他是在强调他对一切都有支配权。

虽然罪犯对权力的追求一般是通过恐吓或暴力来表达的，但更多时候，他们的策略并不那么明显。在家庭成员、朋友、同事和偶然认识的人看来，罪犯可能是负责任的，甚至是仁慈的，这些人关注的是罪犯的积极品质。这些人认可罪犯的才能、善行和迷人的个性，而事实上，罪犯是在利用他人对自己的信任。隐晦控制者的受害者可能会容忍罪犯谴责他人的行为，因为受害者愿意信任他们，拒绝相信他们已经犯下了令人发指的罪行。

多年来，我遇到过许多罪犯，他们在小时候就幻想成为执法官员或战斗英雄。他们被制服、枪支、徽章和追捕坏人的机会所吸引。进入执法部门或军队的罪犯往往会滥用职权，过度使用武力，接受贿赂并在他们被委托保护的地方进行盗窃。一些罪犯会想象通过经营自己的企业"大捞一笔"，并利用企业从事非法活动。由于缺乏对成功所需条件的现实认识，他们专注于成为老板，并梦想着自己将如何花费这笔未来的巨额资金。一些罪犯穿名牌、开豪车，故意塑造一种有权势的形象，他们可能会欺骗性地声称自己拥有专业证书或执照。即使罪犯在合法的事业上获得了成功，他们也会感到不满，转而通过违反规则和政策来超越制度。对其他人的合理限制并不适用于他们。

在人际关系中，罪犯会通过行使完全控制权来追求权力。对他们来说，从犯罪中获得收益固然重要，但权力和刺激更重要。一些罪犯甚至会将他们抢到但对自己没用的战利品送走或丢弃。例如，从阿姆斯特丹凡·高博物馆偷走两幅画作的窃贼不知道该如何处理它们，他告诉《纽约时报》的记者："我只是因为有机会才这么做的。"

罪犯在犯罪的每个阶段——策划、与同伙合作、做准备、实施犯罪，然后逃脱罪责——都会体验到权力感。即使被抓获，罪犯对权力的追求也不会结束。他们试图争取律师的支持，在法庭系统中游刃有余。即使被关进监狱，他们的思维模式也不会发生改变，盗窃、袭击、贿赂和性侵犯在监狱中时有发生。

缺少对他人造成伤害的概念

在大多数情况下，罪犯只把伤害等同于身体上的伤害，而对由他们造成的精神伤害或经济损失视而不见。如果能达到目的，罪犯可能会承认自己伤害了某人，甚至承诺做出补偿，但他们很少会这样做。从罪犯的角度来看，他们没做错什么，所以并不需要补偿。相反，其他人应该为虐待他们而做出补偿。

在拘留中心的一次访谈中，16 岁的威尔告诉我他抢劫了一家他工作过的餐馆。威尔知道经理晚上会准备钱去银行存款，便在餐馆打烊时冲了进去。他挥舞着枪，抢走了大量现金。经理向警方确认了威尔的身份，第二天威尔就被捕了。在讨论这一罪行时，这名少年告诉我："没有人受伤。没有人流血，没有人骨折。"他丝毫没有考虑到自己的罪行对受害者的影响，更没有考虑到对受害者的家庭、他自己的父母、餐馆的其他员工及附近的人的影响。

罪犯在生活中几乎只关注自己能获得什么好处。他们会思考如何给他人留下好印象，获得他们认为应该得到的认可。即使做了好事，他们最关心的也是自己将如何受益。例如，跟老年人交朋友与想减轻老年人的孤独感无关，相反，这可能只是一个阴谋，目的是建立信任，以便从老年人那里骗取钱财。

罪犯给那些他们声称爱的人带来了难以言喻的痛苦。当我在拘留所对汤姆进行访谈时，他告诉我，他非常感谢他的母亲对他的容忍。他感谢母亲在他被监禁时来探望他，给他的账户打钱，并在他被释放后给了他一个全新的开始。在家里待了几个月后，汤姆开始抱怨，他的母亲一直在找他的麻烦，毁了他的生活，把他当成一个孩子，使他在家里的生活和被监禁一样令他难以忍受。母亲曾被他描述为圣人般的人物，而他口中的圣人，现在却成了一个怪物。汤姆的母亲心烦意乱，因为在夜深时分，汤姆的音乐响着，而他通过地下室卧室的窗户向顾客出售毒品。当她质问汤姆在做什么时，她受到了大量的咒骂和威胁。只要她按汤姆的意愿行事，不加干涉，汤姆就会喜欢她，否则，汤姆就把她视为敌人，因为她在插手他的计划。

罪犯没有把人当作人的概念。正如汤姆的行为所表明的那样，一个满足他的愿望而不干涉他的人是站在他这边的，他会立刻对任何妨碍他的人发难。正如一名罪犯所评论的："同理心这种东西，对我有什么好处呢？"

独特感

罪犯的独特感构成了其自我形象的基石。他们认为没有人能够理解他们，也没有人有和他们一样的想法，他们对他人的想法不感兴趣，因为他们认为自己的想法是独特的。他们反感他人向他们提出不是由他们提出的建议。因为建议不是他们提出的，所以没有价值。他们认为接受他人的建议是对自己的一种贬低，他们更有可能提供建议而不是寻求他人的建议，寻求他人的建议相当于承认自己无知。

罪犯会制定自己的规则，并决定他人的规则是否应该适用于他们。他们不需要解释他们所做的事情，也不需要为任何事情寻求他人的许可。罪犯的独特感是改变他们的一个巨大阻碍。向他人充分展示自己，承认自己的缺陷，或者听取相反的观点，对他们来说都相当于投降和心理上的灭亡。

自命不凡和主人翁意识

罪犯会夸大自己的能力。他们的装腔作势很少与其技能或成就相匹配。他们不相信自己能做到最好，而是相信自己就是最好的。他们可能会吹嘘自己拥有医学学位，是有执照的飞行员，或者作为世界级运动员参加比赛。他们可能会肆无忌惮地宣称自己能完成什么，即使他们缺乏必要的教育或培训经历。他们认为自己比他人懂得更多、更有经验，对那些持相反意见的人充耳不闻。

罪犯是真正的无政府主义者，因为他们认为没有任何权威可以凌驾于他们之上，其他人在所有方面都应该服从他们。这种膨胀的自我形象并不是一种疾病的症状，罪犯的自命不凡与双相障碍的"轻躁狂"特征或精神病性障碍的浮夸是不一样的。罪犯与现实有联系，尽管他们缺乏现实感。

惩教机构、社区矫治项目，甚至一些雇主都为罪犯或前罪犯提供了获得教育、工作技能和社会技能的机会，并提供个体咨询。即使罪犯一开始会积极地参与这些项目，但过不了多久，他们就会变得不再感兴趣并退出，任何没有兴奋点或无法保证成功的活动都不值得他们关注。

对许多罪犯来说，退出成为一种生活方式。如果罪犯不能从手头的工作中立即获得认可，他们可能就会放弃。他们讨厌按照他人的要求行事，如果九名罪犯组成一支棒球队，那么每名罪犯都会认为自己应该是队长。如果他们的表现不尽如人意，他们要么会退出，要么会坚持下去，让其他人的生活变得悲惨。

罪犯的自命不凡是他们自身不可分割的一部分；坚持自命不凡是他们的生存状态。他们自己塑造的形象是僵硬的，必须不惜一切代价来维护。

对什么是义务没有概念

罪犯不认为自己对任何人有义务。对他们来说，义务是强大的对立面，他们想掌控一切，而不是被义务控制。因此，他们不出现、晚到或对任何活动都毫无准备是很正常的。无论是象征性地遵守承诺，还是完全放弃承诺，他们都坚持要求他人履行对他们的义务。

罪犯会轻易做出承诺。例如，一名罪犯承诺在下午 2 点与某人见面，但有个前提，即如果没有更重要或更令人兴奋的事情发生的话。然后，他会声称自己忘记了，会说自己感觉不舒服或没有理解他的职责。当有人提醒他履行义务时，他可能会推脱，说他以后会做，其实他根本就不打算做。如果他忘记遵守某个承诺，那是因为它本来就不重要。当罪犯别有用心时，他们可能会履行承诺。通过履行承诺，他们可以给他人留下深刻的印象，并使自己至少暂时成为守信的人，然后，他们会想，这是他人欠他们的。

缺少时间观念

60 多年前，精神病学家本杰明·卡普曼（Benjamin Karpman）将"精神病患者"和"犯罪者"描述为"缺乏远见的完美的机会主义者"。"他们认为没有必要进行长期规划，因为他们确信他们会迅速获得他们想要的东西，无论他们需要的是什么。"然而，他们可以计划数年，以期待在重大犯罪中有"大收获"。他们也能从过去的经验中吸取教训，尽管不一定是他人希望他们吸取的教训。例如，他们不是看到自己的错误，而是记住自己是如何"搞砸"并被抓住的，然后发誓以后不再犯同样的错误。

罪犯寻求责任的"外衣"，却没有做出这些外衣所需的负责任的行为。他们毫无保留地从朋友或亲戚那里"借"钱来资助他们的"大事业"。在制订一个可行的计划以成就一番"大事业"之前，他们就已经把钱花光了。他们不可能参与收集信息、制订计划、一步一步地实施计划和克服阻碍的过程。他们期待即时的结果和即时的满足。

易转变的心理状态

罪犯的思想和行为是不一致的，他们可以在几分钟内对同一个人既提供帮助又充满仇恨。一名罪犯会不遗余力地帮助某个同事，然后转身用恶毒的语言谴责他。他们的态度随心情而变化，与现实情况无关。他们周围的人觉得自己在和不同的人打交道，因为他们太反复无常了。

罪犯觉得有趣或愉快的东西每时每刻都在变化，因此，他们在学校或工作中的表现极其不稳定。为了产生兴奋感，他们会经常从一项活动跳到另一项活动。由于罪犯不断地追求征服感以强化他们的自恋，他们的行为显得反复无常且不稳定。他们的观点会莫名其妙地改变。有些罪犯也会参加宗教活动。他们的宗教仪式涉及特定的礼节，但很少转化为他们的生活方式。他们可能会在上午 10 点祈祷，然后在当天的晚些时候抢钱包。一些罪犯发誓要变得更加虔诚，在数周或数月内不从事非法行为，但不可避免的是，他们的决心会动摇，因为对他们来说，没有刺激的生活就像被剥夺了空气一样，他们又会回到老样子。由于真诚的意图不能持久，因此人们得出结论：罪犯一开始就在说谎。然而，我们并不清楚他们当时是否真诚。

缺乏对后果的恐惧

恐惧是负责任行为的向导。我们定期体检、为紧急情况储备资金、购买人寿保险，都是出于对困难可能降临到我们身上的恐惧。但对罪犯来说，"恐惧"是一个肮脏的词。承认它会显得"蹩脚""娘娘腔"或"软弱"。罪犯蔑视有恐惧感的人。他们会以一种掠夺性的、类似雷达的方式觉察他人的恐惧，然后采取行动。

罪犯害怕犯罪的"职业危险"：被捕、被定罪、被监禁、被伤害或被杀害。

他们有一种令人不寒而栗的能力，可以瞬间摆脱这些恐惧，从而实施犯罪。这种行为不是不可抗拒的冲动的结果，而是他们的选择。如果你问一名囚犯，他是否曾想过自己可能会被捕，他会回答他知道这有可能发生。然而，在他犯罪的那一刻，他认为自己是无懈可击的，否则他就不会在一开始实施犯罪。他的经验支持了这种想法，因为他之前都成功地逃脱罪罚了。他极度乐观，这对犯罪来说是必不可少的，但也可能成为罪犯最大的敌人。因为它，罪犯可能会低估自己所承担的风险。

对被贬低的恐惧

罪犯最恐惧的是被贬低，因为这威胁到了他们的心理存在。他们对反对意见非常敏感：他人的一个眼神、一个语气、一个手势都会被解读为威胁。罪犯认为任何他们无法控制的事情都是对他们的侮辱。如果他们乘坐公共交通工具，而头顶上没有空间放置他们的行李，他们就会感到愤怒；如果某个开车的人离他们的车太近，他们就会大发雷霆；如果某个商店的店员没有立即提供服务，他们也会感到愤怒。每当他们所期望的事情没有达成时，他们都会感到被贬低。他们不会评估自己为什么会失望或反思自己的期望，而是充满愤怒。

基本上有责任感的人在他人没有达到他们的期望时也会变得不耐烦和苛刻。然而，罪犯认为，每当人们不能肯定他们的"伟大形象"时，他们的尊严就会受到威胁。他们不会分析情况，弄清楚为什么某个人会以他们认为是冒犯的方式对待他们。他们的反应与他们所感受到的轻蔑是不相称的。

对一个负责任的人来说，批评，即使是严厉的批评，也是有帮助的，因为他可以从中学习。如果雇主批评雇员多次迟到或在工作时间偷懒，那么这种批评是有道理的，它不是人身攻击。但是罪犯可能会用一连串借口来回应批评，或者攻击批评者，好像他们的生命受到了威胁。

罪犯对他们认为贬低他们的东西过度敏感，但这与"关系妄想"不一样。"关系妄想"是一种精神病理学症状，即一个人错误地认为某些东西与他有关。例如，如果两个陌生人在交谈时大笑，罪犯会想象他们在嘲笑他，并且认为他们在密谋反对他，这就是"关系妄想"。

当罪犯的自我形象受到贬低时，他们往往会把愤怒发泄到他人身上，使事情变得更糟。不受控制的可能性是无限的，所以他们回应的贬低也是无限的。罪犯在大多数时候都很愤怒，即使他们没有表达出来。

零状态思维

罪犯的思维是极端的。他们认为自己是"第一"，或者自己什么都不是。当他们的自尊心崩塌，并且他们面临彻底的失败时，零状态思维就会出现。他们的思维没有梯度，他们是盛气凌人的乐观主义者或阴郁的悲观主义者。

零状态思维与普通人的抑郁表现不同，后者会经历自我厌恶、过度内疚、自卑和悲伤。罪犯不纠结于自己的缺点，而是感到绝望，因为他们已经失去了对这个世界的控制，而这个世界并没有为他们提供他们认为自己应该得到的东西。

零状态思维有三个特点：普遍存在的无价值感；相信被他人看穿并以同样的方式看待他人；失去对任何事情都会改善的希望。罪犯对零状态的恐惧一直存在，因为失去控制总是可能的。

一名罪犯可能在学校或工作中表现不佳，但如果他不在意自己的不良表现，就不会导致零状态。他人可能会认为他是个失败者，但如果他在做自己想做的事，他就不会这样看待自己。当被追究责任时，他可能会显得很沮丧，因为他沉默不语，很少表现出情绪。然而，情况可能根本就不是这样的。沉默是他用来控制他人的一种策略，不一定是零状态思维的信号。

零状态最有可能发生在罪犯被捕后或被监禁时。被捕后，杰拉尔德告诉我，他看不到生活中任何可行的道路。他的犯罪活动导致他在等待审判期间失去了父母的信任，并与朋友隔绝。杰拉尔德担心如果继续犯罪的生活方式就会导致死亡，并说道："我已经骗过死神很多次了。"几年前，他绝望到用刀刺入自己的胃部，但被他的女朋友救下，没有流血致死。杰拉尔德气愤地评论道："这一切有什么意义？"杰拉尔德很聪明，性格外向，身体健康，他的父母很喜欢他，试图说服他参加治疗，但没有成功。当我采访杰拉尔德时，很明显，他把自己看作一个"零"，认为生活毫无意义，对未来没有什么希望。

当罪犯认定自己是好人的这一看法崩塌时，他们可能会认为自己最好不要活着。他们拒绝接受帮助，因为他们对治疗不感兴趣。一名毒贩告诉我："我想，如果我放弃毒品，我就不会再有问题。"他描述了一个令人不快的现实：工作上的麻烦、较低的生活标准、与缓刑监督官的强制性会面、随机毒品测试，以及其他烦琐的要求。他说："如果这就是生活，那就是地狱般的生活。我现在的问题比以往任何时候都多。"他考虑过自杀，但是，他选择了犯罪。

在零状态下，罪犯会怒火中烧，因为他们无法控制自己，觉得生活无法忍受。这种心态的解药就是回归犯罪。前面对思维错误的介绍应该使本章一开始引用的四名罪犯所说的话更容易理解—— 一走进房间就认为所有东西都属于他的盗窃犯、希望银行保管"他的"钱的抢劫犯、认为自己是有家庭观念的被判谋杀未遂的囚犯，以及如果不认为自己是好人就无法忍受自己的财产型犯罪者兼性犯罪者。

盗窃犯说他拥有他所闯入的住宅中的一切，这背后是矫情、缺乏恐惧和对伤害他人没有概念的结合体。他清楚地知道，现金、珠宝和电子产品都属于他人。他所面临的挑战是占有这些物品，将其隐藏起来，保留他想要的东西，同时处理掉其余的东西或销赃。

潜在的银行抢劫犯也有同样的心态。他不需要一个储蓄账户，在确定了银行的位置后，他确信自己会成功。由于不担心后果，他将从走进银行、拔出枪、索要现金然后逃跑这一系列行动中获得巨大的权力感。如果一个无辜的人在抢劫过程中受伤，那是他做生意的意外成本。

这个"有家庭观念的男人"重视拥有一个家庭，但他不想承担义务或否认自己在婚姻之外追求的刺激。他将自己酗酒归咎于自己患有创伤后应激障碍，这是他在服兵役后患上的——尽管他的酗酒行为可以追溯到青春期早期。他指责妻子把他赶走，让他去追求其他女人。缺少对他人造成伤害的概念、没有义务感及没有良心，都促使他破坏了他引以为豪的家庭。

财产型犯罪者兼性犯罪者是如何保持自己是好人的看法的？在他看来，其他人都是骗子、恶棍、变态和罪犯，他认为自己的所作所为无可指责。他通过上学、工作、参与宗教活动等方式为自己披上体面的外衣，提升对自己的评价，并使自己能够在外面从事非法活动。

无论是哪种类型的犯罪行为，思维错误都会在其中起作用。例如，纵火犯、强奸犯、贪污犯和银行抢劫犯都为了自己的利益而追求权力和控制。他们屏蔽了良知和对后果的恐惧。他们认为自己是车轮的中心，其他一切都得围绕中心转，并且他们没有对他人造成伤害的概念。无论罪犯的受教育程度、种族或社会经济地位如何，这些思维错误都会存在。

第 4 章

两名杀人犯：不同的背景，相同的思维错误

拉里和特雷弗因犯谋杀罪而上了头条新闻。拉里是一名中学辍学生，在美国南方小城市的一个贫困的少数族裔社区由单身母亲抚养长大。特雷弗是一名大学生，在一个富裕的郊区由双亲抚养长大。虽然这两个年轻人在家庭背景方面没有什么共同之处，但他们的思维模式和人格却很相似。

拉里

拉里当时 20 岁出头，他和一个朋友发现一位老先生从商店里走出来。"我们只是想找点乐子。"当我在监狱里对他进行访谈时，他告诉我他觉得"很无聊"，就和一个朋友挑衅这个完全陌生的人，并多次用棒球棍击打他。他们将这位老先生打倒在地，踢他并抢走他的钱包，最后把他丢在人行道上。根据验尸报告，受害者死于头部多次钝器撞击。

拉里的基本情况如下。他是一个"足月产婴儿"，没有任何与他出生有关的并发症。他的父母在他上中学时分居。拉里和他的五个兄弟姐妹与他们的母亲埃德娜·格林一起生活在被称为"项目"的破旧公共住房里。根据法院缓刑部门的调查，失业并接受公共援助的格林女士情绪不稳定，难以监管自己的孩子。拉里的父亲格林先生告诉调查人员，他的前妻和孩子们有"街头狂热症"，孩子们表现得就像"野生动物"一样。格林先生有一份稳定的工作，有时会给他的前妻带去一些食物并支付账单。父母双方都没有被判处过重罪。拉里的平均成绩一直是 C，直到九年级，他厌倦了学校，不再完成任何作业，并开始逃学，最终在 15 岁时辍学。除了偶尔做一些清理院子的工作外，其他工作拉里最多只能坚持一天。

我花了近 10 个小时对拉里及其他熟悉他的人进行访谈。我还查阅了法院和缓刑记录。除了与杀人案有关的问题外，拉里对我提出的所有问题都很乐意回答。他对他的母亲没有任何正面评价，他宣称"我和我的母亲互相憎恨"，并谴责她卑鄙且无情。他批评她经常发脾气并打他耳光，并希望自己能换一个母亲。

毫无疑问，格林女士有她自己的问题和局限。他们的家庭环境很混乱，她对孩子们的监管也不稳定。然而，除了一个孩子在青春期时被指控行为不检外，其他孩子都没有犯罪记录。当罪犯在被捕后接受访谈时，他们很可能会把自己描述成家庭、贫困、同伴压力等环境的受害者。当我采访格林女士时，她并不符合一个无情且敌对的母亲形象。她感叹拉里是多么难以养育。他与老师相处不融洽，讨厌老师对他指手画脚。她说："在学校，他总是打架，和老师顶嘴。"拉里却抱怨他的母亲"总是大惊小怪"。格林女士也承认自己做了很多这样的事情，因为她的儿子只是不想被她管。无论他去哪里，他都在打架。"他会出去和朋友们打架。"她回忆道。令她无法忍受的是，他对待兄弟姐妹的残忍方式远远超出了嘲弄他们的程度。当拉里的一个兄弟不小心吵醒了熟睡的弟弟时，拉里爆发了。格林女士回忆道："拉里生气了，扑向他。拉里打了他的头，踢了他的侧身。""拉里在对另外一个兄弟发火时几乎把他掐死了，"格林女士说，"他的兄弟姐妹都不太喜欢他，他们说他是疯子。"当她催促拉里去找工作时，他会反驳："我不需要任何工作。如果我需要什么东西，我可以到外面去偷。"当被问及儿子整天都在做什么时，格林女士回答："坐在房子周围，听收音机，看电视，并拜访附近的一位老奶奶，她的女儿有一个小儿子。"她说："他很喜欢那个小男孩，并且已经对那个小男孩的母亲产生了好感。"拉里想来就来，想走就走，对他母亲的恳求总是充耳不闻。

格林女士说："拉里的脾气经常使他陷入麻烦。他与别人交谈的方式就是找碴，如果你在商店里看了他一眼，他会说'你看什么看'。"她说："我把孩子们带大不是为了让他们伤害任何人。我自己也不伤害任何人。我从很久以前就希望他能听我的话。"她为她的儿子恨她而感到难过，并不甘心地说道："我想知道他怎么能中伤一个抚养他长大的人呢。"当拉里因谋杀罪被捕后，她说："把一个没有招惹他人的人杀死，这太疯狂了。我希望那个人能够从天堂里出来和拉里谈谈，这样拉里就可以坐下来想想他是如何对待他人的。"她表示，如果她知道将要发生什么事情，她会把那个人推开，让拉里打她。她继续说道："我爱我的儿子，但我没有教他去伤害任何人。"拉里的姐姐卡罗琳将他的问题归咎于他的态度。她说："如果有人试图纠正他，他总是会认为自己是正确的。我猜他希望一切都按他的方式进行，永远不出错。"其他人看到了拉里柔和的一面。邻居家有小孙子的老奶奶说："拉里对待我就像对待母亲一样。他会为我去商店买东西，但不会拿我的钱。他会过来带我的孙子去商店。"拉里的父亲格林先生认为，拉里选择的朋友是他堕落的原因。格林先生评论道："他想和那些麻烦的人在一起，他们会选择他们想待在一起的朋友。"格林先生将他的其他孩子与拉里进行了对比。当谈到最小的儿子时，格林先生说："他没有和拉里混在一起。他只是不想和拉里在一起。他想远离麻烦。"由于格林先生在拉里和母亲住在一起后不常在拉里身边，因此他没有看到拉里的愤怒和攻击性表现。当从收音机里听到拉里因谋杀罪被捕时，他惊呆了。他对儿子小时候画画和帮助老年人的印象有美好的回忆。当被问及为什么拉里没有留在他身边时，他回答道："拉里想回到那群野孩子身边。"

拉里坚持按他自己的方式做事，并将任何与他意见相左的人拒之门外。离开学校后，他整天在街上游荡，在家里看电视，找女人，并经常去俱乐部消遣。他开始喝酒，吸食大麻，并尝试其他毒品。他说，他辍学是因为"我的心不在这里，我似乎在做白日梦，我不想做我的工作，我想按我自己的方式做事，而不是让别人告诉我该怎么做"。离开学校后，他经常待在家里，这导致他和母亲之间的冲突升级了。他抱怨道："她总是告诉我要出去找一份工作。"拉里不愿意接受在快餐店工作的想法。他喊道："我不想在低工资的餐馆工作，我想要一份高薪的工作。"他没有赚钱，而是向他的母亲要钱，然后在她犹豫不决、气急败坏时怨恨她。他有时会大发雷霆，宣称他的母亲为她的男朋友做的事比为他做的事多，她没有把他当作儿子来对待。他与母亲的争吵达到了格林女士威胁要报警的地步，因为她不知道自己还能做什么。他告诉我："我厌倦了看到警察。如果警察让我回家，我就告诉他我想去哪儿就去哪儿。警察很蠢，他们不会告诉我该怎么做，他们就是想逮捕我，这样他们才有事干。"他曾多次向警察提供假地址和假名字。他回忆道，警察在某个节日里拦住他，当时他喝醉了，对着路人大骂。他被要求回家，他假装离开，然后又溜回了公园。

拉里并没有为自己的脾气辩护，反而似乎为此而感到自豪。他主动表示："如果有人一直争论下去，我就会崩溃。"甚至他的女朋友，也就是他所依恋的那个小男孩的母亲，也常让他愤怒。他说："有时，当她谈论她的丈夫时，我就会生气，把她骂一顿。"拉里记得有一天，他的女朋友摸了摸他的前额，以为他发烧了。拉里的反应是抓住她的手腕，把它往后弯。他说："她见过我发过很多次火。"当被问及是否对女朋友保持忠诚或是否与其他女人睡过时，拉里回答道："如果我不这样做，那我一定有问题。"此外，他说："当我与他人发生性行为时，我从不使用任何保护措施，因为我喜欢这种感觉。"

拉里和我就良知这一问题进行了坦诚的讨论（尽管拉里的正规教育在九年级就停止了，但他很聪明，而且能说会道），在谈到他被激怒的情况时，他说："我不知道我可能会做什么，我只想伤害那个人，让他知道他不应该惹我。如果我看到身边有什么可以拿的东西，我可能会抓住它，用它来打他。很多人说我有良知，他们对我一无所知，怎么知道我有没有良知呢？他们又没有仔细研究过我的大脑。他们认为如果我遇到大麻烦，我的良知就会困扰我，我甚至没有想过这个问题，他们说我需要帮助。他们才是需要帮助的人，我没有良知，我已经做了很多事，我不担心这个问题。有些人是有良知的，这会让他们烦恼。但我不会。"当被问及是否记得曾经为自己所做的事情感到抱歉时，拉里停顿了一下，想了想，然后回答道："不太后悔，如果我真的告诉别人我很抱歉，我可能也不记得了。我可能会向某个人道歉，但在大多数情况下，我会看着他们，然后笑笑。"他说："如果我伤害了一个女人的感情，那一定是她自找的，不是我的错。我是一个好人，我不喜欢打扰任何人。"

拉里在犯下杀人案之前就有很多犯罪记录，包括因攻击、入室盗窃、小偷小摸、重大盗窃、行为不检、财产损坏及入店行窃而被捕。其中大多数是机会犯罪或在他发脾气时犯下的罪行。有一次，他和几个朋友在夜晚路过一所学校，他们一时兴起，决定闯入学校，但他们并不想要什么。他回忆道："我只是在脑海中想了一下，就这么做了。"这些年轻人砸碎窗玻璃进入学校，洗劫教室，掀翻课桌，然后偷走教科书，并将其扔进灌木丛。拉里被捕的原因只是他所犯的一小部分罪行。他说："如果我看到我想要的东西，我就会把它拿走。价格并不重要。"他吹嘘道："我可以把东西偷到手，然后逃之夭夭。"拉里报告说，他从9岁起就对打架和功夫电影异常着迷。他想象自己是电视里会功夫的人。但对于功夫，他不仅仅停留在艺术欣赏的层面，他欣赏的是攻击本身。"当我打架时，我会像功夫电影里的人那样用脚踢。"他还说："上一分钟我还好好的，下一分钟我就会暴跳如雷，咒骂对方，抓起椅子朝对方扔过去。"他承认，饮酒后他的坏脾气更容易爆发。我问他是否被打倒过，他不假思索地答道："这让我感觉很好，因为我可以承受攻击。我被棍子、瓶子和石头砸过头。我能以一敌二。被人揍，我却可以承受，这种感觉很不错。"他提到，有一天夜里，有两个人从背后袭击了他，砸破了他的头，但他拒绝去医院。他说："我不喜欢医院。我讨厌医生，我宁愿忍受疼痛。"在谈到参与某些非法活动时，他把责任归咎于同伴压力，但是又补充道，加入帮派是一件富有挑战的事，"我想看看自己有多少本事"。

拉里只经历了短暂的监禁，大部分罪行被法官减免为缓刑，以给予他改正的机会。然而，他却无视缓刑期间的规定：他拒绝工作，在没有工作人员监管的情况下出门，也不递交每月的汇报。他数次被撤销缓刑，以及被延长监禁的时间。当我问起他在缓刑期间所做的那些违规行为时，他显得愤愤不平，反过来怪罪工作人员。

当我在监狱里对拉里进行访谈时，他说："我多么希望自己一觉醒来发现这一切都是梦，有某种全新的未来展现在我面前。"说完这些，他又说道："我一点也不觉得自己是一个坏蛋。"面对自己可能被判处死刑，拉里非常清醒，"我宁愿结束自己的生命"。他谈到自己在监狱里有自杀的想法。直到生命结束，他都希望自己能主宰一切。对于威胁法官一事，拉里说："我不关心法官是否会生气。这吓不到我。他们根本不了解我的脾气，我会让他们知道，他们能做的只是判我藐视法庭而已。"对于杀人一事，他闪烁其词，尽力把责任推到朋友身上。拉里曾强调他们如何要好，甚至歃血为盟。现在，他面临被判刑的危险，所谓的誓言变得一文不值——朋友不过是跟自己毫不相干的人。"我得努力救我自己。我让警察抓过我的许多朋友，他们永远不会知道我做了什么。"最终，拉里只能用终身监禁来赎自己的罪行。

特雷弗

特雷弗在一个富裕的中上阶层家庭长大。他的两个哥哥在学术研究和专业领域都表现得很出色。父母和兄弟都没有犯罪记录。关于是否应该接受精神治疗，他与父亲发生了争执，并刺死了父亲，他也因此被捕。为了向法庭提供心理评估，我花了将近20个小时对他进行访谈。

特雷弗很欣赏自己的父亲温特先生，他欣赏父亲聪明的头脑、渊博的学识和作为工程师所获得的成就。但是，特雷弗对父亲的性格却颇有微词：对待别人好似春风，对待自己的儿子却如同恶魔。他认为，在父亲可悲的生命中至关重要的只是金钱、财产和维持良好的社会形象。特雷弗把父亲称作"工作狂"，然而他并不懂得工作的全部含义。只因认为工作让他头痛，他就认为享乐比工作更重要。当被问及是否从父亲的成功中获益时，他勉强承认父亲使他拥有了舒适的生活。虽然家里很富裕，但特雷弗更愿意住小公寓，做一份普通且要求不高的工作。特雷弗否定了父母的价值，只关注他们的钱。他说父亲除了有钱以外毫无价值，他还说如果父亲帮他付完账单，什么话都不说，那就完美了。如果他想要钱，父母却不给，他就会偷拿。他知道，父母中的一方如果发现自己的钱包里少了钱，会以为是另一方拿的。他总共偷了数百美元。

至于他的母亲，特雷弗认为她只是父亲的"传话筒"，并因此而憎恨她。他为她感到难过，因为她很顺从，从来没有在丈夫面前挺直过腰杆。他一边回忆青春期时的经历，一边说道："当我在她身边时，我心里总是有怒火，感觉自己会成为一个心理丑陋的、肮脏的人。"特雷弗承认，母亲基本上算一个好人，她忍受着特雷弗的刻薄，因为她认为特雷弗需要一个出口。

特雷弗将他的父亲描述为"情感上的虐待狂"，可事实上，长期以来，他自己才是家庭中真正的虐待狂。从小学开始，他就折磨他的兄弟姐妹，以用拳头把他们打哭为乐。特雷弗蔑视他的兄弟，因为他们效仿父母的价值观。"我的兄弟对我很好，"他承认，但仍然攻击他们，"每当我看到他们时，我就想打他们或揍他们。"他对这种暴行的唯一解释是："这感觉很好。"他夸口说，他可以通过假装对自己不当的攻击行为感到懊悔来操纵父母："其实我没有，我觉得非常有趣。为了表现出懊悔，我练习了很久。"父母实施的任何惩罚都无法阻止特雷弗的攻击行为。极度挫败的父母只好打他屁股或扇他耳光，而这些又会被他当作抱怨的借口，他说他们对他很严厉，还经常虐待他。特雷弗将父母管教他的任何方式都定性为身体或精神虐待。

"杀戮对我来说并不新鲜。"他在监狱的一次访谈中告诉我。当他还是个孩子的时候，他记得自己"用虫子制造了一场浩劫"，这不仅仅是在房子里踩到蚂蚁或虫子那么简单，他会追捕它们，然后"踩到一大群，并不厌其烦地杀死它们"。他回忆起自己"喜欢带有暴力性质的玩具和打斗性的游戏项目"。他因为在打架时伤害了一个男孩而被暂时停学。他曾因对父母感到极度恼怒（他已经不记得是为什么了）而把一个名贵的花瓶摔得粉碎。特雷弗声称自己对那些充斥着大量杀戮的电子游戏极度着迷。他对杀人的幻想不仅限于电子游戏中的人物。自从上小学开始，当他对父亲感到十分恼怒时，他就会幻想用不同的方法杀死父亲。他说，很久之前，他很希望一拳揍到父亲脸上，然后勒死他。对于母亲，他也有类似的想法，只是不那么频繁。

在进入竞争激烈的高中前，他的学习成绩一直很不错，后来他开始厌倦学习。他发现学校很无聊，他所学的很多东西都无关紧要。于是他开始逃课，不再做作业，他的成绩也一落千丈。对此，父母感到非常失望。如果有繁重的作业和任务，他不会在家里提起。他说："我从不会告诉他们有很多作业。我会假装自己在写作业，然后看电视放松放松。"他抱怨父母不断给他施加压力，逼他保持优秀的成绩。他决意反抗父母和他们坚持的传统价值观，他向自己承诺不再考取好成绩。他还有一个计划，那就是毁掉这一切。

当几所精英大学拒绝特雷弗的入学申请时，他松了口气。然而，令他沮丧的是，他被一所学术水平要求很高的大学录取了，他知道他将被迫入学。进入大学以后，他就不再学习了，很多课程都未通过。读高中时，他就开始吸食毒品，现在，吸食毒品正式成为他生活的重心。他从父母那里偷钱购买毒品，因为出手阔绰，很快他就吸引了一群渴望从他的大肆挥霍中捞取好处的朋友。他告诉我："我不善言辞。"他还提到，因为他有钱购买大量的高质量毒品，所以和朋友们出去玩变得相对容易一些。

一位关心特雷弗的系主任告诉他的父母，辅导员越是试图帮助他们的儿子，他的情况就越糟糕。特雷弗在大一的时候坚持了四个月，然后退学了，表面上是为了回家寻求治疗。他象征性地接受了治疗，再次和父母住在一起，并沉浸在看电视和玩电子游戏中——毒品他不再碰了，因为父母会要求他不定时进行尿检。在经历了一段被他称为有史以来最无聊的、像橡皮筋一样紧绷的时光后，他得到结论，还是重回大学比较好，但是这次，他要挑一个要求比较低的大学。

从来没有人了解特雷弗，而他似乎为此而感到自豪。他与任何家庭成员都不亲近，也没有要好的朋友。事实上，他不亲近任何人。即便在他工作或运动时，他和他人的交往也是敷衍了事。他说他不善于与同龄人交谈，尽管他可以与"高智商的人"相处。他对自己社交能力的总体评价是"我是一个迟钝的人"。当被问及为什么他会是这样时，他轻蔑地说："我只是运气太差了。"他还坚持认为，他是"情感上的残疾人"，因为他是被问题父母带大的。"他们没能很好地抚养我。他们在所有可能影响我成长的方面都搞砸了。"他指责他们强迫他过一种必须专注于工作的生活。他强调道："我想不出有什么事不是我父母的错。"

特雷弗是一个独行侠，因为他从不关心其他人。他承认，他对别人毫无兴趣，"除非我能从他们身上得到一些对我有利的东西，否则我怎么会感兴趣呢"。他更喜欢把自己孤立起来，玩电子游戏，其中一些游戏是他从商店偷来的。（他给出的理由不是缺钱，只是"我认为我可以不被抓到"。）

他的父母试图限制他看电视和玩电子游戏的时间，但收效甚微。在这个问题上，特雷弗与他的父母每天都会爆发冲突，以致家里充满了剑拔弩张的气氛。最终，父母做出了让步——因为家里的其他孩子应该拥有更好的环境，而不是卷入这些与他们无关的纷争中。温特夫妇不能让这些冲突毁掉整个家庭。

当特雷弗转到一所他认为学业会比较容易的学校时，他继续大量使用毒品以放松自己。至于他为什么需要放松，他回答因为他不得不去上课、写作业和参加考试。令特雷弗感到遗憾的是，他与父母在毒品问题上的争论不休，让父母看到了他是多么不知悔改。为了安抚对毒品持严厉反对态度的父母，他选修了药物和毒品滥用教育课程，但他不是在课上睡觉，就是干脆逃课。

特雷弗的父母对于如何帮助他们的儿子感到越来越迷茫。特雷弗拒绝了他们的关心和试图干预的做法。从他还是名少年时，他就讨厌父母对他的活动进行干预，并称他们为"爱管闲事的混蛋"。他与父亲不断发生冲突，因为他说得越少，父亲问得就越多。"我一点也不想和他说话。如果我不答话，他就会生气；如果我无视他，他就会朝我大吼大叫。"他说道。

特雷弗的父母从未放弃拯救他。在他上大学的时候，他们花钱请了一位家教。特雷弗说："我爸爸认为这是一份礼物，但我并不想要一位家教。"但是，因为家教帮助他提高了成绩，"所以有一段时间，父母不再管我了"。他的父母经常与学校管理人员联系，特雷弗认为他们多管闲事，对此感到很不满。他认为，父母在故意破坏他的生活。杀了他们两个会是一种解脱。"我总是幻想父亲死掉，杀死他将是天堂般的享受。他的钱还是很好的。如果他死了，我能继续花他的钱，那就完美了。"他幻想折磨和杀害他的父亲，勒死他、刺死他，或者射杀他。特雷弗比世界上任何一个人都更看不起自己的父亲。他对自己的母亲也很生气，因为她总是附和丈夫的意见。

在高中及第一所大学学业失败后，特雷弗的父母要求他去看心理医生。特雷弗遵从了这一要求，但他除了在几位心理医生的办公室里坐着，几乎没说过什么心里话。他告诉我，他并不反对去看心理医生，并且认为他们中的一些人很聪明，是好人，他只是觉得没有必要与他们见面。由于没有兴趣改变自己，特雷弗会尽最大努力说服心理医生，真正需要改变的是他的父母。他的父母希望他被"修复"，他却希望他们被"修复"，于是治疗僵持在那里，没有任何结果。"我不是说他们的工作做得不好，我只是不需要他们。"他说。

其中一位心理医生强烈建议特雷弗接受住院治疗，这让温特先生开始重视这个问题。在一个看似平常的日子里，特雷弗和他的父亲就他的过去、现在和未来发生了激烈的争吵。真正加剧他们争吵的是温特先生认为特雷弗需要接受住院治疗。在那一刻，特雷弗恼羞成怒，他抓起一把刀，反复刺向他的父亲。当我在监狱的一次访谈中问他是否想过杀死父亲会给自己的家庭带来怎样的后果时，他冷漠地回答，他已经将它抛诸脑后了。

拉里和特雷弗共同的思维错误

缺少对他人造成伤害的概念

拉里对这个走出商店的无辜的人一无所知，但这对他来说并不重要，他只是漫无目的地寻找刺激。他对"毁掉"眼前这个完全陌生的人很有兴趣，他希望在彻底消灭这个陌生人之前，将其变成一个颤抖的、恳求他的人。在访谈中，拉里没有一次对他的所作所为表示过后悔。他希望他能让时间倒流，不是因为他对杀人感到后悔，而是因为他不愿在监狱中度过余生，这是他唯一关心的问题。

杀死自己的父亲后，特雷弗感觉自己摆脱了一生中的克星，与拉里不同的是，特雷弗所杀害的并不是一个陌生人，但也如同陌生人。在特雷弗的想象中，他曾多次希望将温特先生除掉，这样他就可以自由地做自己想做的事了。在监狱里，特雷弗很少考虑他的罪行对他的母亲、他的兄弟、他们的大家庭、他父亲的工作同事、他们家庭的朋友或他们所居住的社区里的人所造成的持久影响。像拉里一样，特雷弗的注意力也集中在自己身上，以及如何在监狱里生活。当他在县监狱时，他拒绝见访客，因为他不想让任何人通过询问他的过去或为了探求事情的真相来打扰他。像拉里和特雷弗这样的罪犯对连锁反应并不在意。

声称自己是受害者，在被追究责任时指责他人

当被追究责任时，罪犯认为自己是受害者。从他们的角度来看，他们受到了不公正的待遇，因为其他人干扰了他们想做的事情，并试图限制他们。拉里认为，他的受害者只是碰巧在错误的时间出现在错误的地方，好像这个人只是

因为在那里而有错。

长期以来，特雷弗一直认为自己是父亲那"狂躁不安的情绪"的受害者，并憎恨父亲试图改变他的价值观。他对自己的母亲也没有什么好话，因为他声称母亲在毁掉他的生活。温特先生和温特女士所希望的只是大多数父母希望他们的孩子能做到的事——获得教育、公平地对待他人，并最终能够养活自己——无论他们的社会地位如何。

屏蔽良知的能力

像拉里和特雷弗这样的罪犯似乎无法引起他人的共鸣，因为他们没有同理心，对他们给他人造成的痛苦也漠不关心。当特雷弗的母亲尝试和他谈论他在家里造成的混乱时，他表现得非常冷漠，或者拒绝表现出任何情感，这让她感到很失望。他的父亲也很难让他参与任何话题，他不希望与父母任何一方有任何关系，除非他们按照他的条件来。他完全无视父母可能做出的反应，会说一些让任何父母都感到震惊的话，然后享受观察他们的痛苦。特雷弗淡淡地说："我有时会脱口而出一些疯狂的话，但不会像我父母那样耿耿于怀，我的妈妈很善于激怒我，我也会威胁她我将采取暴力行动。"

拉里很坚定地说："我没有良知。"然而，他却对住在附近的一位老奶奶和她的孙子产生了感情，这位老奶奶指望拉里在许多方面帮助她。拉里和母亲的关系也很亲密，尽管他经常抱怨她。他没有想到，那些关心他的人将因他的罪行而痛心。当他攻击从商店里走出来的那个陌生人时，其他一切都不重要了。正如拉里对我说的："如果有什么事发生了，那就顺其自然吧。"当他这样想的时候，他把他所有的良知都屏蔽了。

一名罪犯短暂的多愁善感不应该被误认为是良知，当他感到绝望时，他很可能会向母亲寻求安慰。他过去曾非常依赖她，尤其是在她帮助他摆脱困境的时候。但是，无论这名罪犯多么关心和依恋他的母亲，他都会把母亲的生活弄得一团糟，当母亲反对他的想法时，他会骂她，或者偷她的东西，甚至威胁她，让她彻夜难眠。他对母亲的评价摇摆不定，从圣人到魔鬼，这取决于她是否会听从他的吩咐。但无论忍受怎样的虐待，母亲都是宽容并支持他的。

特雷弗把自己描述为"情感障碍"，他的意思是他没有和其他任何人建立有意义的关系，除了吸食大麻或玩电子游戏的时候。他似乎从不后悔自己对任何人造成的伤害，除了他自己的生命，他什么都不珍惜。

极端的权力感

尽管拉里和特雷弗的家庭背景不同，但他们在财产犯罪、使用毒品和实施暴力行为方面很相似。两个人都觉得自己有权做任何想做的事。特雷弗的父母对儿子的变化感到震惊，他们担心这可能是由精神疾病引起的。特雷弗根本不认为自己在变坏，他只是对不讲理的父母做出了反应。

像拉里和特雷弗这样的罪犯希望在任何情况下都能占上风，他们认为自己是车轮的中心，而不是辐条中的一根。罪犯期望占上风，其他人想要什么或期望什么并不重要。拉里说："如果我看到我想要的东西，我就会拿走。"特雷弗的想法与拉里相似，他不需要向自己或任何人证明盗窃是正当的，在他心里，这些钱已经属于他了，他只是在盘算着怎么花这些钱。

独特感

罪犯会不断努力强化自己的独特性，这是他们人格的驱动力。在他们的内心深处，他们认为自己是独一无二的，因此他们把他人拒之门外。特雷弗和拉里都不会征求他人的意见，除非出于自己的目的。特雷弗对于父亲让他在精神病院接受治疗感到愤怒。他认为，如果有人需要治疗，那一定是他的父亲。特雷弗觉得没有必要跟大多数同龄人一样，他认为他们盲目地遵循他人安排的东西，而不是像他那样自由自在。特雷弗和拉里不与他人相处，部分原因是他们认为没有人像他们一样，没有人理解他们，他们认为自己高人一等，认为适用于他人的东西与自己无关，并按照自己的规则行事。

对什么是义务没有概念

罪犯对他人的态度是反复无常的，这取决于他人是否为他们服务。前一天，他们可能把某人看作最亲密的盟友，而后一天，他们可能就会把这个人视为致命的敌人。特雷弗在享受由父母带来的富裕的物质生活的同时，也因为父母对他的社交恐惧和学业失败进行干预而感到愤怒。他的母亲发现与儿子相处很不愉快，因为他"脾气暴躁、阴沉、傲慢"。特雷弗对任何让他做家务的要求都感到愤怒。他甚至对父母照顾他的一些行为表示轻蔑。他回忆道："我妈妈会为我做丰盛的午餐，但我会把它扔掉。因为他们想让我成为他们的复制品。"他对父母的憎恨远远超过了青春期的叛逆，他希望他们从他的生活中消失。

像所有的父母一样，温特夫妇有他们的缺点。但他们的其他孩子却能忍受这些缺点。在特雷弗杀害父亲的过程中，他从未考虑过他对家庭应尽的义务。然而，在监狱里，他认为他的母亲有义务聘请一位一流的辩护律师来为他辩护。拉里的父母、兄弟姐妹和其他亲戚都曾希望他能改变自己的生活方式。有一段时间，父亲曾说服拉里与自己一起生活。然而，拉里对父亲处处想安排他的生活感到不满，正当父亲认为儿子已经安定下来时，拉里离开并回到了母亲的家，在那里他有更多自由。无论是在犯罪前还是犯罪后，拉里都没有表明他对那些关心他的人有任何责任，只有他想要的东西才是最重要的。

屏蔽恐惧的能力

人们普遍认为，罪犯不会考虑其行为的后果。根据经验，实际上他们知道如果计划出现问题，自己被捕后可能会发生什么。他们经历过被父母惩罚、被亲戚告诫、在学校因行为不当而受到惩罚，他们在警察局、法庭、拘留中心、社区监狱或国家监狱中度过了一段时间。他们不会忘记这些经历。然而，当罪犯犯罪时，他们确信自己会成功，所有后果都将成为过去。自童年期开始，拉里和特雷弗就成功地屏蔽了对自己的行为所造成后果的恐惧。当他们夺走其他人的生命时，他们仿佛打开了从他们的思维中屏蔽恐惧的开关。

无聊和思维错误

像拉里和特雷弗一样，罪犯经常说没有事情可做，抱怨生活无聊。有责任感的人可能也会说同样的话，他们可能会觉得讲座很无聊，或者某些死记硬背的任务很乏味。在新冠疫情期间，人们的活动被限制，许多人都感到非常无聊，但他们并没有通过犯罪来消除这种无聊感。然而，罪犯却利用了那些日复一日在家中上网并感到无聊的人。他们向这些人出售假冒产品、提供虚假的就业岗位，并谎称投资会有巨额回报。

当罪犯说他们感到无聊时，他们是愤怒且危险的，因为他们在寻找出口。特雷弗描述了他生活中大量的烦恼。他对学校越来越感到厌烦，或者用他的话说，他变得"不再抱有幻想"。在他的父母看来，他的情绪非常低落，他们担心他可能会伤害自己。特雷弗把他的"抑郁障碍"归结为"没有乐趣"。他说他的"抑郁障碍"是因为父母一直努力让他保持学习动力，让他上大学。但是他在进入校园不到一年的时间里，就因为学业失败而回到家里。他再次感到无聊，并急于离开家庭，他威胁他的父母说要开枪自杀，除非他们允许他回到大学，即使换一所学校也无所谓。

特雷弗告诉我他不工作的理由是，生活的意义在于娱乐。他说："我想对大多数人来说是这样的，否则还能是什么呢？当你感到无聊时，你可以用一堆方法来娱乐自己。我不喜欢我的家人，我没有朋友。"对他来说，娱乐意味着吸毒和每天玩 6 ~ 8 个小时的暴力电子游戏，他一点也不觉得无聊（电子游戏并没有把他变成一个暴力的人，他在第一次玩游戏之前就有暴力倾向）。拉里和特雷弗没有朋友，没有家庭，没有职业抱负，并且都缺乏生活目标，他们的抑郁和无聊需要通过使用毒品或实施犯罪来缓解。特雷弗说："大麻是我选择的抗抑郁药，不需要处方的抗抑郁药。"

当一名罪犯说"什么都没有发生"时，他是指他没有产生兴奋感，一旦他开始考虑犯罪，这种不安的心理状态就会得到缓解。因为拉里生活的环境是混乱的，没有人能长期跟踪他，所以他的活动范围比生活在父母的严格监管下的特雷弗大得多，一旦特雷弗住进大学宿舍，他就可以不受父母的干扰，做任何他想做的事了。

拉里杀死了一个完全陌生的人，这缓解了他的无聊感。特雷弗杀死自己的父亲不是因为无事可做，而是因为他害怕被关进精神病院，在那里他将感到无聊，并且几乎无法控制自己的生活。

罪犯对无聊的反应是他们思维错误的直接结果。在他们追求刺激的过程中，只有他们想要的东西才是重要的。如果他们要对自己的行为负责，他们会指责环境或他人。像拉里和特雷弗一样，罪犯会为了实现自己的目标而屏蔽良知，他们的权力感反映了他们认为他们可以通过任何必要的手段帮助自己得到想要的任何东西。他们认为自己是独一无二的，即无论付出多大努力，他们都会成功。当罪犯试图摆脱无聊感的时候，义务就变得不重要了。在寻求"有事可做"的过程中，他们屏蔽了对后果的恐惧，由于这些思维上的错误，无辜的陌生人可能会失去生命。

第 5 章

犯罪前、中、后的心理过程

罪犯从小就对自己可能犯下的罪行有一连串想法。他们不会按照其中的大多数采取行动，因为他们有太多的想法要处理。由于环境的限制、缺乏适当的设备或需要帮凶，一些想法是不切实际的。有些想法是在他们的脑海中进进出出的幻想，有些想法则是成熟的计划，他们会评估犯罪的可行性，确定何时、在何地及如何实施犯罪，计划逃跑，并想出如何处理犯罪所得。

亨利 13 岁时就成了罪犯，他在向学校发出炸弹威胁后被关进青少年拘留所，我在那里对他进行了访谈。他自豪地向我炫耀他的犯罪史，并提供了很多信息，让人觉得他并不是在编故事。

亨利吹嘘道："除了携带烟花和性变态外，我几乎违反了每一条规定。"亨利几乎半个学年都没去上学。学校记录显示，他吸烟并向其他学生分发香烟、破坏学校财产、掐同学脖子、威胁其他学生和老师、携带武器到学校、在校车上搞破坏，并在"休息室"小便。亨利列举了他做过但未被逮捕的几十项罪行：大规模入店行窃、持有盗来的身份证、纵火、破坏公物、未成年饮酒、使用盗来的 ATM 卡、用 BB 枪（一种有杀伤力的玩具枪——译者注）射击窗户、非法闯入、入室抢劫及袭击。他所犯下的罪行数量只占他所幻想的罪行的一小部分。

对罪犯来说，犯罪的每个阶段都有兴奋点：思考、计划、招募同伙、接近目标、实施犯罪、逃跑，以及之后发生的所有事情，无论他们是否被捕。

外部威慑因素

最强大的威慑力量来自外部，它们是罪犯想要做的事情的阻碍。外部威慑因素构成了犯罪的"职业危险"：被捕、被定罪和被监禁。罪犯很清楚这些威慑因素，以及在高风险犯罪中受伤或死亡的可能性。

如果你在监狱里找到最恶劣的罪犯，并问他"你有没有想过你会被捕"，他的回答可能会让你大吃一惊。他可能会说："当然，但不是在这一次。"此前，他已经逃脱了许多罪行，他认为自己是无懈可击的，总是能幸运地逃脱。

罪犯将任何可能发现他们所作所为的人视为"警察"——父母、老师、雇主、邻居或真正的警察。罪犯从不为自己的犯罪行为辩解。只有在被捕后，他们才会寻找各种理由和合理化的说法。他们实施犯罪的愿望会超过任何顾虑，包括对监禁后果的恐惧。有些罪犯甚至在被监禁期间就计划新的犯罪。他们决心从过去的失误中吸取教训，以便在下一次成功实施犯罪。

内部威慑因素

人们在看到由罪犯造成的严重后果时，可能会认为罪犯缺乏良知，这是一种误解。实际上，他们有着残缺的、运作不良的良知，这可能会阻止特定的犯罪行动。

当一个 14 岁的小偷被问及是否相信自己有良知时，他试探性地回答道："我不知道，我想我有。"他补充道："问题在于，我是否听从它。"一位从客户的信托账户中挪用钱财的律师隐喻性地描述了他的良知是如何运作的："我能够屏蔽它，把它关在一个隔音的房间里，没有人会听到尖叫声，总的来说，这很有效。有时，这种方法也不起作用，它会从打开的小门溜出来，搞得我在半夜惊醒，担惊受怕。"然而，由良心不安带来的焦虑并不会持续很久，不足以阻止他的犯罪行为。另一名罪犯闯入一位老妇人的家中，偷走了她珍爱的传家宝。当罪犯得知她身患绝症时，他良心发现，归还了她的财物。经历了悔恨，并为这一罪行做出赔偿后，他认为自己十分富有同情心。但无论他多么有良知，都没有阻止他在其他地方实施类似的入室盗窃行为。

罪犯的情感、宗教信仰或人道主义关切会不时出现，他们可能会在教堂里祈祷，或者向流浪者发放钱财，然后实施抢劫。他们会避免实施某些类型的犯罪，以维护他们作为好人的形象。一名青少年告诉我："任何袭击老太太并抢走她们钱包的人都应该被绞死。"尽管他的良知不允许他对一位老妇人进行人身攻击，但他对抢夺她的钱包毫无愧疚之心。

消除威慑因素

罪犯在计划特定的犯罪行为时，会尽力消除威慑因素。在制订复杂的计划时，他们会考虑哪里可能会出错。当他们排除了所有威慑因素后，他们对犯罪的渴望就会超过他们对被捕的恐惧。他们确信自己会成功。原本转瞬即逝的想法已经演变成既定事实。对不同类型的犯罪而言，上述心理过程都是相似的。

杰伊开始监视那些下班后仍独自在一楼办公室工作的年轻女性。他描述道："当我在周围徘徊，一边幻想着我看到的女人一边手淫时，我的兴奋感就会越来越强。"通过对办公大楼内部的调查，杰伊找到了隐蔽的区域并发现了出口。他注意到了最有利于快速逃跑的停车位。他有条不紊地做着功课，并确定他的猎物。杰伊会一直等到目标员工收拾好自己的物品并准备离开时才实施犯罪。他回忆道："由于不知道会发生什么，在犯罪开始时，我会有一种突如其来的兴奋感。"闯入办公室后，杰伊会抓住受害者，将她拖入浴室或其他封闭区域，强奸她，然后迅速逃离。杰伊的犯罪行为持续了一年多，最终因他袭击了一名作为诱饵的警官而结束。这名作为诱饵的女警官吸引了杰伊的注意力，当他出手时，她已做好准备立即将他逮捕。

在罪犯思考如何实施其犯罪计划的细节时，威慑因素可能会逐渐失效。有些犯罪没有经过长时间的考虑，它们可能被视为机会犯罪——罪犯萌生一个想法，并迅速采取行动。这几乎就像罪犯关闭了脑海中的开关，从而使威慑因素消失了一样。他们行动的直接性似乎源于一种突然的冲动。但是罪犯并不冲动，他们犯罪源于个人选择。

实施犯罪

当罪犯接近犯罪现场时，他们可能会因期待而颤抖。一旦他们屏蔽了威慑因素，他们就会确信自己可以成功。13 岁的亨利在过去的多次犯罪中未被发现，这助长了他的乐观情绪。他幻想在实施犯罪前就能获得回报。这种肆无忌惮的乐观主义可能会导致粗心大意，因为罪犯太专注于自己想要的东西，以至于忽略现实情况。他们可能会冒很大的风险，以至于他人甚至认为他们想被捕，他们的鲁莽行为实际上是在"求救"。

对大多数人来说，自信基于成就，而非自命不凡。罪犯的自信主要建立在对他人的控制上，他们通过欺骗、恐吓或暴力来做到这一点。如果他们在某次犯罪中失败了，那并不是因为他们想被捕或想寻求帮助，这种解释可能是由心理健康专家提出的，但它并不能反映罪犯的思维模式。罪犯可能会不够谨慎，计算失误，而失误可能是由傲慢和不切实际的期望造成的。

一种一直存在的观念认为，犯罪活动经常代表着求助的呼声。1980 年，一位心烦意乱、不知所措的家长写信给备受尊敬的咨询专栏作家乔伊斯·布拉泽斯（Joyce Brothers）博士，讲述了她女儿多次在商店行窃的故事。这个 17 岁的女孩来自一个富裕的家庭，这个家庭完全可以负担得起她所偷的东西。博士写道："可能她真的想被捕，这样她就能得到她迫切需要的帮助。"这种观念一直存在，一些罪犯想被捕，犯罪是他们寻求帮助的方式。2017 年，精神分析学家威尔·迈耶霍夫（Will Meyerhofer）表示："在商店行窃的律师在某种程度上想被捕。在 50 年的评估和矫治罪犯的过程中，我还没有遇到过一个类似的案例。事实上，情况恰恰相反，罪犯最想做的就是避免被捕。"

在实施犯罪的过程中，恐惧感可能会袭来，并促使罪犯谨慎行事。例如，在实施入室盗窃前，他们会停下来观察周围的环境。他们可能会发现一些意料之外的情况，如狗叫、坐在停着的汽车里的人，或者摄像头。此时，他们可能会放弃自己的计划，或者在环境更有利于自己的时候再回来。

即使罪犯认为自己已经想好了一切，意外也可能会发生。一名罪犯回忆道："我本打算抢劫酒类商店并抢走现金，但柜台后面的人突然行动了，我不得不朝他开枪。我并不是故意的。"警报被触发，他很快就被抓获了。一名加油站的抢劫犯则更为谨慎。他进入商店几次，看起来就像一位普通的顾客，把店里的情况都检查了一遍。"为了我的安全，我总是看着受害者的手，确保它们不会移到柜台下面。我还与他保持 1 米多的距离，这样他就无法攻击我——这是一种安全防范措施。"他从加油站逃脱而未被发现，但在另一次抢劫中，他被捕了，之后他承认了一系列罪行。

犯罪后的兴奋感

如果罪犯没有被抓获，那么在犯罪后，这种兴奋感就会持续下去。罪犯乐于媒体宣传他们的所作所为及他们如何躲避侦查，一些罪犯会剪下报纸上的新闻做成剪贴簿，在与其他罪犯交谈时，他们会吹嘘和美化自己所做过的事情。

理查德·麦克奈尔（Richard McNair）是一名杀人犯，他曾三次设法逃狱。他的传记作者拜伦·克里斯托弗（Byron Christopher）在写到他在逃亡期间的数千公里旅行时，描述了他对媒体报道他的"功绩"的持续关注："麦克奈尔把收看所有新闻媒体的报道作为重点。每个周六的晚上，他都会抽出时间看《美国头号通缉犯》(*America's Most Wanted*)。"每一次成功都会强化罪犯对自己的看法，他们认为自己很特别，因为他们比别人高明。对一些罪犯来说，与成功实施犯罪时所体验到的快感和事后逃脱法律制裁时所体验到的胜利感相比，收益是次要的。

他们甚至可能会丢弃或捐出所得。一名实施了一系列便利店抢劫案的男子说："大多数时候，我都会把钱捐出去。至于我所犯下的罪行，那既是游戏，也是挑战。"即使罪犯被捕，这种兴奋感可能也不会结束，他们必须用智力打败包括警察、侦探、心理健康专家、法庭服务人员及他们自己的律师在内的法律体系。在被捕并被追究责任后，他们会开始寻找各种理由。一名入店行窃者告诉我："我不杀人，我只偷商店里的东西，这些东西是商店老板能够负担得起的，他们剥削顾客，我不会错过这个机会。"但这都是事后的想法。当他进入商店时，他的脑海里已经有了盗窃的想法，他发现了珠宝，想好了如何取走它，然后离开。他承认，在实施犯罪时，他并没有考虑商店是否能够承受损失，也没有想过顾客是否被骗了。多年来，他偷过许多商店和个人的东西，包括他自己母亲的东西。

识别犯罪行为背后的"动机"

一些犯罪行为背后的动机似乎是显而易见的，如涉及个人财富、嫉妒、报复或寻求恶名的案件。然而，其他犯罪行为背后的动机可能令人费解。为什么一个富人会在商店里偷服装和首饰？为什么一名青少年会残忍地攻击一个陌生人？为什么一个男人在与他人自愿发生性关系几小时后，会对一个素未谋面的女人进行性侵犯？在一些犯罪案件（包括大规模谋杀或爆炸案）被高度曝光后，其动机仍然笼罩在迷雾中。

如果人们了解犯罪心理，就可以挖掘出犯罪动机，尽管它们可能不是表面上看起来的那样。口袋里不缺钱的盗窃者在事后告诉我："如果你能偷到它，为什么要买呢？入店行窃是令人兴奋的，因为我需要在商店取证，检测监控设备，发现出口，隐藏战利品，然后足够聪明且快速地逃跑。"两名青少年从天桥上扔下一块巨大的石头，砸向下面一辆行驶的汽车。这两名青少年没有考虑汽车被砸会给司机造成什么后果。他们一直在四处游荡，通过寻求刺激来解闷，而撞击过往车辆的挡风玻璃则是一个挑战。当他们举起石头，准备把它扔到下面时，他们体验到了一种巨大的力量感。他们知道自己会造成严重的破坏，而且他们确信没有人会知道是谁干的。在看着挡风玻璃被砸碎，司机出事后，他们就逃跑了。一个跟踪受害者并强迫她发生性关系的男人所体验到的快感远远高于他在与他的性伴侣发生性关系时所体验到的快感。这种动机与性没什么关系，但与由征服和逃脱惩罚带来的权力感有很大关系。

对一些罪犯来说，权力的终极意义是夺取一个人的生命或消灭许多人的生命。他们幻想着为他们的"大事业"做准备，收集武器和弹药，并到现场踩点。在商场或户外活动（如音乐会）中向一群购物者开火，然后看着由此产生的恐慌和恐惧，为他们带来了终极"快感"。

极端的政治观点或意识形态可能被认为是暴力行为的动机。然而，具有犯罪人格的人可能会拥护某种社会或政治事业，并将其作为实施暴力的借口。有调查显示，许多以这种方式行事的人在犯罪方面并不是新手。他们在获得新的罪名之前就已经从事过各种犯罪活动。

"出人意料" 的罪行

公众时常会看到这样的犯罪新闻：一个普通人犯下了残暴的罪行，但他没有犯罪记录，在社区有良好的声誉。即使是熟悉他的人也很难相信他犯下了被指控的罪行。这似乎完全"不符合他的性格"。

　　拉塞尔在因捅了一名男子 30 多刀而被捕之前，没有任何犯罪记录。法庭记录显示，他在军队服役期间曾因表现出色而获得奖励。他被一位战友描述为"一名坚定的士兵，拥有独一无二的荣誉和正直"。

　　拉塞尔的罪行似乎完全不符合他的性格。但他的行为并非出于冲动，也不是"激情犯罪"。拉塞尔发现了一个竞争者，这个竞争者一直在秘密地与他的女朋友约会。在他的脑海中，他一遍又一遍地想着如何消灭这个竞争者。拉塞尔向他发送了威胁性的电子邮件，最终追踪到了他，然后袭击了他。

　　我在拉塞尔入狱后对他进行了访谈。他所表露出的性格特点与他被定罪和判刑前的情况大不相同，当时他还在努力给人留下良好的印象。但是拉塞尔的犯罪行为并不是从"恶意伤人"那天开始的。他长期吸食毒品，曾一度每周在毒品上花费 1000 美元。在此之前，他一直是"一个喧闹的酒鬼"，也是一个长期吸食大麻的人。当我试图了解他在接触毒品之前的性格时，他承认："我很难接受失败。"从童年期开始，拉塞尔就一心想做自己喜欢的事，并藐视他的父母和老师。他因说谎、拒绝做作业、破坏公物及在家和学校表现出好斗的性格和消极的态度而受到惩罚。由于他的反叛行为，他的小学辅导员将他转到了心理评估中心。

　　拉塞尔承认，尽管他有出色的服役记录，但他经常被卷入与战友的冲突中。他与异性的关系也很不稳定，他会跟踪感兴趣的异性，迫使她们同意与他交往，然后在他认为已经征服她们后，又不忠于她们。他与第一任妻子在五年内生了三个孩子，然后与她离婚了。他对第二任妻子也不忠。第三次婚姻也没有成功，因为他经常说谎和吸毒，而他的妻子却坚持让他工作。由于有军人抚恤金，因此他认为自己没有理由去找工作，并且讨厌为他人工作。

　　即使拥有成功的事业和一长串成就，拉塞尔也没能避免获得一个易怒者的名声。他推测，这是因为他没有在他的大脑和嘴之间设置一个过滤器。他很容易被激怒，会很快爆发并发泄自己的不满。关于他的恶意伤害罪，他谎称他刺伤该男子是出于自卫，并表示"我在为自己活命而战"。

塞萨尔·萨约克（Cesar Sayok）在 2020 年向知名民主党人和美国有线电视新闻网邮寄装有简易爆炸物的包裹后，承认犯有 65 项重罪，并被判处 20 年监禁。由于他对组装这些装置不熟练，因此爆炸物没有一个被引爆。总统唐纳德·特朗普（Donald Trump）已经成为萨约克的偶像。萨约克告诉法官，对他来说，特朗普的集会是有趣的，就像毒品一样让人上瘾。在被媒体称为"福克斯新闻的辩护"中，他的律师辩称，当事人对总统特朗普是如此"痴迷"，以至于总统及其媒体啦啦队基本上把他逼到了崩溃的边缘。问题是，为什么萨约克会有这样的行为，而其他数以千万计的特朗普拥护者却没有。

对塞萨尔·萨约克来说，这并不是一个反常的行为。他的犯罪记录可以追溯到 1991 年。多年来，他曾被指控犯有重大盗窃罪、殴打罪和持有违禁品并意图出售罪，并因家庭暴力被指控（后来这一指控被撤销）。塞萨尔·萨约克称自己曾是一名"笼中斗士"，过去曾实施暴力威胁，并于 2002 年被指控制造炸弹威胁。

当你读到像拉塞尔和萨约克这样的罪犯做出"与性格不符"的行为或"大发雷霆"时，这意味着你对这些罪犯真正的样子还知之甚少。故事里总是有更多的内容。

不同的犯罪行为，相似的思维过程

罪犯通常因其被捕的罪行而闻名。强奸犯是"性犯罪者"，挪用公款的人是"白领罪犯"，放火的人是"纵火犯"。仔细一看，这些区别是站不住脚的。

罪犯对他们所实施的犯罪类型有自己的品位和偏好，作案手法也各不相同。他们鄙视那些行事方式与自己不同的人，许多白领罪犯将暴力犯罪者视为暴徒，而暴力犯罪者认为白领罪犯是"弱者""瘸子"或"娘娘腔"。

罪犯很少将自己限制在一种类型的犯罪上。我还没有见过一名没犯过其他类型罪行的强奸犯。毒品贩子的犯罪生涯往往不是从贩卖毒品开始的。武装抢劫犯在挥舞武器威胁商店老板前，还犯过其他类型的罪行。

弗兰克·佩里（Frank Perri）是一位注册欺诈审查员，他曾就白领罪犯的人格和行为写过多篇文章。他指出，由于白领犯罪被归类为非暴力犯罪，因此人们认为其犯罪者也是非暴力的。但从事实上看，这些罪犯会使用暴力，并在感觉受到威胁时做出暴力反应。佩里列举了有预谋的杀人案，目的是让那些可能揭露欺诈行为的人闭嘴。他指出，暴力可能会针对任何威胁到罪犯对自己的"非常有利的看法"的人。多年来，我曾采访过一些白领罪犯，他们对家人实施犯罪，对配偶进行身体虐待，并虐待他们的孩子。

不同类型的犯罪往往产生于相同的思维错误。强奸犯和持枪抢劫犯都追求权力和控制，以及征服他人的兴奋感，他们都有一种权力感，认为自己是独一无二的，他们不担心被捕，也缺乏对他人造成伤害的概念。

战胜审讯者或评估者

当一名罪犯因犯罪被捕后接受采访时，会产生两种评估。当审讯者评估他时，他也在评估审讯者。他在事后告诉别人的事情与犯罪之前、期间和之后实际发生的事情有很大不同。罪犯有一个"诀窍"，那就是弄清楚人们想听什么，然后他们就说什么。任何不熟悉犯罪心理的采访者都有可能相信这些理由和借口。罪犯的自述是为了降低个人的危险性。对那些想相信他们的人来说，他们可能会显得很后悔。事实是，他们并不为自己的所作所为感到后悔，但他们肯定会后悔被捕。

当被追究责任时，罪犯会采取一系列从小练就的策略。他们会转移话题、采取攻势（提出问题而不是提供答案）、含糊其词以试图制造混乱、推卸责任、将自己行为的严重性降至最低、在不同意的情况下假装同意，或者通过沉默来拒绝合作。

从想法到犯罪的实施：李·博伊德·马尔沃，美国华盛顿特区的狙击手

李·博伊德·马尔沃（Lee Boyd Malvo）17 岁时和约翰·穆罕默德（John Muhammad）在里士满和巴尔的摩之间的地区进行了恐怖袭击，导致 10 人死亡，3 人受伤（后来出现的证据表明，这两个人至少在其他四个州犯下了谋杀罪）。以下是公共档案的摘录，其中包括我根据与马尔沃先生的 34 个小时的访谈所做的证词、执法部门的录音和笔录，以及报纸报道。

李·博伊德·马尔沃清楚地描述了他和约翰·穆罕默德是如何计划每一次行动的。他们选择了华盛顿特区，因为"那里是世界之都"，也因为穆罕默德的前妻和孩子住在那里。马尔沃告诉一名警官："在我出去杀人之前，我们不吃东西，这样才不会让大脑缺氧，并保持更高的警惕性。"当谈到他在行动中的有条不紊时，他告诉一名侦探："我们不只是站起来就射击，我们是有计划的，一切都是经过思考的。"他描述了他和穆罕默德与警察的互动，几乎就像他们在下棋一样（他最喜欢的游戏）。马尔沃称自己是执行"任务"的"侦察者"，并描述了他们"侦察"的过程。他决定在哪儿及如何定位自己，测量风速，并计算到目标的距离。他仔细地"看了进出的路"。尽管犯罪现场附近有警察，但并没有起到威慑作用。马尔沃说："我们在那里向警察开枪。"他告诉一名侦探，"有一次，我本可以开枪打死那名骑警，他的头伸出来了"。他为自己的"专注"能力感到自豪，这意味着一旦他决定采取一个行动方案，就没有其他东西存在了。"专注"意味着他可以撇开那些可能妨碍他执行任务的情绪。

李·博伊德·马尔沃为自己的能力感到自豪，因为他能以一种让他人低估

他的方式来描绘自己。马尔沃在监狱里写的一封信上说："我喜欢扮演傻瓜，看看我的言行举止。每个人都低估了我，这恰恰给了我学习、征服和克服困难的机会。"一位评估过马尔沃的心理学家作证说："他认为自己比别人聪明，比别人好。他需要感觉优越，需要感觉强大。"马尔沃完全蔑视警察，因为警察逮捕他和穆罕默德花了很长时间。当警察正在寻找一辆白色面包车并警告公众要注意时，他觉得很滑稽。李·博伊德·马尔沃对一名侦探说："你们抓到我不是因为你们做了什么，而是因为我的懒惰。"他指的是他和穆罕默德开着雪佛兰在一个休息站睡着后被捕的事实。尽管被捕，马尔沃仍不愿意束手就擒。他试图通过爬到天花板上方的空间逃离拘留中心，但被一名警察抓住了。

当马尔沃在监狱里生活时，他的脑海中一直在思考如何逃跑。据《华盛顿邮报》报道，他给另一名囚犯写了一封信，读起来像一本越狱的入门书。他建议该囚犯："寻找安全漏洞，当你找到漏洞时，就要开始等待离开的最佳机会。"由于被隔离关押，他感到沮丧，并写道："如果我在人群中，你认为我会怎么做？计划！等待！每天都在寻找逃离的机会。这是一场关于等待的游戏，不要让他们把你耗死。"他指导囚犯模仿他的做法："发挥你的才能，隐藏你的弱点，控制你的情绪，学会不露声色，伺机而动。控制你所说的话，让他们认为你是一个普通人。我的办法对我有用，因为我的敌人不了解我，所以我会'出其不意'。"

在提出精神错乱的抗辩时，马尔沃的辩护律师认为，他的当事人无法辨别是非。辩护小组提出，由于他无法与自己的父亲建立关系，穆罕默德在与他建立了关系后，开始支配和摧毁他。证人断言，穆罕默德对马尔沃进行了洗脑，使他经历了一种"分离"障碍，在这种障碍下，他的基本人格发生了变化，他觉得自己别无选择，只能顺从这位老人的要求。一位法医精神病学家在为马尔沃作证时说，"他没有与年龄相称的技能，他没有自我意识"。一位证人说："我感觉他在哭着求救。"陪审团驳回了精神错乱的抗辩，将李·博伊德·马尔沃定为谋杀罪，并判处其终身监禁，不得假释。然而，2012 年，最高法院裁定，对青少年来说，无假释的终身监禁是违宪的。马尔沃可能会在未来的某一天举行重审听证会。

即使被关起来，罪犯的人格也不会发生改变。无论他们多么精于算计，无论他们自认为多么高人一等，最终他们还是会给自己挖坑。然后，他们会运用自己的聪明才智使自己解脱出来，或者寻求他人的帮助。李·博伊德·马尔沃一案虽然可能是一个极端的例子，但也生动地表明，罪犯在犯罪的每个阶段都有兴奋感，无论他们遇到什么阻碍。

第 6 章

父母不会把孩子变成罪犯

长期以来，父母一直被指责为造成青少年行为不端的原因。如果你的孩子持续说谎、打架、破坏公物、逃学或从事其他反社会行为，一些专家会告诉你，这是因为你的教育方式有问题。美国及整个世界的主流观点认为，没有"坏孩子"，只有"坏父母"。据说，青少年犯罪是由父母的以下行为造成的。

- 他们与孩子沟通不畅。

- 他们对孩子有虐待行为。

- 他们对孩子过于放任，未能制定适当的规则。

- 他们几乎不参与孩子的生活，也不对他们进行监管。

- 他们对孩子过于挑剔。

- 他们的心理不稳定，因此在养育孩子的做法上不一致。

在接受教育工作者和心理健康专家的评估时，少年犯往往不诚实，因为他们试图给对方留下好印象。通过讲述父母的缺点，少年犯转移了评估者对其不当行为的询问。善良的专业人士很快就会相信这些孩子告诉他们的事情。我曾经采访过一些未成年和成年罪犯，他们将自己的父母描绘成怪物。然而，他们的兄弟姐妹通常会将同样的父母描述为慈爱、乐于奉献和慷慨的人。我还采访过一些父母，他们因为自己的问题，在教育孩子方面做得很差。几乎在每一个这样的例子中，罪犯都有一个在同样的环境下长大但没有犯罪的兄弟姐妹。我花了几百个小时对这些父母进行访谈，但我无法确定这些父母具体的人格类型或养育方式，以解释其后代在行为上的差异。

列夫·托尔斯泰（Leo Tolstoy）在《战争与和平》（*War and Peace*）一书中写道："一切取决于教养。"如果这句话是真的，那么孩子成长的所有责任都将被推给他们的父母。然而，有些孩子的发展与其父母所期望的截然不同。精神病学教授大卫·科恩（David Cohen）在《巢中陌生人》（*Stranger in the Nest*）一书中得出结论："父母对孩子心理发展的影响比一般人想象的要小得多。"在回顾了大量的研究后，科恩教授写道，"强大的先天潜力可以战胜父母的影响"，结果是"某个人的孩子可能看起来和自己完全不同"。科恩教授对指责父母的传统提出了批评，这种传统导致父母的内疚感超过了事实基础。

虽然没有特定的基因与青少年犯罪有关，但过去十几年的研究表明，遗传因素可能会使一些儿童倾向于犯罪。根据 2020 年美国国家卫生研究院的一份出版物，"科学家估计 20% ~ 60% 的气质是由遗传决定的"。宾夕法尼亚州立大学的研究人员在《行为遗传学》（*Behavior Genetics*）上发表的一项研究指出："虽然父母可以帮助并教育他们的孩子成长为负责任、有良知的成年人，但也有潜在的遗传因素会对其造成影响。"孩子所处的生活环境可能会影响基因的表达方式，但这种情况是如何发生的，研究人员仍需要进一步探索。

即使存在人格的遗传决定因素，父母养育孩子的责任也不能被免除。精神病学家威廉·凯里（William Carey）指出，尽管父母无法改变孩子的基本气质，但他们可以控制自己对孩子气质的反应方式，在把孩子带到这个世界上时，父母有义务提供一个安全的养育环境，但是，尽到自己的责任可能仍然不会产生他们所期望的结果。无论父母多么认真，他们的孩子都会独立做出选择。简而言之，将后代的犯罪倾向归咎于父母是没有科学依据的，人们也不应该期望"纠正"有缺陷的父母会使孩子远离犯罪的道路。

心理健康专家说，青少年犯罪的一个促成因素是孩子在出生后的头两年缺乏与母亲的亲密依恋。20 世纪 50 年代，心理学家约翰·鲍尔比（John Bowlby）认为，母亲与孩子依恋关系的中断会导致情绪不安全和社会适应能力差。依恋理论的后续研究表明，与母亲缺乏依恋关系的孩子无法内化可能防止犯罪行为的传统价值观。由于缺乏同理心，他们在以后的生活中可能会对建立人际关系漠不关心。半个多世纪以来，我评估和治疗过的数百名罪犯与他们的父母关系都不好。许多罪犯的母亲回忆说，当孩子还是婴儿的时候，他们就是易怒且无法慰藉的，安抚和安慰对他们毫无作用。然而，这些母亲却与她们的其他孩子有着亲密的关系。

DSM-5 将"反应性依恋障碍"描述为"严重的社会忽视"的结果。发生这种情况多半是因为个体在婴儿时期是由机构照顾的，而不是由他们的父母照顾的。这种情况并不适用于我所采访的大多数罪犯。由于迄今尚未确定的原因，一些深受喜爱和被良好照顾的孩子从小就拒绝亲近他们的父母，而不是被父母拒绝。

请思考以下情况：作为一位母亲，史蒂文斯女士正在与一个特别难缠的孩子做斗争，这个孩子在婴儿期就拒绝与她建立关系，她发现她的儿子杰伊已经变得难以控制。她说，她在给他换尿布时遇到了困难，因为"他使劲踢我"。杰伊太容易情绪崩溃了，史蒂文斯女士担心这可能是由她造成的。她认为，随着年龄的增长，他会平静下来，他的脾气会变小。但这并没有发生。4 岁时，如果杰伊没有得到他想要的东西，"他就会愤怒地尖叫，一直持续到睡着，醒来后又会继续尖叫，就像他被刺穿了一样"。史蒂文斯女士把他送到了幼儿园，希望社交活动能对他有益。进了班级后，杰伊经常挑战老师的权威，直到老师别无选择，只能把他带到外面，让他冷静下来。他还会拒绝家庭出游，对最轻微的挫折做出愤怒的反应。从杰伊的小妹妹出生的那一刻起，他就开始折磨她，以至于父母不敢让他与她单独相处。每当母亲叫他回房间时，他都会反抗，在被强迫进房间后，他会继续尖叫，敲打门和家具。史蒂文斯女士带杰伊去做了医学和心理评估，但没有得到任何有用的建议。她在离开时谴责自己是问题的根源，因为咨询师不相信一个这么小的孩子会有如此极端的行为。史蒂文斯女士开始接受她的孩子与其他大多数男孩和女孩不同的事实，包括她的小女儿，她的小女儿性情平和，性格可爱。尽管如此，史蒂文斯女士还是表达了对儿子的信任："他身上有爱，他性格中的大部分都是优点。"她担心杰伊会发展成"一个小掠夺者"，她说："我的目标是与他一起成长，为他争取最好的结果。"

罪犯就像小孩子一样，认为世界是围绕着他们转的。这种幼稚的思想使他们在遇到挫折时很快就会被激怒，而且他们缺乏良知。1963 年，监狱精神病学家 J. L. 贝克（J. L. Baker）在《晚星报》（*The Evening Star*）的一篇文章中评论道，像孩子一样，罪犯不明白为了未来的利益而在当下进行自我否定的必要性。这篇文章的结论是："那些巨婴会让你心碎。"这种解释的错误在于，罪犯和刚出生的婴儿不同，他们在成长过程中拒绝了社会化的有利影响。

孩子并不像橡皮泥一样可以被父母任意塑造。相反，父母及其后代相互影响对方的行为这个过程是相互的。DSM-5 指出："在通常情况下，我们无法确定是孩子的行为导致父母对孩子采取更敌对的态度。"许多男孩和女孩违抗他们的父母、说谎、打架、因禁不住诱惑而偷糖果或其他一些小物品，但这样的行为并没有成为他们的生活方式。问题儿童背离父母和社会期望所涉及的不只是孤立的行为，他们从学前班开始就会出现一些苗头，这些苗头会成为他们犯罪生活方式的一部分，无论他们的父母如何教育和帮助他们，他们最终都会对社会造成巨大损害。

当罪犯还是孩子的时候，他们就表现得精力充沛，意志顽强，愿意负责任，并希望他人迁就他们的每一个想法。他们敢于冒险，当他们因为犯罪而被捕时，他们会要求被保释和宽恕。无论他们的父母如何努力了解和引导他们，都无法取得良好的效果。当其他孩子通过学校成绩、体育竞赛或参与社会活动寻求认可时，他们往往会通过做违法的事情来让社会承认他们。

问题儿童和他们的父母之间存在沟通不畅的问题。当孩子有越来越多的事情要对父母隐瞒，愤怒地回应父母的询问，声称父母多管闲事，无权打听他们的事情时，这种沟通不畅就变成了巨大的鸿沟。一名公然违抗的青少年说："我和他们无法沟通，我不想听他们对我说任何话，我们完全是不同类型的人。"

如果问题儿童的父母没有特别用心地监管他们，他们就会利用父母的不关注。想想放学后回到空无一人的家的留守儿童，他们中的大多数都不是少年犯，一到家，他们就埋头做作业或自娱自乐。我采访过一位母亲，她做两份工作来抚养她的两个儿子。她安排他们放学后到邻居家，那里有大人看管他们。每天下午，她都会打电话询问情况，如果儿子想做一些不寻常的事情，如去拜访附近的朋友，必须在获得许可之前给她打电话并提供详细信息。她的其中一个儿子遵守了规定，另一个则利用了这种情况。这个不遵守规定的儿子会通过电话向母亲报到，然后在附近闲逛，与年龄较大的孩子一起玩耍，并参与入室盗窃和破坏公物等犯罪活动。这两个男孩对同一套教育方法给出了完全不同的反应。你可能会猜测，如果母亲在家，那个犯罪的儿子就会被约束，不会惹上麻烦。然而，她留在家里并不会使这个儿子的人格发生变化，他仍然会任性、偷偷摸摸、不诚实，而听话的儿子无论是否被监管，都是值得信赖的。

为了达到目的，问题儿童可能会说出部分真相。如果他们急切地想要父母相信他们，他们在说话时就会看着父母的眼睛。一位母亲形容她的儿子非常有说服力——冷静而又沉着，有一双大大的绿眼睛和一张悲伤的"小鹿斑比"脸。在一次咨询会谈上，这名少年承认："如果我说实话，我就有机会逃脱更多惩罚。"

问题儿童会抱怨父母不信任他们，不合理地限制和过度保护他们。在屡次被骗后，他们的父母对于能否信任他们会变得犹豫不决。每当他们提出要求时，父母就会陷入两难境地。如果父母拒绝他们的要求，他们就会斥责和威胁父母，或者利用父母的负罪感提出新的要求。他们在努力从心理上要挟父母答应每一个要求的同时，对父母提出的合作请求无动于衷。成年后，他们会继续用威胁和内疚的手段逼父母就范。

当问题儿童与父母展开战斗时，他们会采取一系列令人生畏的战术来占据上风。在他们与父母之间，冲突永远多于对话。他们对父母置若罔闻，声称没有听到父母的话。他们争辩说，父母的不明确要求使他们感到困惑，常见的策略是通过断言父母误解了他们来推卸责任。一位青少年的父亲说，他的儿子有"语言艺术博士学位"，指的是这个男孩不停地和他们谈条件。问题儿童不断地指责父母处事不公，容易反应过度，给他们施加了过多的压力，并要求他们表现完美。他们指责父母使他们生气，抱怨自己永远也无法满足父母的高要求。他们利用父母的弱点，指出父母不关心他们，不爱他们，并正在毁掉他们的生活。感到内疚和疲惫的父母会因急于安抚他们的儿子或女儿而放松纪律要求。当注意力被放在父母的过失上时，孩子的错误行为就会被忽略。虽然表现良好的孩子可能也会做同样的事情，但问题儿童会经常这样做。

　　问题儿童善于与父母一方结盟，使父母相互对立，并根据需要不断变换联盟。在咨询过程中，埃拉将他的母亲比尔女士描述为一个刻薄的唠叨鬼，总是"盯着他"，从不满足。他说："当她没有其他人可以指责时，她就指责我。她认为我才是最大的问题。她会对别人说我的坏话。"在与父亲结盟后，埃拉告诉我："他对我很好，也许他能让我妈妈冷静下来。"比尔先生则很欣赏他的儿子，以至于他认为也许是他的妻子使他们的家庭情况恶化了。在与我私下交谈时，比尔先生说："这就是我的妻子对待埃拉的方式——审问战术，假定有罪。"比尔女士感到"孤独和被遗弃"，因为丈夫白天不在家，埃拉会用粗鲁的方式、敌意和拒绝来对待母亲要求他做的任何事情。埃拉告诉我："爸爸更好说话，他听得进去。"埃拉能够利用父亲作为盟友对他的信任，让父亲相信他真的没什么问题。随着父亲越来越留意妻子的举动，对埃拉的否定越来越少，埃拉的态度也发生了变化。他改变了联盟，并告诉我他和他的母亲相处得更好了，与他的父亲却疏远了。我帮助埃拉的父母建立了统一战线，这样埃拉就不会那么轻易地分而治之了。

　　亲戚、邻居、老师和其他不了解情况的人可能会喜欢这些"合群且有礼貌的"孩子，当他们得知这样乖巧的孩子遇到了很大的麻烦时，他们会怀疑是父母出了问题。14 岁的布拉德·阿特金斯多次被指控犯有非法闯入罪。他还在商店偷了价值数百美元的 CD、衣服和食物。在一次评估期间，他吹嘘别人对他的评价有多高："校长和老师认为我是个好孩子，我被教育得很好，我从未逃过课。"在学校，布拉德表现得非常乖巧，但有一次，体育老师打电话给他的父母，因为他在课堂上骂人，体育老师觉得这似乎完全不符合他的性格。布拉德平时经常去教堂，并担任童子军军团首领，这给他人留下了很好的印象。但在家里，他就是另一番景象了。他会在晚上偷偷溜出家门，加入"志同道合"的小团体，破坏公共财产。在一次夜间行动中，布拉德因闯入私人汽车实施盗窃而被捕。在等待法庭听证会期间，布拉德在家中受到了严格的限制。阿特金斯太太说，她和她的丈夫不得不变成家里的"警察"，因为他们的儿子在各个方面挑战他们，一再逼迫他们，以获取更多的自由。阿特金斯太太厌倦了在家里监管他们的儿子，她说，"尽管感到疲惫，但我们不能让步"。当布拉德表现得愉快且配合时，她和她的丈夫无法判断布拉德是否在说谎。她近乎崩溃地说："我们不知道该相信什么。我们一直在被拒绝，被拒绝，被拒绝。他对我们的折磨是不间断的，整个家庭都被他搞得很糟糕，就像一把长矛刺进了我们的心脏。"

如果你曾经和布拉德这样一个不停说谎的人生活在一起，你就会知道这有多么令人不安了。你想相信这个人，但你不知道该相信什么。最终，你会怀疑他所说的一切。但你又不想让那些对他有好感的人失望。面对那些不知道发生了什么的亲戚和朋友的询问，做出回应是很困难的，你怎么跟奶奶解释，她心爱的孙子，一个在她眼里不会做错事的人，马上就要开庭了？你又会如何回应朋友的询问？你可能会担心他们和你孩子的关系再也回不到从前了，他们可能会因为发生的事情责备你，让你更加怀疑自己。

布拉德的父母最初认为，他们孩子的不当行为只是因为孩子成长到了某个阶段，这些行为是不成熟的标志或青春期的典型症状。在短期内，否认是面对令人不安的现实的有效防御手段。父亲在担心他的儿子变成少年犯的同时，通过关注儿子的成就来安慰自己。在一次访谈中，布拉德的父亲告诉我："他是一个有天赋的孩子，一个了不起的守门员，他喜欢动物，想成为海洋生物学家。"像那位父亲一样，有犯罪倾向的孩子的父母最终会发现，成长的"阶段"是无止境的。由于担心孩子做违法的事情，他们会尝试用新的方法来应对孩子的不当行为。但是，当他们施加新的限制时，他们会比孩子更痛苦，而孩子则会变得更狡猾或更目中无人。或者，为了缓和布拉德父母所说的"游击战"，父母会变得更加宽容。无论他们做什么，都无法让情况有所改变。

面对孩子出现的越来越多的问题，坚持对他们抱有好感变得越来越困难，那些看似积极的品质，如冒险精神，也有了不同的含义。一位母亲评论道："看似可爱的东西如今却得到了完全相反的评价。"看到孩子伤害他人和危害自己，父母会感受到一种持续的情绪波动和剧烈的痛苦，为应对问题所做的努力消耗了他们的精力，耗尽了他们的财力，冲击了他们的婚姻，并伤害了他们的其他孩子。

长期以来，体罚作为一种教育手段一直备受争议。没有证据表明体罚可以改变行为。我们看到罪犯在孩童时期会表现得能够承受这种体罚所带来的痛苦。16 岁的约翰告诉我，他小时候被扁木棍打过，很疼，但没什么作用。这意味着没有任何惩罚能长期限制他的活动。一名成年罪犯回忆说，相较于父母用木棍或皮带打他，他更愿意接受"三小时的说教"。事实上，父母所做的一切都无济于事。

有两个著名的理论将受虐儿童与成年人犯罪联系在一起。其中一个理论认为，受虐待的儿童会认同作为攻击者的父母，使自己变得暴力。另一种说法是，早期的严厉惩罚会导致儿童变得过度顺从，以至于他们很容易被他人引导去犯罪。

华盛顿大学 2015 年的一项纵向研究提出了另一个理论。社会工作者托德·赫伦科尔（Todd Herrenkohl）表示，"受虐待的女孩最终会达到一个阈值，在这个阈值上，她们被压抑的情绪会向外扩散，她们会变得具有攻击性，也许这会把她们推向犯罪的边缘。"这个表述中的一个关键词是"也许"，赫伦科尔没有提到那些以其他方式回应虐待的女孩。他还说："在生命早期受到虐待的妇女可能会陷入暴力或犯罪行为成为常态的关系中。"但是，有些人即使后来才发现她们的伴侣有暴力倾向，也不太可能参与犯罪活动。华盛顿大学的这些研究人员对宾夕法尼亚州两个县的受虐儿童进行了随访研究，结果发现只有25%的人犯过罪。研究人员呼吁"进行更多研究，以解开从受虐儿童的问题行为到成年人犯罪的复杂轨迹"。

显然，每个孩子对虐待都有不同的反应，其中包括变得孤僻、抑郁、焦虑、缺乏自信心，或者具有攻击性。有些孩子并没有认同施虐的父母，然后去虐待他人，而是将施虐者视为不应模仿的榜样。他们长大后能很好地与人相处，并成为好父母，我们只是没有关注他们而已。

由于罪犯是不诚实的，因此我们必须对他们的虐待指控进行剖析，以了解真正发生了什么。对一个问题儿童来说，"我要举报你虐待儿童"是一个强有力的武器。它将焦点从孩子的不当行为上移开，并可能让他们的父母被送上法庭。我曾看到工作、婚姻和经济稳定的人受到问题儿童虚假的虐待指控的威胁。这种情况曾发生在伊丽莎白·特纳身上，她是黛安的母亲。一个社会服务机构接管了这个16岁的孩子（当时她已经怀孕），并确定她受到了身体和心理上的虐待，需要寄养。特纳女士因此被命令接受心理评估。

5岁时，黛安被送到舅舅家生活，当时正值她父母离婚前的动荡时期。到舅舅家后不久，黛安就表现出公然不听话、经常伤害自己或他人等迹象。舅舅和舅妈即将有自己的孩子，他们发现黛安难以管教，就把她送回她的母亲那里，而她的母亲当时已经再婚了。

特纳女士一直定期探望她的女儿，她的新丈夫正式收养了当时已经7岁的黛安。经过6个月的蜜月期后，黛安变得无法控制。她纵火，用刀子威胁其他孩子，在商店偷东西，折磨狗，还把一个孩子摔在门上，弄折了他的手指。黛安在学校经常遇到麻烦，多次被停学。特纳女士立即聘请了一位律师。

只要做自己喜欢的事情，黛安就很乖巧。特纳女士很珍惜他们一起出国旅行和去海滩的时光。在陌生的地方，黛安表现得既可爱又有趣。回到家后，她又会像变了一个人一样。当特纳女士发现 9 岁的黛安开始浏览色情网站时，她立即限制了黛安对计算机的使用。黛安勃然大怒，对她的母亲进行了人身攻击，使母亲遍体鳞伤，流血不止，然后黛安跑出家门，再也没回来。当特纳女士向警方报案时，黛安已经叫了一辆救护车把自己送到医院，在那里，她告诉负责检查的医生，母亲打了她。医生没有发现虐待的证据。后来，黛安向医生承认，这是她编造的。由于她向老师和辅导员投诉她的母亲，儿童保护机构开始对此进行调查，最终指控变成"莫须有"的了。

由于工作变动，特纳夫妇搬到了另一个州，黛安继续告诉老师、治疗师和任何愿意听她说话的人，她受到了母亲的虐待。在收到大量指控后，社会服务机构进行了调查，并在收到一位治疗师的报告后得出结论，认为存在"极端和长期的虐待"，这位治疗师相信黛安的母亲是有罪的。戴安被寄养了。尽管特纳女士和黛安都接受了多年的心理咨询，但她们的关系并没有得到改善。特纳女士精疲力竭，情绪低落，不知道该怎么办。她耽误了工作，还花费了数千美元的律师费。她希望法庭进行的心理评估可以帮助她恢复被毁的声誉，更重要的是，可以找到新的方法来改善她与黛安的关系。评估员花了很长时间对特纳女士进行访谈并审查她的工作表现记录，阅读了一叠黛安的医疗、心理和教育记录，并采访了其他熟悉特纳女士的人。在他的最终报告中，他将特纳女士描述为一位情绪稳定、身体健康的女性，没有精神障碍。此外，他认为特纳女士已经尽其所能地解决黛安的问题，并试图化解她们之间的冲突。在法庭听证会上，特纳女士成功上诉，社会服务机构关于黛安被精神和身体虐待的结论被推翻。在整个过程中，只要黛安同意，特纳女士就会去寄养家庭探望她，就算被拒绝，特纳女士也从未停止过对女儿的爱，并希望她能改变。

如果你有一个目中无人、极具破坏性的孩子，他任性、捣乱、挑衅权威、扰乱家庭功能，你可能会缺乏耐心，给他一耳光。就像黛安这样的孩子，他们无休止的挑衅甚至可能引发一个性格平和的家长的暴力对待。然而，正如黛安的情况那样，声称被虐待的人实际上是施虐者。

作为孩子的罪犯也会虐待其他家庭成员。当父母离婚或再婚时，继父母可能会成为攻击的对象（当孩子适应与非原父母的成年人一起生活时，混合家庭始终是一个挑战）。问题儿童很善于利用自己的不安全感和脆弱感。即使继父母努力与他们相处，他们也会反复谈论继父母与原父母的区别，如身体特征、举止或语气，并坚持认为他们没有义务服从继父母的要求，因为继父母不是他们"真正"的母亲或父亲。有些继父母尽管和孩子有心理距离，但能比原父母更客观地指出孩子的问题，但当这种情况发生时，原父母可能会为他们的儿子或女儿辩护，并怨恨他们的配偶过于挑剔或苛刻。这种分歧转移了对孩子不当行为的注意力。在夫妻分居或离婚期间，孩子会利用父母之间的分歧在两个家庭之间周旋，这是许多离异家庭的孩子的典型情况，但儿童罪犯在策略上特别会精打细算。

唐的母亲对孩子的管理很有条理，她为15岁的唐和他的兄弟姐妹规定了做家庭作业、完成家务和睡觉的时间。唐更喜欢在父亲的家里待着，因为父亲对他的监管较少，规则也较少。唐无休止地抱怨母亲的不合理规则和她做事的方式。在这种情况下，唐的母亲只能将要求放宽，并试图与唐讨论如何改善他们的关系。唐对他自认为的缺乏自由和受到的干涉感到不满，他贬低母亲，向她吐口水，威胁她，并在墙上打洞。他指责母亲挑衅他，拒绝和她说话，并把自己关在房间里生闷气。有几次，他给父亲打电话，编造母亲虐待他的故事，然后恳求离开。父亲会开车过来接孩子，这削弱了他前妻的权威。最终，唐断绝了与母亲的关系。

当唐的父母参加有关其子女监护权的听证会时，法官这样评价唐的母亲："她已经表现出具备评估和满足孩子所有情感需求的能力。"法官在谈到父亲时说："相反，父亲认为自己更了解孩子。"由于唐的年龄已达到要求，他得以留在他父亲的住所。唐选择了一个能给他更多自由，并且不需要对他的所作所为负责的家。

如果家庭中有问题儿童，家庭中的其他孩子可能会成为受害者，问题儿童会欺负他们，以此来得到自己想要的东西，并在即将受到惩罚时将责任推到他们身上，这种行为比兄弟姐妹之间的竞争要极端得多。问题儿童不仅会未经允许占用其他兄弟姐妹的玩具、电子游戏机、电子产品和衣服，还会丢弃或毁坏它们。年幼或较小的兄弟姐妹经常被警告要闭上嘴巴，如果他们告密，就会受到威胁。由于这些受害者还对问题儿童保留着兄弟姐妹之间的情感，因此他们往往会默默忍受，如果告密的结果是这个折磨他们的人受到惩罚，他们可能会有负罪感。

尽管问题儿童让兄弟姐妹生活得很痛苦，但他们有时也会充当兄弟姐妹的守护者。无论他们如何对待兄弟姐妹，他们都不允许兄弟姐妹被其他人伤害，如果他们认为有必要保护兄弟姐妹，他们甚至会使用暴力。问题儿童会贬低兄弟姐妹的好人形象，但拒绝兄弟姐妹做错事。如果他们的兄弟姐妹因为好奇，想要陪他们执行一些罪恶的计划，他们是不会鼓励的，因为他们不希望有人跟在他们后面碍事。此外，他们想让兄弟姐妹远离危险。但是，如果真的有和他们一样渴望冒险的兄弟姐妹作为同伴和同谋，他们也会欢迎。

奥利弗的父母为他对弟弟比尔和妹妹琳达的残忍行为感到不安。他偷他们的玩具，威胁并攻击他们，想方设法让他们陷入困境。当16岁的奥利弗被少年法庭安置在"中途之家"时，比尔和琳达大大地松了口气。奥利弗的父母强烈地感觉到，他们年幼的孩子现在可以生活在一个没有威胁的家庭中。奥利弗并没有多久就回家了，他告诉辅导员："只有当我的父母不打扰我，不妨碍我，并给我一个自己结交朋友的机会时，我才会容忍他们。"最后，在与父母发生冲突后，他决定离家出走。在离家之前，他在给父母的纸条上写道："我不喜欢和你们一起生活，你们是爱发牢骚、爱挖苦人的傻瓜，我不会给你们打电话，我有朋友，我有钱，忘记我吧。"但他对他的兄弟姐妹却表达了不同的情感，他敦促父母："请不要让比尔或琳达认为我不喜欢甚至不爱他们，我真的爱他们，我愿意为他们付出生命。"

很少有父母会无动于衷或放弃帮助孩子改过自新。他们会尽其所能——花更多时间陪伴孩子，让他们进入不同的学校，支持他们参加有组织的运动或俱乐部，把他们送到咨询师那里，或者自己接受咨询。父母在确定解决方案的同时，也在进行自我反思。父母会责备自己、互相责备，或者责备家庭以外的人和事。

咨询师或治疗师可能是父母最后的希望。不幸的是，在某些情况下，父母可能会出现比与心理健康从业者接触前更多的问题。即使是有经验的治疗师，也常常认为问题的根源存在于"家庭系统"中。一位父亲说，他把儿子拖到不同的治疗师那里接受治疗，结果"诊断出了天底下所有的疾病，从阿斯伯格综合征到精神分裂症，再到双相障碍和对立违抗障碍的结合"。他评论道："在所有这些治疗过程中，治疗师的普遍感觉都是，作为孩子的父母，我们需要让他停止这些行为。"不同的治疗师对同一个孩子做出不同的诊断这种情况并不罕见，但是他们对如何治疗却感到茫然。我曾遇到过家庭治疗的失败者，他们除了大笔的账单和更多的压力外，没有任何可展示的经验。

治疗师总是可以在任何家庭中找出一些潜在的问题和冲突，而作为罪犯的孩子很有说服力，治疗师在听到孩子关于父母不一致、不公平、不沟通、过度保护、忽视、僵化和苛刻的几乎本能的抱怨时，会产生同情心。由于只听到故事的一面，治疗师可能会错误地得出结论，认为犯罪行为源于家庭心理病理学。然而，在治疗中经常出现的情况是，问题儿童把家庭当作替罪羊，断言是他们的父母需要帮助，而不是他们。当父母出现严重的婚姻问题时，治疗师尤其倾向于关注父母。

托马斯先生及其妻子正在为如何解决他们儿子的问题而争吵。11岁的格雷格已经变得无可救药。由于托马斯先生的工作性质，他大部分时间都在家。他是主要的管教者，因此他要面对格雷格的火暴脾气。当托马斯先生认为车内播放的音乐不适合孩子听而关闭时，格雷格尖叫道："我恨你，爸爸，如果我有一把枪，我会杀了你。"当托马斯先生不允许格雷格玩暴力街机游戏时，格雷格把冰茶倒进了他的午餐里。在一家商店里，格雷格威胁父亲，如果不给他买一辆非常昂贵的自行车，他就烧掉父亲的房子。有一次，格雷格因家庭作业与母亲发生了罕见的冲突，格雷格拿起一辆汽车模型就扔向她。在与妹妹就家庭面包车的座位争吵时，格雷格一拳打在妹妹的肚子上，然后又打在她的脸上。

托马斯太太把自己描述为一个松弛的人，与她的丈夫形成了鲜明对比，她说她的丈夫控制欲太强。在一次咨询会谈上，她对丈夫说："格雷格渴望得到你的爱，他喜欢你的关注。"她解释说，托马斯先生对女儿的赞美激起了格雷格的愤怒。当托马斯太太傍晚下班回家时，她已经筋疲力尽，想要安静的环境，而不是听到争吵。尽管如此，她也不能免于和儿子一起度过痛苦的时刻。8岁时，格雷格在发脾气时毁坏了一扇门、一张床和其他物品。托马斯太太目睹了这个孩子在她开车时打开车门并威胁要跳车，以此来表达他对被禁止出去玩的抗议。托马斯太太指责她的丈夫惹怒了儿子，然后又不知所措。事件发生后，托马斯太太质问丈夫："你到底做了什么让他变成这样？"在我对这对夫妇进行咨询时，托马斯先生说："你禁止他的后果会激怒他。"之后，他的妻子嘀咕道："我不相信。"相反，她要求跟他们的儿子讲道理。托马斯先生反驳道："你从来没有尽到做母亲的责任。"她回答："也许是我太温柔了，你也必须小心谨慎，责任并不在我。"

在与我交谈时，格雷格强调说他不是问题所在。他的父母不能和睦相处，需要去看心理医生。当他在学校遇到麻烦时，他的立场也是如此。这个男孩试图诋毁一位给他父母打电话的老师，他告诉我："我恨那个人，我要杀了他。"对格雷格来说，问题总是出在别人身上。

托马斯太太指责丈夫放弃了格雷格，但事实并非如此。尽管托马斯先生和家人承受了这么多，但他告诉我："格雷格本质上是个好孩子，他有一颗善良的心，大多数时候都很温和，不完全是一名问题少年。"

托马斯先生和他的妻子之间的矛盾并没有导致格雷格的出格行为。事实上，情况正好相反。是格雷格的行为导致了父母之间的不断争吵。这个男孩在他们的争吵中茁壮成长，甚至在他们之间制造了更大的裂痕。托马斯夫妇的女儿在性格上与格雷特完全不同。她是个优等生，很少需要被管教，而且对父母都很依恋。在我为格雷格提供咨询期间，他在亲戚家住了几周。在托马斯先生所说的"几周的幸福生活"中，他们夫妻只争吵过一次。一旦格雷格回到家，和谐的时光就结束了，家庭的战火被重新点燃。托马斯先生沮丧地评论道："现在锅又沸腾了。"

有些问题儿童发现，威胁父母说要自杀是获得控制权的终极武器。一个男孩用他父亲的几条领带制作了一个绳套，并写了一张纸条，把他的问题归咎于他的父母。幸运的是，他发出了足够大的声音，使父母及时赶到了他的房间。他们打电话报警，把他送往医院，在那里，他说服了一名富有同理心的心理辅导员，让他的父母放松了对他的限制。同样，在一个青少年拘留中心，工作人员发现一个十几岁的女孩用床单做了一个绳套，这个女孩想让拘留中心把她转到社区医院的精神病房，这样她的男朋友就可以来探望她了。遇到孩子威胁要自杀的父母会被吓坏，他们会担心，如果他们不变得更宽容，就会发生一场大灾难。一位母亲告诉我："我们经历过一次孩子自杀未遂，我的儿子划破了他的手臂，位置离手腕很近。相信我，我希望自己再也不用经历这样的事情了。有时，我觉得我需要做心理咨询，这些孩子不知道他们对他们的父母做了什么残忍的事情。"

问题儿童采用的另一种办法是利用良好的行为来获得他们想要的东西。为了让父母相信他们是值得信赖的，他们会摆出一副肩负重任的样子。他们可能会打扫自己的房间，表现出对做家庭作业的积极性，并采取一种乐于助人的态度。这通常是一个骗局，一个旨在哄骗家人的幌子，让家人认为他们正在改变自己的生活方式，而事实上他们并没有这样的打算。案发后，他们又会提起自己的这些善行，期望为自己的不当行为开脱罪责。

乔治在两所学校都有学业失败和行为问题的记录，他的父母决定把他送到一所军事化管理的学校。乔治坚决反对这一计划，称其父母的做法"不成熟"。参观完学校后，他宣布："这个环境不适合我。"然后，他指责父母在他小的时候对他缺乏管教。他坚持认为，他不应该离家去一个"太死板、太远、太苛刻、太昂贵"的地方，并承诺会改变自己。他恳求亲戚为他说情，承诺自己会变好。尽管乔治开始表现得比较好，但他的父母因为经历了太多的混乱和痛苦，还是坚持把他送到了那所学校。乔治最终得偿所愿，不是因为表现得像个天使，而是因为被开除了。回到家后，他重新走上了犯罪的道路，18岁以后，他在县监狱服刑了好几次。

每当孩子阳光的一面透过他们黑暗的天性时，父母就会得到片刻的喘息。再一次，他们感觉到了希望，而这种希望往往又会随着孩子的不满、不安和烦躁的增加而减少。与由他们喜欢的生活带来的兴奋感相比，别人对他们的积极变化的赞美显得微不足道。但是，这种转变也并不总是骗人的。在罪犯的一生中，有些时候，他们确实真诚地想要改变。改过自新的愿望可能会持续数小时、数天或数周，让父母惊讶于他们的孩子变得如此乖巧、殷勤和有爱心。尽管家庭成员通常不知道孩子是否真的想改变，或者这一切只是另一个骗局，但他们对孩子体贴入微的每一刻都感到高兴。但当一个戏剧性的事件发生时，他们的希望就会破灭。

这种情况发生在14岁的弗兰克的父母身上。弗兰克长相不错，很受欢迎，能说会道，而且很有礼貌。他用他那讨人喜欢的个性吸引着老师。弗兰克的父母重视儿子的这些品质，但他们仍然不得不面对他的说谎、盗窃、违抗、破坏公物等行为。在2020年学校因新冠疫情停课的三个月期间，他们认为弗兰克发生了变化，特别是弗兰克通过邮寄的家庭作业包和在线课程接受教育。让一名青少年一天24小时待在家里对任何父母来说都是一个巨大的挑战。然而，弗兰克似乎正在努力改变，家里的生活令人耳目一新的和谐。在与儿子的辅导员交谈时，弗兰克的母亲巴恩斯女士用她很少有机会使用的赞美之词形容了他：令人愉快的、开朗的、受欢迎的、成熟的和积极的。每天早上，弗兰克都会自觉地起床，勤奋地完成学校布置的任务，然后沉浸在在线学习中。巴恩斯女士享受着长时间与弗兰克的愉快合作，称赞"新的弗兰克是我从未见过的弗兰克"，并滔滔不绝地让弗兰克知道她有多高兴。弗兰克高兴地告诉他的父母："事情进展得很顺利，我已经走上正轨，没有落后。"他把这种变化归功于被赋予了更多的自由，他指的是没有人在旁边看着他，催促他做作业。考虑到未来的大学生活，弗兰克发誓要取得好成绩。在两个多月的时间里，弗兰克的父母发现在他身边很快乐。

比弗兰克的新生活习惯更令人吃惊的是他写给父母的一封令人感动的电子邮件："我的家庭激励我去爱和关心他人，活得充实，拥有良好的关系。你们帮助我度过了我所有的好时光和坏时光。我想说的是，我爱你们，我想和你们在一起，直到时间的尽头。"

在他写完这封邮件的两周后，事情变得不对劲了。在学年即将结束时，一切真相大白，成绩单显示，弗兰克有十几份作业没交。与此同时，弗兰克的父母又开始看到他以前的影子。起初，他否认在家庭作业方面有欺骗行为，并辩称学校的记录有问题，他所完成的作业没有被计入学分。然后，他再次表现得粗鲁，几周以来，他第一次发了脾气。事实上，三个月以来，弗兰克一直在欺骗父母，这个"新弗兰克"是一个假象。巴恩斯女士在写给儿子的电子邮件中表达了自己的感受，她说："我深受伤害，非常难过。这可能是你让我最伤心的一次，我以为你已经改变了，但你再一次践踏了我的心。"

当弗兰克的父母对他的电子邮件的真实性表示怀疑时，这名少年开始又哭又闹，并宣称他写的每个字都是真诚的。弗兰克没有掌握一个基本概念：在告诉人们你爱他们的同时背叛他们的信任，这是不相容的。

弗兰克感到很抱歉，但只是因为他的把戏被揭穿了。他对几个月来的欺骗行为没有表现出一丝悔意。成为罪犯的孩子会逐渐溜出父母的视线，变得更加隐蔽和目中无人。小的刺激和大的违规行为的积累使父母如此疲惫，以至于父母经常怀疑自己能否再忍受与他们在同一个屋檐下生活一天。然而，无论他们在家庭中造成多大的动荡，无论他们的违法行为有多严重，父母都会坚持一种信念，即本质上他们是善良的。父母会继续希望，他们的孩子只是需要长大，最近发生的事件是偶然的，有问题的行为只是孩子发展阶段的一部分。

这些孩子的父母经常出现身体状况差、抑郁和焦虑等问题。他们的家非但没有成为逃避外界压力的避难所，反而充满了紧张气氛。每当电话响起，父母都会提心吊胆，担心电话是来自心烦意乱的邻居、学校，甚至警察，或者最糟糕的是：医院通知他们的孩子受伤或死亡。

有些绝望的父母会向法律机构寻求帮助。例如，在美国弗吉尼亚州，父母可以向少年法庭提出"CHINS"请愿书（其他州也有类似的项目），目的是确定他们有一个"问题孩子"，这样法院就可以指派一名官员监督并辅导孩子，以避免他在未来犯罪和面临刑事指控。让孩子意识到自己行为的后果，并参与法院的工作，可以防止犯罪行为。问题儿童可能会因为逃学或离家出走，在拘留所度过短暂的时间并尝到苦果。不止一位家长告诉我，当他们的孩子被关起来时，他们感到松了一口气，因为他们至少知道了孩子的行踪。

出于不确定性、恐惧和义务感，一些父母试图保释他们的孩子。即使证据无可辩驳，他们也不能接受自己的儿子或女儿犯下严重罪行的事实。一些父母会因缴纳保释金、聘请辩护律师和寻求其他服务而负债。他们的孩子却很少表示感谢，认为父母有义务做这些事。

加里因多次入室盗窃而面临长期监禁。梅多斯夫妇写信给检察官，要求减轻他们儿子的刑罚。他们解释说，搬家后，加里在适应新环境方面遇到了困难。"他在一夜之间接触到了昂贵的汽车、富有的同龄人，以及在他的学校被认为是司空见惯的问题——酗酒、吸食大麻、吸毒、入店行窃和考试作弊。"梅多斯夫妇认为，加里的学习问题使他处于不利地位。他们认为，加里之所以参与信用卡诈骗，是因为有人教他如何利用信用卡系统的漏洞。在信中，他们回顾了自己的大学时代，"当时大多数 18～22 岁的孩子正在经历一个叛逆的阶段，总是认为父母和当局是错误的，不会做任何正确的事情"。梅多斯夫妇最后指出，加里心理上的不成熟和天真使他"迷茫"，而他那"受损的自我"让他不确定在面对诱惑时"该如何反应"。

加里在与我交谈时呈现出了非常不同的一面——与一个困惑、不成熟、易受影响的年轻人截然相反。在实施一系列抢劫时，他精心筹划，有条不紊。他说："我不会留下任何证据，我没有戴手套，但我不会用手指碰任何东西，我会把我的车停在大约半个街区外，然后跑过去。我知道我所做的事情非常危险，如果我被抓到，我就有麻烦了。"加里补充道："我尽量不用枪指着他们，因为那样会吓到他们，我用友好的态度让他们把钱给我。"

父母总是能为孩子做过或没有做过的事情找到自责的理由。有些父母会后悔在拯救孩子时过于天真或过度放纵。有些父母会责怪自己过于严格。一位母亲说，她没有给儿子足够的关注，没有让他充分接触宗教。另一位母亲认为，她给儿子施加了太多压力。还有一对夫妇认为，他们在儿子小时候没有给他足够的游戏时间。

一些孩子会一直攻击父母的价值观，导致父母逐渐采纳他们的观点，而在过去，这些观点可能是他们不能接受的。一位反对所有非法毒品的母亲因受到儿子的影响而改变了立场，由于无力阻止儿子使用大麻，她成了大麻合法化的倡导者，这种态度的转变来自父母在孩子疏远他们时急于拉近与孩子之间的距离的渴望。孩子可能会冷酷无情地利用父母想加强与他们之间的联系的愿望。他们认为，为了避免关系受损的风险，父母会在任何问题上让步。

无论父母在他们的孩子基本上是好的这一观点上坚持多久，总有一天，他们会认识到自己无力改变事情的进程，无论他们做什么，孩子的不良行为模式都会扩大和强化。一位绝望的母亲对我说："我正处于一种限制伤害的模式。我不认为自己还能与他有任何联系。我正在为儿子从我们的生活中消失做准备，在情感上为自己做准备。"一位极其悲伤的父亲说："我正在学习放手，我不想把我的生活和这个问题联系在一起，这就像有一个病重的亲戚，你要为他的死亡做好准备。"每件事情都在有力地提醒父母,他们在抚养孩子上失败了。在整个过程中,这些年轻人没有表现出一丝悔意,也不关心家人的痛苦。从他们的角度来看,是父母自己制造了问题,要求他们成为他们没有兴趣成为的人,他们现在很好,父母应该放过他们。

父母往往希望他们能给予孩子所寻求的独立,但当孩子满 18 岁之前,法律监护责任还是要由父母承担。寄宿学校往往不能成为父母的首选,因为那里的费用高昂,而且青少年(如前文提到的乔治)有被开除的可能。当孩子长大到可以独立生活时,父母可能会在是否允许他们独立这个问题上产生分歧。他们担心允许孩子独立生活这样的安排从一开始就注定会失败。当他们的孩子到了法定的成人年龄时,一些父母会说再见,但对大多数父母来说,这仍然是一段痛苦的经历。

父母会向我咨询是否要强迫他们的成年子女离开,他们害怕如果把孩子赶走,会迫使孩子做出激烈的反应。我知道有些父母会让成年子女离开,然后给子女生活费。没过多久,孩子就会把钱花光,然后回到父母身边,因为他们没有地方可去。我告诉父母,现在是该为自己活的时候了。如果让孩子搬出去会比让孩子留下来更痛苦,他们应该跟孩子住在同一屋檐下,并让孩子过自己的生活,不要太在意孩子。这并不意味着他们应该忍受心理煎熬,我曾提醒这些父母,如果他们的儿子或女儿犯下罪行(如携带毒品、攻击家庭成员、破坏财产或盗窃),应及时报案。除此之外,他们应该让孩子明确他们的期望,最好以书面形式,同时认识到这些期望很可能被忽视。当他们与孩子的生活变得无法忍受时,就是让孩子离开的时候了。一位母亲在谈到她已成年的女儿时说:"艾伦就像一颗蛀牙,你会做任何事情来摆脱它。"然而,完全断绝关系的情况很少发生。父母和非常棘手的孩子之间通常会保持联系,无论这种联系多么脆弱。一位母亲在谈到她那以自我为中心且不负责任的女儿时说:"一次又一次,我对她抱有希望,但她总是做一些可怕的事情。但如果没有希望,我还能成为什么样的母亲呢?"在某些情况下,精疲力竭的父母已经到了无能为力的地步。然而，与孩子断绝关系对他们来说是极其痛苦的。但孩子对其父母的痛苦无动于衷。当一个男孩被问及他对父母的痛苦有何感受时，他冷冷地回答："他们必须带着痛苦生活，这是他们的命。"

一些司法管辖区会因孩子的不当行为对父母进行处罚。如果孩子超过法律规定的宵禁期间仍在街上游荡、长期逃学或有其他违规行为，父母可能会被监禁或入狱。2017 年，《华盛顿邮报》报道，在美国 19 个州，父母被要求为子女的监禁支付费用，为此，一些人的工资被扣了。这种做法源于一项有几十年历史的政策，其前提是"父母放弃了对其问题子女的管教责任，并期望政府承担这笔费用"。当时的想法是，这种措施将激励父母对其子女承担更大的责任。我曾采访过一些被困扰的父母，他们已经尽其所能地引导、限制和管教他们无可救药的孩子，但孩子却继续逃避并公然蔑视这些努力。因孩子的罪行而惩罚父母的法律只适用于不负责任的父母，但这种措施可能只会进一步削弱和挫伤那些真正需要帮助的有责任心的父母，他们需要的是执法部门和法院的帮助，而不是谴责。

有上述表现的孩子的父母在阅读本章时可能会感到震惊。但是，在得出家庭中有潜在罪犯的结论前，他们应该问问自己，他们的孩子是表现出孤立的行为，还是随着时间的推移表现出正在扩大和加剧的某种征兆。

这并不是要免除父母的所有过错。虐待孩子、忽视孩子和有精神障碍的父母可能会对后代产生不利影响。事实上，大多数遭受忽视或虐待的青少年并没有成为罪犯。相反，许多罪犯的父母都是忠诚、稳重且负责任的。不幸的是，父母帮助和纠正孩子行为的努力都失败了。事实证明，父母通常是受害者，孩子才是施害者。

第 7 章

犯罪的父亲

本章描述的情况是，罪犯的孩子多年来一直饱受情感上的折磨，结果却与你所预期的完全不同。我遇到过很多这样的案例，父母是罪犯，他们既爱孩子又伤害孩子。你会看到一名罪犯如何在既想做一位好父亲的同时，又破坏孩子的童年。卡尔和南希·亚当斯及他们的儿子托德的案例说明了父母的思维错误是如何导致其后代遭受痛苦（而不是变成罪犯）的。

尽管卡尔只是短暂地被监禁过，但他具有"思维错误"那一章中描述的所有罪犯的特征。卡尔决心控制所有人、所有事，他采用了欺骗、霸凌和暴力威胁的手段。遇到挫折时，他会指责任何他认为是挫折来源的人。他的主要受害者是他自称最为珍视的人——他 8 岁的儿子托德。

当我遇到这个家庭时，他们夫妻正在闹离婚，并在激烈地争夺孩子的监护权。根据法庭命令，我将对这对夫妻和他们的儿子进行评估，并提出建议。

卡尔声称他是更合适的人选，并向法院申请了对托德的单独监护权。在多年的法律诉讼中，他坚定地认为，托德和他之间没有任何问题："我们相处得很好。我们之间有很多爱，我们总是玩得很开心。"相比之下，卡尔形容他的妻子情绪不稳定且反复无常，减少托德遭受的持久情感伤害的唯一方法就是"让她长期接受心理治疗"（但对南希·亚当斯的心理评估并不支持卡尔的指控）。

以下是南希对她丈夫的描述：无情地批评每个人，没什么朋友，无论走到哪里都会与人对立；曾被政府解雇，失业了好几个月，之后又失去了几份工作；用南希继承的遗产炒股票，损失了一大笔钱。后来南希发现，10 年来，他一直没有报税，还隐瞒了美国国税局的几十次查问。

根据医疗记录，卡尔向他的内科医生施压，要求医生开具止痛药的处方，以至于医生推测他已经对止痛药上瘾。一份处方显示，续药的剂量被更改了。卡尔的病历上写着："他变得易指责他人、易怒，语言具有侮辱性。我们试图迁就他，但他让我们无法迁就。"卡尔的物质滥用使原本就糟糕的情况变得更糟。然而，这并不是他犯罪的主要原因。

南希非常害怕丈夫对她身体上的虐待。他把枪放在家里，不肯扔掉。南希回忆道，有一次，她正在哄托德睡觉，她那 160 斤重的丈夫愤怒地对她说："你宁愿和我儿子睡觉，也不愿意和我睡觉？"然后他把南希拉回床上，并强行压在她身上。

卡尔还在名誉上攻击南希，他告诉人们她吸毒，有和托德一起逃跑的风险，并且会带着所有值钱的东西潜逃，让他一贫如洗。他骚扰所有和她有关的人，有时会在半夜打电话给他们，他还因为打电话威胁他们在监狱里蹲了几天。

南希说，卡尔从不重视托德，也没能与托德建立起良好的关系。她认为卡尔的反复无常和暴躁使托德很害怕他。尽管南希对卡尔的恐惧使她没办法离婚，但正是卡尔对她身体和精神上的虐待最终促使她离开，因为她再也无法忍受托德受到的痛苦。她说："他不把托德当人看。"她说，卡尔把每个人，包括托德在内，都当作他的财产。

对南希来说，压倒她的最后一根稻草是，在一个晚上，托德要求她读睡前故事。当听到儿子的要求时，卡尔插话道："你从来不让我读。你想让我离开吗？"当托德回答他想时，卡尔问道："是要我离开这个家吗？"托德回答："不，只是让你去睡觉，因为现在是晚上。"卡尔勃然大怒，他尖叫道："我不需要你来指挥我！"然后，他径直离开了房间，留下托德泪流满面。这件事发生后不久，南希就向卡尔宣布他们的婚姻结束了。

当一个问题父亲面对配偶终于鼓起勇气离开他时，他会把责任归咎于他人的拒绝和贬低。当一个问题父亲声称自己是一个有爱的丈夫和养育孩子的父亲但受到质疑时，他会愤怒地回应。

南希离开后，卡尔发起了最恶毒的攻击，他指责南希从未真正关心过托德，只是把这个孩子当作反对他的棋子。在接下来的 5 年里，卡尔在争夺托德的单独监护权方面采取了令人难以接受的做法。他竭尽全力诋毁他的妻子，骚扰他认为与她结盟的人。卡尔威胁说要痛打南希的一个朋友，把他打进重症监护室；在给南希的雇主打电话时，他粗鲁无礼；当他得知南希所在的公司投诉了他的骚扰行为时，他留下了一条信息，警告说他将传唤每一位员工，对他们进行盘问。如果有人违背卡尔的愿望，他马上就会生气，即使是在从事一般的交易时。例如，他对会计师事务所的工作人员厉声说"我一拳就能打死你"。他在给一家政府机构打电话时谩骂对方，同时变得非常愤怒，甚至威胁一位员工让他被解雇。卡尔甚至威胁那些试图帮助托德的人。他在一封信中指责他儿子的学校，谎称学校的工作人员"已经惹上了麻烦"。卡尔要求对托德的老师给予纪律处分，因为她"明显随时准备批评我"。托德的班主任告诉我："卡尔从来不想配合我的工作，只是指责我做错了什么。"

儿童监护权评估的标准程序还要求采访熟悉父母和孩子的人。一位邻居评论道，卡尔"是那种一旦与你翻脸就会变得卑鄙且下流的人"。事实上，她非常害怕卡尔。一位保姆报告说，当她在家里照顾托德时，卡尔总是给托德打电话，并让托德一直保持接听状态。这位保姆说："我不明白为什么托德的父亲会不停地给他打电话，当他父亲不在身边的时候，他很开心。他唯一不开心的时候就是听到他父亲声音的时候。"托德对接这些电话感到非常焦虑，他告诉母亲，他宁愿坐在她的办公室里，也不愿冒险去找保姆（实际上他很喜欢保姆），因为他不愿接父亲的电话。

卡尔对托德的心理医生敌意最大。他威胁说要向州执业许可委员会举报他违反职业伦理。他对另一位心理医生进行了报复，他把这位心理医生称为"妈妈的小仆人"，意思是说，这个人对托德的母亲言听计从。卡尔警告这名心理医生，如果自己不能在某个特定的日期探视托德，将以藐视法庭的罪名起诉他，之后他"可能会穿着有条纹的睡衣"——卡尔的意思是让心理医生进监狱。

当我第一次与托德见面时，这个 8 岁的孩子不愿意说话。当我让他画一幅他的家庭画时，他回答："我没有家。"起初，他听起来很喜欢与父亲一起活动，如玩游戏、在快餐店吃饭、享受父亲给他的零食。他告诉我，他喜欢和父亲在一起，喜欢和他通电话。在向我传达这一积极的画面时，他却对他的心理医生哈罗德说了一些完全不同的事情。

与妻子分居后，卡尔对托德的敌意越来越大，哈罗德医生在一份报告中指出，托德"患有中度抑郁障碍，人际信任丧失，社交焦虑增加，易产生愤怒情绪和被抛弃的感觉"。这个孩子很焦虑，不那么开放和自主，当他与父亲单独相处时，他表现得很抗拒。在游戏治疗期间，托德开始出现口吃的现象。

哈罗德医生指出，这个男孩表现出"自我谴责和自尊不足"。卡尔视哈罗德医生为敌人，并一再拒绝与哈罗德医生会面。托德听到父亲宣称，要"把哈罗德医生打得屁滚尿流，让他一年都不能走路"。哈罗德医生指出，卡尔的威胁"对托德来说似乎是可怕的现实"，会导致他担心失去他所关心的人。

一位私人调查员形容卡尔家的环境"令人厌恶"，到处都是人和狗的粪便、狗食及烟囱的陈旧烟味，几乎没有家具。调查员报告称，住宅中一张床的床单上布满了血迹和精液污渍，还有类似粪便的东西。冰箱里的食物已经发霉，处于令人难以置信的变质状态。

父子之间的通话记录显示，卡尔给托德造成了严重的精神创伤，他诋毁托德的母亲，并使用各种手段让托德感到内疚。甚至在南希通知他，她将对他和托德之间的所有通话进行录音后，这种情况仍然发生了。律师认为，卡尔的行为反映了"我所见过或听过的对儿童进行的最恶劣的精神虐待和骚扰"。

以下内容节选自父子之间一次冗长的通话记录。

卡尔：你妈妈是个疯子。

托德：我知道。

卡尔：你怎么知道的？

托德：因为你已经告诉我超过一百万次了。

卡尔：你不想和你爸爸说话。你让我觉得糟糕透了。你想再也见不到你爸
　　　爸了吗？

托德：对。

卡尔：好吧。我不喜欢和你妈妈雇的那些讨厌的人打交道……我永远也不
　　　会和他们说话，因为他们就像忍者神龟一样从下水道钻出来。你懂
　　　我的意思吗？……他们为了赚钱什么都干得出来。我不喜欢和这些
　　　人打交道，你知道吗？

托德：知道。

卡尔：为什么你不接我的电话，这让我感觉很糟糕！

托德：我没有听到电话响……

卡尔：你知道吗，我非常想你，每天晚上都哭。

托德：不，你从未告诉过我。

卡尔：你想我吗？

托德：不……

卡尔：你为什么不让你妈妈知道你想我，你想让她停止发疯吗？你听说过
　　　"大便打风扇"（意思是"大事不好""后果不堪设想"——编者注）
　　　这种说法吗？

托德：没有……

卡尔：我得带着对你妈妈的厌恶上法庭了，我觉得她的律师烂透了……我
　　　没钱请律师，我自己就可以做得很好，因为我很聪明，为了见你，
　　　我什么都愿意做。

托德没有公开违抗他的父亲，甚至没有象征性地提出反对意见，而是经常以安抚父亲的方式进行回应。与此同时，他变得非常不安，尽管表现得很好，但他很难入睡。他开始戴上拳击手套，打一个被他称为"爸爸"的红色枕头。

他恳求母亲不要告诉父亲他去了哪里或做了什么。他拒绝参加课外活动，因为父亲可能会出现。他坚持不让父亲知道他上音乐课，因为他不想让父亲带他去上课。根据法庭命令，托德被安排与父亲进行电话探访。他开始拒绝接听电话，并恳求母亲取消探视。南希报告称，当托德被安排与他的父亲待在一起时，他会抱怨、哭泣、尖叫，甚至呕吐。托德回来后很生气，他流着眼泪，还大发脾气。

对托德来说，学校是他的避难所。在他的成绩单上，所有方面都被评为"令人满意"。在公民意识和学习技能方面，他得到了"杰出"的评价。他的老师评论道："他很有爱心。他是一个了不起的孩子，他的心中有很多爱。你可以看到他什么时候高兴，什么时候害怕。他爱他的父母，但他对他父亲感到恐惧，他跟父亲讲话时必须小心翼翼。这是我最不愿意看到的情况。"一名学校辅导员观察到，虽然托德和他的母亲在一起时感到"非常安全"，但他"对他的父亲却没有安全感"。

法院接受了我的建议，即托德只有在心理健康专家的监督下才能与他的父亲见面。我还建议卡尔由一位合格的治疗师来治疗。可以预见的是，卡尔对监督探视的要求感到非常愤怒，他告诉我："我不会在那种监督下探视的。我无法想象你们这些人到底在想些什么。"他断言："托德和我没有什么问题。托德在我的公司里感到非常舒服。"面对可能完全看不到儿子的问题，卡尔重新考虑了一下，并决定忍受有人监督的探视，但只是暂时的。

诉讼进行了 5 年后，卡尔仍然被限制在监督下探视，于是他不再配合了。托德的心理医生在写给法院指派的代表托德的律师（"诉讼监护人"）的报告中写道："卡尔破坏了监督过程，并要求他的儿子保守秘密。从我的专业视角来看，这位父亲已经显示出他没有能力控制他的敌对行为，也没有能力维护他儿子的最佳利益。"

哈罗德医生总结了他对托德情况的看法，他告诉我："我对这个案子有一种不好的感觉。我在这位父亲身上看到了难以控制的愤怒情绪。"他将托德描述为"一个可爱的小男孩"，他不想和他的父亲说话或看到他的父亲。哈罗德医生建议暂停所有探视。

托德仍然是那个不知道该做什么的"可爱的小男孩"。他只想与父母和平相处，不希望任何一方生气。他的母亲报告说，有一次，托德感到压力很大，他甚至认为如果他屈服并与他的父亲生活在一起，也许会有更好的结果。

在努力帮助托德多年后，哈罗德医生辞职了，并写信给律师："从伦理上讲，我不能既是他的医生，又参与对我的患者来说是强制性的过程。"他宣称"多年的诉讼对托德的弊大于利"。卡尔坚持认为自己是一位好父亲，从未认识到自己伤害了儿子。托德的母亲提供了最新情况，让我能够了解我的刑事当事人的生活状况如何。最终，法院授予她对托德的唯一监护权。她再婚了，而托德现在已成年，他把继父当作自己的父亲，并与卡尔断绝了联系。

虽然托德非常聪明，但他的求学之路却很坎坷。虽然他是班上最受欢迎的男孩，但他很难集中精力学习，高中时期，他的母亲把他送到一所寄宿学校，在那里，他过着稳定的生活。他反应良好，以优异的成绩毕业。但作为一名大学生，他的表现很差，他辍学了，然后花了几年时间参加了社区大学的课程。之后，托德继续陷入困境，然后决定在一家建筑公司全职工作。他与一名年轻女子恋爱了。他自食其力，遵纪守法。他的母亲说，她那"可爱的"儿子目前一切都好。根据传统的理论，人们可能会预测，这个被犯罪的父亲严重虐待的孩子会有严重的心理问题，也许会变成一个虐待他人的人。许多人（包括心理健康专家）都惊讶地发现，尽管托德和其他处于类似情境下的人可能经历过情感问题，但他们并没有成为罪犯。相反，他们对他人的感受很敏感，并成为有爱心、有教养的伴侣和父母。

第 8 章

同伴压力不是犯罪的借口

当被追究责任时，犯罪的男孩和女孩往往会将自己的犯罪行为归咎于他人。他们坚持认为自己被腐蚀、被欺负、被误导，甚至被迫犯罪。18 岁的福雷斯特盗窃了一位 90 岁寡妇的住宅，他说："我这么做是受我所处的环境的影响。"他承认，"盗窃比工作容易多了"。他指出，不良影响"只有 10 分钟的车程"。他对比了自己在远离家和学校的无聊生活时是如何被接受和充满活力的，在家和学校，他无法适应，也没有朋友。最后，福雷斯特承认，他来到这座城市的动荡地区的原因是，他被一群喜欢"捅人、打架和枪战"的硬汉吸引了。福雷斯特认为，改变的唯一办法就是搬到这个国家的另一个地方。

长期以来，专家一直认为同伴压力是个体从事犯罪活动的一个强大的风险因素。然而，问题不在于同伴压力是否存在，而在于一个人选择谁作为同伴。我采访过的几乎每个犯罪的男孩或女孩都说过这样的话："我的朋友让我去商店偷东西。"同伴压力实际上是一个生活事实，无论是在学前班的游戏小组、工作场所，还是在成年人的社会团体中。每所学校都有自己的小团体——预科生、书呆子、运动员、孤儿。一个 14 岁的孩子告诉我："我不想像我哥哥一样，上学、回家、做作业、打篮球，在社区闲逛——就像一条被拴住的狗一样。"他过着与他哥哥完全不同的生活，他逃学、入店行窃、吸食大麻，甚至没有驾照就去开车兜风。

当罪犯还是孩子的时候，他们会拒绝来自同龄人的积极影响。14 岁的马特解释道："当我和那些优秀的人在一起时，我感觉很无聊。"他说："留在家里做作业的男孩都是书呆子。"马特这样的孩子不会像他们的同龄人那样循规蹈矩，而是像雷达一样快速识别和他们一样喜欢冒险、敢于冒险、"让肾上腺素飙升"的人。一个年轻人在拘留所与我交谈时，驳斥了同伴压力的概念，他说："是我们这类人找到了彼此。"

有些人认为，孩子走上犯罪的道路是因为他们容易受到暗示。然而，我们所有人在某些方面都是易受暗示的，但在其他方面则不然。一个人的易受暗示程度取决于什么对他来说是重要的。承认容易受到他人的影响与罪犯的自我意象是背道而驰的，他们容易被那些令人兴奋的活动吸引，这些活动会使他们膨胀。

问题儿童只有在得到他们想要的东西时才会接受暗示。布雷特的父母急于让他们的儿子远离"坏影响"。他们希望，如果他们搬到另一个地区，布雷特就可以找到一群更健康的孩子，并远离那些逃学、吸毒的同龄人。在某种程度上，为了找到一个更好的环境，他们做出了一些牺牲。虽然他的新学校和新社区里有各种各样的机会，但他拒绝了。相反，他和那些父母试图让他远离的男孩保持着密切的联系。

基本上，负责任的孩子有时也会受到他人的影响，他们可能会参与恶作剧、偷偷溜进电影院、还未成年就饮酒，或者卷入更严重的事情。但是，当他们承担了后果或目睹了其他人为同样的行为付出代价时，他们就会停止参与这些活动。与有不良行为的孩子交往，违背了他们的兴趣和目标。父母对于该如何对孩子的所作所为做出反应难以抉择：这只是典型的青少年行为、错误的判断，还是青春期的尝试？如果他们的儿子在聚会上喝啤酒会有多严重？如果他借了把 BB 枪并不小心射穿了窗户该怎么办？许多问题儿童说，他们和那些没有因违规行为被抓的"好孩子"没什么区别。

例如，艾伦在一次咨询会谈中抱怨他的父母："他们应该让我过我自己的生活，让我做一次青少年，坐下来和我的朋友一起玩。"艾伦声称他做的好事都被忽视了，他说："我必须等到 18 岁才能过上正常的生活。"实际上，艾伦的父母在他去哪里及什么时候回家方面给了他很大的自由。他们信任他，直到他们发现他正在做的事情远比青春期的叛逆行为要严重。他们意识到他逃学，在他的房间里发现了不是他买的衣服，当他们问他要去哪里及和谁在一起时，他闪烁其词。大多数成年人在回顾自己的青春期时，也会想起自己做过的不负责任的事情，但是在罪犯的生活中会出现一些模式，这些模式表明，他们正在处理的是比一般青少年的叛逆更严重的事情。

年轻人可能会面临各种各样的诱惑——没上锁的储物柜里有一件昂贵的皮夹克，男厕所里有一部被遗忘的手机，一辆跑车的点火开关上挂着车钥匙，父母酒柜里有酒，等等。来自同龄人的影响并不能迫使青少年犯罪，负责任的男孩和女孩不会拿走不属于他们的东西，他们也不会选择做与他们的价值观相违背的事情。如果一个负责任的年轻人被诱惑并做了不该做的事情，那么当他被逮捕时（有时，即使他的罪行没有被发现），他可能会感到后悔，并且不太可能重复这种行为。相比之下，少年犯对自己的罪行毫无悔意。他们只会后悔自己被捕，并决心今后要更加小心。

少年犯不会被他人带坏或在思想上依赖他人。他们的脑海中会涌现出各种犯罪计划，而他们会把最令人兴奋和最可行的犯罪计划付诸实践，在这方面，他们有很多自己的想法，并愿意接受他人提出的建议。父母、老师和其他自认为了解这些孩子的人对其真正的生活其实一无所知。如果他们了解真实情况，他们会对这些孩子犯罪的数量、种类和严重性感到震惊。对需要上班的父母来说，与孩子的朋友见面可能很困难。大多数人会和孩子谈论他们要去哪里、和谁在一起。许多父母告诉我，他们欢迎他们的孩子邀请朋友来家里玩，但是问题儿童并不会听从父母的建议，也不让朋友来访，因为他们知道父母不会喜欢这些人。一名青少年说，他的父母不喜欢他的朋友，原因很简单，因为他们会惹麻烦。他补充道："我的父母应该放过我，不要妨碍我，给我一个机会去结交我自己的朋友。"

孩子会通过运动、宗教团体和俱乐部认识新的朋友，发现新的兴趣。他们学习合作、竞争、分享和自我控制的过程也是他们社会化的过程。一个负责任的孩子可能会因认为自己缺乏能力或发现了更适合自己的东西而退出某项活动。例如，一个男孩因在棒球比赛中总是被安排在右外野而感到沮丧，后来他发现了网球并认为自己更适合这项运动。但是，问题儿童退出的原因各不相同。他们蔑视管理人员，因为他们觉得自己知道得更多。他们厌恶按照他人的要求做事，并期望自己的才能立即被认可，当他们的期望没得到满足时，他们就会感到不满，然后他们要么会退出，要么会继续留下来，让他们的队友感到痛苦。

作为高中校棒球队中最好的球员之一，赫伯渴望在大学打球，并指望获得体育奖学金。然而，他对训练和练习感到厌烦，并开始逃课。他的平均成绩骤然下降到所有队员中最低的。赫伯在球场上变得不那么敏捷了，跑的速度也变慢了。当他被罚下场时，他指责教练针对他。在与我谈及所发生的事情时，赫伯承认："我不是一个有远大理想的人。我现在就想要，我想按照自己的方式做事。"像许多其他问题少年一样，他有天赋，但不接受将那些自律的队友作为榜样。

旨在预防青少年犯罪的项目强调通过提供机会让年轻人参加体育联盟、社区中心和青年组织来让他们摆脱无聊感。虽然这些活动很有吸引力，但它们不能满足罪犯对由犯罪带来的高度刺激的渴望。克里斯加入了童子军，渴望获得鹰级军衔，但很快他就不再抱有幻想，他抱怨童子军有太多要求，以至于他没有足够的精力投入其中。相反，克里斯每天玩几个小时的电子游戏，并与那些制作爆炸装置和在商店里偷东西的朋友混在一起。

当然，无论年轻人有多大的责任感和能量，他们都会感到无聊。然而，他们中的大多数人不会为了排遣无聊的感觉而犯罪。对犯罪的年轻人来说，打篮球和其他消遣活动可能会让他们暂时放松下来。16 岁的珀西对刺激的渴望导致他犯下了几十项罪行，包括入店行窃、盗窃、袭击、非法使用毒品、贩卖毒品和敲诈。

当我采访珀西时，他明确表示，他一直在抵御无聊的感觉。他说，"正常的生活乏味得要命"，他鄙视"平凡且无聊的日子，没有任何有趣或刺激的事情发生"。珀西的父母为了让他们的儿子远离麻烦，把他送到了夏令营。但是，他厌恶那个环境，并称其他营员为"傻子"。当珀西的父母带他到山上玩了几天后，他抱怨说他很热，很无聊，因为"没什么事可做"。当被问及为什么每天吸食大麻时，他说："因为这比读书好。"珀西对遵守规则感到不满，因为他觉得这是一种令人无法忍受的乏味的生活方式。珀西说："当我按规则行事时，我得到的只是成年人的赞扬，但当我打破规则时，我得到的是兴奋感。"策划并实施犯罪总是能缓解他的无聊感。

青少年和成年人通常使用没有负面含义的"闲逛"这个词。当少年犯说他们要和朋友出去闲逛时，他们不愿意详细说明他们的活动内容，因为他们不会干什么好事。"闲逛"意味着他们可能会与父母不认识、不赞成的人交往。15 岁的柯蒂斯把闲逛称为他在夏天的"仪式"。起初，他将他和朋友们所做的事情描述得很好，他说："每一天都像周末一样。"他会在早上 10 点左右起床，在父母上班很久后吃完早餐，和朋友们在游泳池待上几个小时。然后，他和朋友们及一些女孩会在父母不在时在家里聚会。他们喝酒、吸食大麻，并进行性行为。秋季复课时，当父母早早离开家去上班后，柯蒂斯会回到床上继续睡觉，他说："我必须休息好才能下床。"只要他和同样逃课的朋友在一起，他就会很兴奋，他们会花几个小时玩电子游戏和饮酒，有时，他们会出去搞恶作剧——向汽车扔鸡蛋、掀翻垃圾桶，并放火烧一些东西。尽管在学校的第二季度缺席了近三分之一的课程，柯蒂斯还是保持了 B 的平均成绩。直到他的成绩单送来，父母才发现他逃课的事情。

少年犯经常与大孩子混在一起，因为他们觉得和大孩子一起玩更刺激。他们不是被胁迫去从事犯罪活动的，而是努力向大孩子证明他们是可以信赖的。一个 10 岁的孩子告诉我，大孩子喜欢他，因为他热衷于加入大孩子的群体，并在他们搞恶作剧或行窃时在一旁放哨。他的大孩子同伴允许他用他们的 BB 枪打松鼠和鸟。在孩童时期，罪犯就被认为是强硬、狡猾或野性的。他们在运动和游戏中会很野蛮，并想尽办法占便宜。他们会通过故意给自己施加痛苦来证明他们是不可战胜的；他们表明自己可以不哭不闹地承受，无论经历多少痛苦；他们会试图超越彼此，通过做一些事来显示他们的勇气，如从高处跳下来、在陡峭的山坡上滑滑板，或者骑着自行车在花坛上竞赛。一个 11 岁的滑雪新手在向朋友们炫耀时，因确信自己能完成陡坡跳跃而摔倒，导致肘部粉碎性骨折。一个 16 岁的孩子虽然已经 5 年没有滑过雪了，但他还是选择了那条最复杂的滑道。他对我说："我以为自己会很厉害。"令他意想不到的是，他在头 10 分钟内就摔断了腿。

罪犯可能会痴迷于锻炼，以获得力量并强壮自己的体魄。他们专注于体重、肌肉发育、身高和身体的吸引力。特里正在服用类固醇并练习举重，以使身体保持最佳状态。他认为自己是团队中的游泳冠军。"我认为我很优秀，"他自言自语道，"这是一种天赋，很多人都做不到这一点。我一直想成为第一。"特里没能证明自己有多大的成就，因为在赛季开始前，他就因违法行为而被禁止进入游泳池了。

问题儿童在寻求权力和建立自我的方式上会有所不同。对一些人来说，强硬意味着任何惹到他们的人都会付出沉重的代价。14 岁的埃德加说，他在学校一个星期不打架就会感到无聊。他准备用推搡或拳打脚踢来应对任何对手，他吹嘘自己在一次打斗中"打破了一个孩子的嘴唇，把它打掉了一半，所以在那一年剩下的时间里，它一直挂在他的脸上"。他对那些避免打架的人不屑一顾，并称自己的父亲是个窝囊废，因为父亲从未打过架。像埃德加这样的孩子也往往会宣称自己从不主动挑起战争，但他们会很快投入战斗，然后美化自己的行为，说自己是在保护一个朋友或一个被欺负的孩子。例如，埃德加会吹嘘说"小孩子喜欢来找我做保镖"。

这些问题儿童中的许多人从上小学起就开始迷恋枪支。11 岁时，特兰进入一栋没有上锁的房子，偷走了一把玩具枪。他告诉我："我喜欢步枪、手枪之类的东西。"特兰每天花几个小时玩暴力电子游戏。他会用包装纸、卫生纸卷、铝箔和铅笔制作玩具枪，当他用枪指着家人时，他的父亲没收了这些枪。他的母亲分不清儿子对枪支的兴趣是"男孩的特点"，是暂时的，还是一个问题行为，她要求身为猎人的亲戚不要向特兰说明如何使用枪支。她把一位亲戚给他的玩具步枪还给了这位亲戚。即使是对着靶子射飞镖这种看似无害的消遣活动，也让特兰的母亲感到担心，因为特兰痴迷于这种活动，他通过视频学习如何用家里的材料制造武器。虽然特兰不喜欢学校，但他对军事历史很感兴趣，特别是对如何发动战争的描述。

特兰告诉我："我妈妈不希望我长大后持枪。"但他对枪支的兴趣一直存在。在他的彩弹射击生日派对上，膝盖中弹并没有让他感到害怕。他对作为礼物送给他的一把玩具枪很感兴趣。特兰说他的父母允许他拥有这个礼物，"因为我越来越成熟了"。但是，父亲很快就没收了他的玩具枪，因为他向一个朋友的背部开了一枪。随着特兰的成绩下降，他越来越喜欢打架，并开始吸食大麻，父母因此将他送入一所寄宿学校，在那里，他可以在一个高度结构化的环境中受到管束。

问题儿童有机会接触到父母放在家里的枪支。马克的父亲将一把点22步枪和一把手枪存放在壁橱里，他禁止马克碰触它们，但马克无视父亲的警告和限制。他在课后时间被禁止出去玩，因为父亲要求他认真完成家庭作业以提高他的成绩。由于父亲很少在家监督马克，因此马克会趁父母不在时离开家或邀请朋友过来。马克的朋友来访的一个很重要的原因是，马克会从壁橱里取出枪支让朋友玩。有一天，马克最好的朋友过来了，他已经多次看到过这些枪支。马克声称，朋友"指挥"他拿出手枪，让他拿着它。他确定枪里没装子弹，就把枪递给了朋友。马克说："我抓住了枪，不小心扣动了扳机。"这位朋友被误杀了。马克说："他的死亡在一定程度上是他自己的责任。"这句话令人不寒而栗。

马克无视父亲对他在结交朋友方面的警告。在一次评估中，马克告诉我："他不能阻止我和朋友们出去。"他几乎是在炫耀："他们中的一些人因为经常打架而有过被警察逮捕的经历。"在说这番话的时候，他似乎把与警察交手看作一种荣耀。

问题儿童可以将许多物品转化为武器。丹告诉我，他"沉迷"于他的全地形车，这是父母给他买的，条件是他只能在附近的树林里驾驶。父母不知道他们的儿子在某天凌晨 2 点到 4 点的时候因驾驶全地形车被困在雪堆里，他不得不放弃这辆车，直到第二天晚些时候，他才得救。之后，丹在公共道路上驾驶全地形车，并因违反驾驶规则失去控制，撞上了一根电线杆。父母支付了 500 美元的维修费，但要丹自己挣钱来偿还他们。在丹的钥匙被拿走后，他试图给全地形车装上电线，在这个过程中，他切断了几根电线，这导致了另一笔巨额维修费。但是，丹通过假装忏悔并保证不会再犯错，再次开上了车。可想而知，丹让他的父母再次失望了，此后不久，他便因开车非法闯入邻居家而被捕，他对邻居（这位邻居曾多次发出警告）提出的刑事投诉感到非常愤怒。

汽车既可能为达到驾驶年龄的青少年提供更多机会，也可能给他们带来新的同伴压力。负责任的青少年认为"拥有汽车"可以减少自己对父母的依赖，但有些人会滥用他们的自由，和朋友开车到一些不合适的地方玩。许多罪犯无证驾驶，他们开车的感觉就像道路是自己家的一样。有了汽车，犯罪的机会就更多了。城市里的孩子可以进入更富裕的地区，而郊区的孩子可以到城市里建立人脉。

"物以类聚，人以群分"这句话适用于人们对另一半的选择，当然，这句话在罪犯选择另一半时也同样适用。通常，有违法倾向的男孩会和那些与他们有共同兴趣的女孩交往。16 岁的理查德的堂兄说："他吸引那些和他差不多的女性。"理查德的女朋友丽兹比他小两岁，曾离家出走，偷了一辆车，被学校开除，并使用毒品，她在性方面也比较随意。当我问理查德，他是否曾为实现一个具体的目标而努力时，这个男孩回答："与我女朋友的关系。"助长这种关系的是，丽兹几乎做了理查德要求的所有事情，并奉承他，经常发出诸如"你今天看起来很性感"的赞美。

理查德形容丽兹是"如此可爱，如此体贴，如此美丽"。他对与她发生无保护措施的性行为的后果避而不谈，并说道："我并不担心。我们会像其他人一样抚养我们的孩子。"他的父母对这段可能毁掉他们儿子的关系感到绝望且无能为力。他的母亲说："与丽兹的关系是他生活的全部，现在他想娶她。"理查德告诉我："如果事情进展顺利，我会是一个非常好的男朋友。"这句话中的"如果"部分说明了很多问题，因为这段关系非常不稳定。由于理查德咄咄逼人，占有欲强，两个人经常吵架，特别是在丽兹与谁交往的问题上。理查德告诉我，"我不喜欢她和坏人在一起"。利兹会引诱理查德，挑逗他说其他男孩在排队等她。他会被惹怒，对她破口大骂，威胁说再也不见她。

尽管有朋友和罪犯混在一起，但当罪犯还是孩子的时候，他们是非常孤独的。虽然从罪犯的行为上可能看不出来，但他们认为自己是独特的、优越的，这使他们与众不同。即使在表面上与同龄人愉快地互动，他们也是处于操纵和控制的一方。在社会团体中，他们不会和他人合作，而是告诉他人该怎么做。最终，其他孩子会厌倦被他们指使。

孩子是宽容的，直到他们弄清楚他们面对的是什么样的人。当他们发现某个人是骗子时，他们不会服从他，并开始躲着他。心理学家科特·巴托尔和安妮·巴托尔在谈到"同伴拒绝"时指出，"孩子不愿意与那些'愤怒……导致身体和言语攻击'的同伴打交道"。

问题儿童对他人的意见和经验不感兴趣，但要求他人关注他们的每一句话。问题儿童始终保持着警惕性，朋友只有在按照他们的要求行事时才是朋友。尽管罪犯可能会因为共同的兴趣（如喜欢某种类型的音乐）与他人交往，但当他们还是孩子的时候，他们并不重视为此而结交的朋友。这些孩子在生活中没有真正了解过他人，因为他们不感兴趣，除非有一时的刺激。负责任的孩子认为他们会带来麻烦，不愿意与他们交往。

11岁的范承认："我在学校没有那么多朋友。他们不喜欢我。他们说，'你走吧。我不是你的朋友'。"范对众多拒绝感到困惑，他说："我并不吝啬。"他想知道为什么没有人邀请他去他们家。范的父亲认为他的儿子不受欢迎的原因是他一直在做让人厌恶的事情。范在玩游戏时作弊，输了就发火，从其他孩子那里抢走游戏机和玩具，在校车和操场上与同学打架。

有些罪犯的人格很有吸引力，看起来和范很不一样。他们的操纵方式不同，但他们都是"掠夺者"。无论一名青少年是可怕的、疏远他人的，还是好客的、吸引人的，他们潜在的人格都是一致的。他们只专注于自己，对关系所需的互惠和同理心没有概念。爱、信任、忠诚和持久的友谊在他们的生活中是不存在的。

独来独往是校园枪击案肇事者的一个特征。他们被描绘为被孤立和被校园霸凌的学生，而事实通常相反。1999 年，美国科伦拜恩高中的两名臭名昭著的枪手威胁其他学生，并用最恶毒的语言来表达对整个群体的仇恨。犯下这些骇人听闻的罪行的是施害者，而不是受害者。他们是那些以霸凌同学为乐的人。这些校园枪击凶手不融入主流社会，对同学怀有蔑视之心。他们气势汹汹的行为让其他学生感到害怕。

2018 年 2 月 14 日，尼古拉斯·克鲁兹（Nikolas Cruz）在美国佛罗里达州帕克兰的马乔里·斯通曼·道格拉斯高中开火，杀死了 17 名学生，并打伤了另外 17 人。在枪击案发生前，尼古拉斯被许多老师和学生所惧怕。他曾折磨和杀害动物，威胁并攻击其他学生，跟踪过一个女孩，并迷恋上了武器。他在社交媒体上发布了刀和枪的照片，并宣称要杀人。学校不允许他在校园内携带武器，最终他被学校开除。然而，其他人对尼古拉斯的印象是"一个安静的孩子，没有任何异常"。校园枪击案的肇事者让一些人感到神秘，也让另一些人感到厌恶。没有人真正了解他们，也没有人想了解他们。

霸凌是未来犯罪的先兆。近 30 年前，《华盛顿邮报》报道了一项长达 20 年的研究，其标题是"8 岁的霸凌者，一辈子的霸凌者"。其主要观点是"儿童在 8 岁时就已经形成了持续终身的攻击性行为习惯"。

霸凌者通过恐吓他人并使其痛苦而获得掌控感。有了互联网后，网络霸凌者在不用面对面接触的情况下，就能给对方造成极大的痛苦。克莱姆森大学的心理学家罗宾·科瓦尔斯基（Robin Kowalski）和苏珊·林伯（Susan Limber）发现，实施传统霸凌和网络霸凌的人之间有很大的重叠。他们指出网络霸凌是"另一种霸凌方式"，并指出越来越多的儿童"在较小的年龄就受到了网络霸凌"。他们还报告说，成为网络霸凌的受害者与"抑郁和焦虑"有关，但与霸凌他人之间的关系相对较小。

就像孩子对父母的虐待有不同的反应一样，他们对来自霸凌者的虐待的反应也是如此。有些孩子感到无助，社交退缩，以至于害怕去任何可能会受到折磨的地方，甚至拒绝上学。有些孩子将诋毁性的评论内化，失去自信。有些孩子会变得沮丧，有些孩子则会反抗霸凌者或寻求成年人的帮助。大多数霸凌的受害者即使可能会幻想霸凌者死去，也不会以暴力作为报复的手段。许多分析帮派成员的观察家说，加入帮派为年轻人提供了他们缺失的家庭体验。表面上看，帮派提供支持、接纳和结构，以及获得认可、地位和权力的途径。一些社会学家认为，帮派成员提供了一种可以理解甚至正常的适应环境的手段，否则这些年轻人就会丧失希望。但大多数居住在贫困或不稳定环境中的人不会转向暴力或参与帮派。

无论加入帮派的压力有多大，人们都会决定自己是否有兴趣加入。何塞住在一个主要由帮派控制的街区。无论他被捕多少次，他都会继续回到帮派。他告诉我，什么都比不上他所过的精彩生活。在他被监禁和缓刑期间，他拒绝了热心帮助他的社工。他的弟弟佩德罗则决定要过一种不同的生活。佩德罗多次被人搭讪，并被人缠着要他加入帮派。他被辱骂，被殴打，还被吐口水，对他来说，帮派只提供破坏、监狱和死亡，他想帮助他的母亲搬离这个社区，让他们两个人享受更好的生活。佩德罗解释道："在这个世界上，帮派不值一提。我想成为像比尔·盖茨（Bill Gates）那样的人，而不是被枪击的人。"他的愿望是只要他不惹麻烦，这个世界就会提供无限的机会。他坚持这一愿景，拒绝那些对他来说根本不算诱惑的诱惑。佩德罗上学，努力工作，并参加体育运动。至于何塞，佩德罗评论道："我的哥哥就是这样生活的，我看到了他的问题。"

帮派还吸引了那些有稳定的家庭生活和生活在郊区的年轻人。在没有帮派活动的社区，一些不良青年会走很远的路去寻找帮派。一个来自中上阶层家庭的 15 岁男孩告诉我："和那些志同道合的人待在一起，大家相互支持，好处有很多。"

帮派成员中的大多数人都不是被迫加入的。成为该组织的一员不像加入俱乐部那样，有时，想要入会的成员必须经历残酷的入会仪式，并可能有生命危险。他们可能会遭受其他成员的殴打，被迫谋杀敌对帮派的成员，被刀子或剃刀砍伤；如果是女性，她们可能会被强奸。

帮派的目的不是提供一个稳定的、培养人的家庭环境。它由逞强好胜的人组成，他们不择手段地追求自己的目标，并处置任何背叛他们的人。忠诚是通过"不要告密"的街头规则来体现的。残酷的启蒙教育、暴力和毒品很难与真正的家庭提供的培养和支持相提并论。大多数缺乏稳定家庭生活的青少年对加入帮派不感兴趣。他们决心接受教育，获得技能和工作，希望有一天能拥有自己的家庭，而他们在孩童时期错过了这个机会。

前黑帮头目尼古拉斯·皮莱吉（Nicholas Pileggi）在他撰写的《智者：黑手党家族的生活》（*Wiseguy:Life in a Mafia Family*）一书中，证明了人生道路的选择在决定他的命运上所起的关键作用。"12 岁时，我的理想是成为一名帮派成员，成为黑帮头目。对我来说，做黑帮头目比做美国总统要好，做黑帮头目就是拥有全世界，我梦想成为黑帮头目，就像其他孩子梦想成为医生、电影明星、消防员或球星一样。"他没有把自己的决定归因于同伴压力或任何其他外部因素。

15 岁的拉尔夫告诉我，"我喜欢和我一样的人"。这句话对我们大多数人来说都是真的。我们会与那些与我们有共同兴趣和相似品位的人成为朋友。拉尔夫也是这样做的。像其他具有犯罪人格的人一样，拉尔夫拒绝了大多数同龄人的生活，他认为自己是独一无二的，与普通人不同，不用受社会的束缚。他选择和那些"志同道合的人"一起度过他的青少年时期。如今，他因谋杀罪被判处终身监禁。

第 9 章

学校：罪犯眼中的竞技场和庇护所

孩子的"工作"就是去上学。社会要求一个人接受教育，以便他能够就业，并过上更好的生活。对罪犯来说，受教育是他们不关心的事情，他们更不关心未来的工作，因为对他们来说，只需付出极少的努力就能过上"好日子"。他们之所以留在学校，是因为这很有前途。他们能安抚家长和老师，又不用找全职工作，只要按照学校要求保证正常的出勤率，他们在其他方面的不负责任的行为就可以被大家忽略。如果罪犯遵守他人的要求，这些人可能就会对他们的不当行为更加宽容。上学成为他们继续在校园内外犯罪的幌子。

无论是在小学辍学还是获得博士学位，罪犯都不是真正重视教育的人。罪犯接受学校教育的方式通常有三种：第一种是表现得令人满意，直到出现利益竞争，此时罪犯会对学校失去兴趣并决定辍学；第二种是留在学校，但几乎不做任何努力；第三种是上大学，甚至可能攻读研究生学位。

辍学者

一些男孩和女孩辍学的原因与犯罪行为无关。许多人对传统的学科不感兴趣，对成绩毫不关心。他们不做家庭作业，同时通过参加职业课程和发展适应市场要求的技能来追求其他兴趣。他们会承认错误，从错误中吸取教训，并且不责怪他人。他们的人格构成与罪犯完全不同。

但对辍学的罪犯来说，学校便成了寻求刺激的舞台。他们会将自己与学校对立起来。他们很少做作业，却占用老师的大量时间，因为他们会扰乱想要学习的孩子。

一些问题儿童从进入学校开始就很难管理。一开始，老师会同情他们，并试图引导他们适应并解决他们遇到的任何困难，但老师会发现自己的努力没什么效果，自己的善意会被当作弱点来利用。随着问题儿童变得更加挑衅和具有破坏性，老师对他们的关心也会减少。对老师来说，处理一两个这样的恶棍比管理一整个班渴望学习的学生更困难。

杰夫从上学前班起就是一个问题学生。他的问题行为比许多一开始存在适应问题但最后逐渐稳定下来的孩子严重得多。杰夫 3 岁时，学校对他进行了评估，以确定他是否有资格接受特殊教育。根据心理学家的评估，他最大的优势是他的运动技能，他在社区生活技能方面能力最弱。由此，心理学家得出结论："杰夫没有达到该州的特殊教育要求，他没有任何残障状况。"杰夫上幼儿园时，学校寄回家的通知上说他多次攻击老师，打翻书架和文件柜，并打、踢、抓、咬其他三名学校工作人员。杰夫被停课三天，然后被转到治疗师及精神科医生那里，精神科医生给他开了一些药，以改善他的适应能力。

在一年级的一部分时间里，杰夫接受了在家上学的安排，但他的母亲无法应付他全天在家的情况，并要求将她的儿子安置在一个为残障儿童设立的特殊项目中。一年级的老师评价杰夫非常聪明，但这个男孩的所作所为和拒绝完成作业使他无法达到一年级的标准。一份隔离和约束报告记录了杰夫在试图冲出房间时咬了一位老师，然后又抓伤了另一位老师，之后他被隔离了 2 分钟。两周后，杰夫因咬伤、踢伤和抓伤两位老师被隔离了 8 分钟。在给校长的信中，杰夫的母亲愤怒地写道："这是你们的工作职责，你们没有做好你们的工作。"学校对杰夫又做了评估，认为杰夫需要接受个人教育计划。弗吉尼亚州费尔法克斯县公立学校出版的一本家长手册解释说，个人教育计划确定了一个孩子需要什么，以便"在限制最少的环境中取得进展"。杰夫没有认知方面的缺陷，没有视觉或听觉障碍，也没有特殊的沟通需求。他的"需求领域"被认定为"社会/情绪性行为"。但是，学校还需要确定杰夫是严重的情绪障碍还是社会适应不良，如果是后者，他就没有资格获得特殊教育服务。

学校里有许多像"杰夫"一样有行为问题或被科罗拉多州教育部描述为"持续违反社会规范"的人。该部门列出了"社会适应不良"的指标：操纵他人、参与权力斗争、指责他人、从事冒险行为、与权威发生冲突、滥用药物，以及不遵守规则或社会架构。"意向性"是社会适应不良的一个决定因素。除了滥用药物外，杰夫符合"社会适应不良"学生的所有描述。

二年级时，杰夫被安排进了一个短期班，学校重点关注了他的行为，也对他进行了更多评估。对这些孩子的测试、筛选和评估耗费了大量的资源，因为没有人知道还能对他们做什么。杰夫被发现具有平均水平的智力，没有已知的情境创伤，没有医疗困难，也没有运动障碍。他的数学成绩高于平均水平，阅读成绩一般。他的不服从、捣乱、挑衅、说谎和违反规则的行为一直存在。杰夫被诊断为"对立违抗障碍"。这种诊断并不符合美国联邦《残疾人教育法》（Disabilities Education Act，IDEA）规定的学生获得服务的资格。杰夫所在的学校努力制定"限制性最小的治疗程序"，以应对日益恶化的行为。办公室的转介表继续记录了他拒绝做作业、不服从命令、破坏家具、吐口水、打人、咬老师和同学等恶劣行为。

住院、门诊及药物治疗都试过了，但都没什么效果。为了维护一个安全的环境，学校发起了一个项目，以教育杰夫并保护他的同伴。杰夫每天都有一部分时间在一个单独的房间里由受过专门训练的老师进行监督和指导。老师建立了行为标准，以便杰夫能够过渡到普通教育。他能够获得积分，并将其转化为奖励。如果他对自己或他人构成人身威胁，隔离时间不得超过7分钟，在此期间，工作人员将始终与杰夫保持目光接触。通知警方将是最后的手段。这个项目起初似乎在帮助杰夫规范其行为方面取得了一些成功。然而，杰夫的母亲并不满意，并对学校提起诉讼，认为杰夫受到了严厉的纪律约束，因为他被隔离在一个单独的教室里，而不是接受他所需要的教育。

只有在个体对自己和他人有严重身体伤害的危险时，学校才会使用控制或隔离措施。《华盛顿邮报》报道，在 2015—2016 学年，美国有超过 36 000 名学生"被隔离"。将儿童隔离并对他们进行一对一教学被谴责为不人道和创伤性的。弗吉尼亚州劳登县公立学校的一位发言人称，"隔离室"一词用词不当。他指出，学校有必要为"需要在安静的地方学习或恢复平静"的学生设立专门的房间。《华盛顿邮报》这篇文章的标题"牢笼：对学校隔离的愤怒"强调了关于将学生带走并进行一对一教学的争议。

许多地区都有"特殊学校"，为有特殊需要的学生提供服务。美国弗吉尼亚州费尔法克斯县为 17～22 岁的学生开办了非传统高中。其公立学校网站指出，这些机构为那些"可能需要特殊环境才能成长的学生提供教室"。现实情况是，在一些司法管辖区，非传统学校成了极难管理的学生的"垃圾场"。《底特律自由报》（Detroit Free Press）报道，在一所为"高危"儿童开设的非传统学校，两位老师在被学生"恐吓"后，对密歇根州杰克逊市的公立学校提起了诉讼。这两位老师声称，他们受到学生的霸凌和威胁，这些学生砸碎窗玻璃，扔计算机和椅子，并对其他学生进行性侵犯。这两位老师说，学生对他们进行亵渎和侮辱，并嘲弄他们。这些情况导致行政人员、老师、社会工作者和保安人员等一大批人辞职。提起诉讼的两位老师请了病假，并要求赔偿误工费、精神损失费和律师费。

在马里兰州查尔斯县，一所名为"新起点"的非传统学校被提议作为"解决幼儿园至二年级儿童越来越多的破坏性行为"的机构。据《华盛顿邮报》2019 年 9 月 27 日的报道，这所学校将以治疗为重点，并配备经过培训的老师，以帮助学生"调节情绪和行为，重返普通学校"。美国全国有色人种协进会的一个县分会谴责这一提议过于"野蛮"。一位母亲称，将学生与同龄人分开，会使他们"终生蒙受耻辱"。另一位家长认为，这样的安置对"仍在努力寻找自我"的孩子来说是一种过度反应。相反，有位家长指出，忽视这个问题"对班上所有其他孩子都不公平"。

如果一个孩子刚刚被抢走午餐费并被警告第二天最好带更多现金，他就很难集中精力上早上的数学课。一些孩子会不惜一切代价避免使用学校的卫生间，因为他们害怕在无人监管的地方受到伤害。恐惧笼罩着教学楼的走廊，在那里，敲诈勒索和打架斗殴经常发生。如果有足够多的问题儿童集中在一个学校里，学校就会受到影响。这个学校的整个教育过程就会成为恐吓他人和干扰学习的年轻人的工具。

反对为杰夫安排类似项目的人认为，这些项目将"问题"学生隔离开来，把他们关在"仓库"里而不是提供帮助。他们抱怨说，隔离这些孩子是不合法的，因为这违反了他们的公民权利。实际上，特殊教室里的单独课程是为有适应障碍的学生量身定制的。它提供了一种结构，在这种结构中，像杰夫这样的学生有更好的机会受到教育，而在普通教室里，他们不仅学不到什么东西，还会妨碍其他学生学习。

可以说，为杰夫发起的项目是非常昂贵的。它需要一个特殊的房间和一对一的监管。然而，如果没有这样的项目，学校可能会付出更昂贵的代价，并导致诉讼、伤害或死亡。

据《教育周刊》（Education Week）报道，在2015—2016学年，43%的教育工作者报告了影响他们教学的行为。根据美国教育部的数据，在那一学年，6%的老师在学校受到学生的人身攻击，这一比例创历史新高。美国司法部报告称，2016年7月1日至2017年6月30日，有42人死于校园暴力。

面对像杰夫这样日复一日对他人构成威胁的学生，学校该怎么做？我们不知道有多少学生像杰夫一样。不提供适当的方案来教育这样的学生就等于放弃了他们。允许长期捣乱、挑衅的学生留在教室里，会使那些想学习的学生和敬业的老师成为受害者。很多时候，那些有行为障碍的学生被称为"情绪紊乱者"，意思是"社会适应不良"并有严重行为障碍的人，他们必须离开普通教室，接受学校提供的特殊教育，以便日后再次回归普通教室。

美国精神医学学会将"行为障碍"描述为"涉及对他人的身体攻击、破坏同伴关系，以及可能在童年期患有对立违抗障碍"。美国精神医学学会指出："存在行为障碍者可能会被普通学校开除。"很多有行为障碍的孩子会辍学，他们会觉得学校很无聊，并拒绝做自己不喜欢的事情。他们会自己决定自认为可接受的标准，拒绝服从学校的规定。像杰夫这样的学生几乎无一例外地辍学了。

2014 年初，美国时任司法部长埃里克·霍尔德（Eric Holder）提请公众注意所谓的"从学校到监狱的管道"。这一观点背后的概念是，当学校中的不良行为被"犯罪化"时，孩子就会进入刑事司法系统，被贴上标签，被开除，最终入狱。这个结果可能会被归咎于学校，而他们在学校造成的破坏几乎不被考虑。无论你怎么看，杰夫的行为都是犯罪，如果学校让他在普通教室上课，那么没有人会是安全的。学校工作人员尽其所能地控制他的暴力行为，而没有诉诸刑事司法系统的任何部门。在"从学校到监狱的管道"这一表述中，因果关系是颠倒的。扰乱课堂的不是机构及其政策。相反，是像杰夫这样的学生造成了混乱，使执法人员不得不参与其中。

在《犯罪行为》（*Criminal Behavior*）一书中，科特·巴托尔和安妮·巴托尔指出，学校的失败是"犯罪行为发展中的一个突出的社会风险因素"。而导致像杰夫这样的学生失败并辍学的罪魁祸首不是学校，这些学生在被学校拒绝之前就已经拒绝了学校。

学校在对一些学生开始出现轻微的不当行为时实施严厉的制裁是不恰当的。然而，当类似于杰夫的罪行在校园内经常发生时，管理者应该采取法律行动。但是，学校往往不会向警察局报告犯罪行为，它们更愿意在内部处理，避免公开。原因之一是，这样做的学校管理者不认为有问题的行为是犯罪。第二个原因是，报告犯罪行为会引来想要进行独立调查的局外人，这可能会造成混乱。第三个原因是，让警察参与进来会让学校的行政管理看起来很糟糕。

当警察或法官出现在学校时就会引起争议，一些人认为，他们的存在是为了确保安全，但也有人指出，对不当行为定罪过快是不必要的；另一个反对意见是，逮捕的决定往往受到种族偏见的影响。根据一项政府研究，"老师和工作人员的隐性偏见可能会导致他们根据学生的性别和种族来判断学生的行为"。一些人敦促学校将对安保人员的费用投入转用于支付心理健康服务和暴力预防项目。

没有家长希望自己的孩子成为犯罪的受害者。学校应该是一个安全的教育和社交场所。像杰夫这样的罪犯把学校当做寻求权力和控制他人的舞台。社会工作者和心理学家必须认识到这一现实。学校管理者必须有权力采取一切必要的措施，确保学校可以为学生提供安全的学习环境。有些学校可能不需要雇用安保人员，但这样的学校不会让本来就不是罪犯的学生变成罪犯。

有天赋但不努力的孩子

有些问题儿童非常有天分，他们即使不怎么努力学习也能考出好成绩，无论老师布置了什么作业，他们都会在学校完成，或者在家里匆匆完成。12 岁的莫特告诉我："我要省下时间做更感兴趣的事情，如看小视频和打游戏。"莫特认为家庭作业毫无意义，并说道："它让我压力很大。只是学习，一遍又一遍地看。这是在浪费我的时间，而且对我的未来没有任何意义。"莫特有资格参加天才学生计划，但他没有接受这个计划，因为这个计划需要他付出太多努力。

像莫特这样的孩子很容易从一个年级升入另一个年级，这些孩子的学习成绩非常好，以至于老师对他们的不良行为给予了很大的包容。当他们进入初中时，体验是全新的，他们喜欢从一个班级转到另一个班级，而不会被一个对他们太熟悉的老师盯上。莫特告诉我，他喜欢上学，但只是在"开学初"，因为这很容易应付。随着对初中的新鲜感逐渐消失，学习的节奏和难度逐渐增加，这些孩子难以适应，其学习成绩也受到了影响。他们设定了很高的学习目标，但这些都是虚张声势，不是实际目标。他们仍只付出最少的努力，却无法保持好成绩。我正在为高二学生詹姆斯提供咨询服务，他告诉我，第二天有一场历史考试。我观察到，他从学校出来后，就直接来到我的办公室，没有带书。他确信自己会在第二天的考试中取得好成绩。当我在接下来的一周与詹姆斯见面时，我问他考试成绩如何。那时，他已经完全不关心这件事了，并问我指的是什么。在詹姆斯承认自己考试不及格后，他开始指责老师和考试制度。然后，他吹嘘说他能写出"一本令人难以置信的书"，这本书将成为一本畅销书，并使他被授予荣誉学位。

这就是罪犯的思维模式。当詹姆斯断言他不用学习就能得到 A 时，他不是说说而已，他不需要把书带回家，花几个小时备考。当他从老师那里拿到不及格的试卷时，他感到很生气。他认为那个老师是白痴，考试内容也没有反映出他所学的知识。当事情的结果不符合罪犯的期望时，他们总是认为那是别人的错，而不管自己一开始的期望多么不切实际。指责他人是习惯性的，而且没完没了：要么是学校的名声不好，老师不知道怎么教；要么是老师不喜欢他，等等。

当学生的表现远远低于他们的潜力时，教育者试图找出原因。他们让学生接受各种评估，以确定可以补救的缺陷。经常被怀疑的原因包括孩子生活环境的急剧变化、注意缺陷 / 多动障碍，以及其他学习障碍。

特定的事件会对儿童在学校和生活的其他方面产生不利影响。特伦特将他的成绩不好归咎于他父亲的去世。在对这个男孩的成绩单进行审查后，我发现他的成绩在父亲去世前就已经很差了，6 年后，他的成绩仍然很差。特伦特从未在学业上付出过什么努力，四年级时曾被留级。到他上高中时，一切都没有改变。他告诉我，他逃课是因为他不喜欢这些课程，"我和我的任何老师都无法好好相处。他们不关心我是及格还是不及格"。特伦特的母亲决心帮助她的儿子，并聘请了家教。特伦特在一对一的辅导下学习效果很好，但在学校仍然缺乏动力。简而言之，他父亲的去世影响了他，但实际上他糟糕的学习成绩和学校行为在父亲去世前就已经很明显了。

亚伦是一辆发生事故的汽车上的乘客，他得了轻微脑震荡。当他的成绩下降时，他怀疑是因为他患上了"轻度脑震荡后综合征"。对亚伦进行测验的心理学家认为，亚伦的"认知能力高于平均水平"。他的母亲承认他似乎学得很快，她说她几乎没有看到他在家做过家庭作业，即使在他得脑震荡前也是如此。亚伦缺课无疑是导致他学习成绩下降的原因。他的母亲说他"懒惰但有天赋，只是你很难点燃他的学习热情"。

不利的环境并没有导致特伦特和亚伦的成绩不好，也没有造成新的行为问题。在评估学生的成绩下降时，至关重要的是确定这究竟是由特定的事件导致的，还是仅仅是过去模式的延续。

教育工作者和心理健康专家经常会做出诊断，这些诊断有时甚至可以用来解释一个人能力的几乎所有方面。当老师观察到一个孩子因为无法集中注意力而表现不佳时，可能会怀疑他有注意缺陷／多动障碍。根据美国精神医学学会的说法，注意缺陷／多动障碍"不是因为违抗命令"。美国精神医学学会指出，儿童可能同时患有对立违抗障碍和注意缺陷／多动障碍。对问题儿童来说，关键是他们的问题是源于其生理条件，还是源于其对学习缺乏兴趣并拒绝做作业。特伦特告诉我，他的老师确信他有"学习问题"。他承认，当有东西引起他的兴趣时，他就会集中精力。例如，他觉得《了不起的盖茨比》（*The Great Gatsby*）就很吸引人。一位对特伦特进行检查的精神科医生在他的报告中写道："特伦特本人对注意缺陷／多动障碍可能产生的影响估计不足。"有时，父母比教育工作者和心理健康专家更了解自己的孩子。一位母亲自信地表示，注意缺陷／多动障碍与她儿子的偷窃行为毫无关系。特伦特的母亲告诉我："特伦特的问题是当学习变得困难时，他就会跟不上，他非常容易放弃。如果你让他选择，他就会选择简单的方法。"一位老师观察到，"有些时候，特伦特表现出良好的学习态度。如果他真的努力了，他会做得很好"。当特伦特被送入寄宿学校时，他获得了优异的成绩。因为他处于一间不超过 10 名学生的教室里，寄宿学校还有一间强制性的自习室，他没有机会和朋友在街上游荡。他告诉我："我没有服用治疗注意缺陷 / 多动障碍的药物，我做得很好。因为我在学校付出了足够多的努力。"

我多次从罪犯的父母那里听说，如果他们那患有注意缺陷 / 多动障碍的孩子对某件事情感兴趣，他就会坚持完成几个小时的任务。大多数课程都不及格的菲利普说："当我感到无聊时，我就玩玩电子产品。"菲利普把自己关在房间里，按照复杂的指令，心无旁骛地组装了一艘无线电遥控船。他还组装了一架飞机，在飞机上安装了一个电子控制的飞行员。

问题儿童很少在外语方面表现良好，尽管他们可能在其他科目上表现出色。因为学习外语需要集中精力背诵，每天做家庭作业，不断重复。比起高智商，它更需要持续的努力。问题儿童虽然能够专注，但没有耐心，只想要立竿见影的效果。一些没有犯罪思维的人也不愿意学习外语，因为他们觉得很乏味。他们会发展其他兴趣，并运用自己的能力。许多注意力不集中的男孩和女孩希望在学业上取得成功，这些孩子并没有反社会行为。

他们努力提高学习成绩，在校外学习数小时，有时还请家教。他们可能会试图通过在各项活动中表现出色来弥补学习不足，如体育、艺术或机械技能。他们中的一些人通过服用药物得到了有效的治疗，但没有证据表明，针对注意缺陷 / 多动障碍的药物治疗会改变犯罪思维。

看着学生不能控制自己，经常有一些问题行为，老师往往会产生同情心，想要帮助他们。他们仍然认为这些男孩和女孩有适应问题或情绪紊乱。他们的方法是发展学生身上的任何优势，培养积极的自我形象。他们会赞扬这些学生做得好的地方，淡化学生在学业上的弱点和不守规矩的行为。

学校对这些学生提供了额外的关注和便利，包括延长家庭作业的上交时间、提供一对一的帮助，并将这些学生介绍给辅导员和咨询师。老师可以对他们放松纪律措施。在 2020 年的一份报告中，美国教育科学研究所提到了学校中的"宽松文化"，教育者害怕对学生进行惩戒，特别是少数族裔学生。该报告建议，老师要减少对纪律的要求，避免出现学生被"抛弃"的情况，最好的办法是与这些具有挑战性的学生建立积极的关系。当老师在纪律上变得软弱无力时，犯罪学生就会利用这一点，认为老师会为了维护和平与稳定而避免打击犯错的学生。如果老师变得更严格，犯罪学生的反应就会像盟友背叛了他们一样。无论发生什么事，他们都会指责老师，再次把自己当作受害者。这些男孩和女孩会利用老师对自己的特殊关注，期望老师做出额外的让步。

问题儿童会说，如果父母不打扰他们，他们会做得很好。富兰克林说："爸爸妈妈应该让我自己做作业，我想如果他们不打扰我，我会做得更好。"如果他的父母不闻不问，他的动机就不会改变，他对学习的兴趣也不会增加。

对那些相对富有的父母来说，他们可以把孩子送到"治疗性寄宿学校"。大多数这样的学校都有高度结构化的长期方案，包括经过认证的学业课程和建立在同龄人对抗基础上的治疗方法。招录的学生通常都是"长期在学校就读的学生"，因为他们在公立或私立学校没有通过考试或被开除，而且他们有大量的犯罪行为史。经营这些寄宿学校的人无一例外地面临着心怀不满的学生及其父母的虐待指控。一旦受到不良影响，学校就不得不花费巨额诉讼费为自己辩护，有些学校甚至会被迫关闭。这种情况既发生在声誉很好的学校，也发生在那些有充分理由被指控虐待的学校。然而，在成功的案例中，这些学校实现了几个目的：学生受到监管，人身安全得到保障，他们的家庭从孩子每天制造的混乱中解脱出来，他们的兄弟姐妹能够有一个正常的童年。进入治疗性寄宿学校后，孩子的人格会发生多大的变化，这是一个有争议的问题，并且尚未被仔细地研究过。

就读大学或研究生院

如果大学生离开父母独自生活，他们会体验到无与伦比的自由。对具有犯罪人格的青年男女来说，大学可以是一个游乐场。早在进入大学之前，他们就已经拥有了比其他人更多的自由，并违背了为他们制定的规则。为了留在大学，他们需要通过考试并避免因严重违反校规或犯罪而被捕。他们的学业表现有以下几种：有些人在第一年就辍学或挂科，这主要是因为他们学得太少，以至于无法达到最低学术标准；有些人会勉强通过考试并顺利毕业；还有些人则表现出色。我知道有这样的情况：学生有几个月没上课，但他们的父母却认为他们在认真学习。根据美国联邦《家庭教育权利和隐私法案》（Family Educational Rights and Privacy Act，FERPA），当孩子年满 18 岁时，父母公开信息需要征得孩子的同意。如果没有授权，父母要保持对他们孩子的情况一无所知。

杰克在高中时的平均成绩是 2.9 分，勉强达到 B。在咨询过程中，他说他其实很聪明，并发誓"上大学后会有所不同。"他相信他的动力会增加，他将变得更加自律。他想成为一名律师，因为"可以玩弄法律体系"。他预计靠自己的力量将得到解脱。杰克说，他会为了理想（而不仅仅是为了取悦他的父母）努力取得好成绩。他声称，一旦他生活在一个没有父母监视的环境中，情况就会有所改变。杰克憧憬着无限的自由，因为"我可以做我想做的事，我将掌控一切，不再被束缚"。他期待着居住在一所派对学校里。"我很聪明，我不会不及格。"他预测说，他不费吹灰之力就能获得 C。与此同时，他的同学已经查看了课程目录，并对想上的课程进行了预注册，而杰克甚至还没有开始考虑他可能会选什么课。在去上大学的前一天晚上，尽管父母不断提醒，杰克还是没有收拾任何东西。当他到达校园时，他发现"很多好课程已经被选走了"。一个学期后，杰克认为大学不适合他，于是退学了。

沃利坚持上了大学，进入了法学院，并通过了律师资格考试。当他被指控挪用客户近 50 万美元资金并逃税时，他的声誉严重受损。他获得法律学位的道路并不平坦。他被他就读的第一所大学退学了。喝酒是一个诱因，他回忆说自己经常"喝得烂醉"，特别是在周末。他没怎么反省，也不愿意透露太多，只是说："我不知道为什么我的成绩没有提高。"沃利后来上了一所一般的大学，他发现这所大学"很轻松"，他几乎毫不费力就得到了全优。至于他后来的大学生活，他回忆道："我疯狂地与任何能和我上床的女孩上床。"他透支家里给他的生活费来享受美好时光，饮酒量也增加了。他承认自己并不是真的对法律感兴趣，而是在人们的建议下选择了这个职业。从法学院毕业后，沃利进入一家公司，并很快成为合伙人。他形容与他结婚的女人对奢侈品有永不满足的需求。即使拥有一份高薪工作，沃利依旧入不敷出。沃利的饮酒量增加到了经常烂醉如泥的地步，他还有了婚外情。沃利告诉我，在他看来，他只是从客户的账户里借了点儿钱，并打算偿还他们。当他被捕并被指控欺诈和逃税时，他又把自己的犯罪行为归咎于对婚姻彻底的绝望。在沃利被指控犯有多项重罪前，他除了收到一张交通罚单外几乎没有违法记录。他对自己盗窃客户资金的行为也难以理解。"为什么我无法控制自己呢？我无法回答这个问题。"一个熟悉他的朋友评论道："努力是他的主要缺点，他总是想证明自己。"沃利的治疗师认为，沃利主要从经济价值的角度来看待他人。他说，沃利缺乏良知，对自己行为的潜在后果一无所知。治疗师在谈到沃利的奢侈消费时说："他并没有想到有一天这事会暴露出来。"沃利承认自己隐瞒了偷钱的事情。他指责他的妻子给他施加压力，使他们的生活入不敷出。被判刑后，沃利写信给他的律师，批评他们在审判中没有使用有效的法律策略为他辩护，并说后续那部分律师服务费他不会支付。

许多罪犯选择最简单的课程，只付出获得文凭所需的最低限度的努力。他们会权衡他们所面对的教育体系，并找到捷径。他们阅读摘要而不是指定的文本。他们向同学"借"作业、作弊和抄袭。因为知道导师可以使用计算机程序来检测抄袭行为，一些学生会付钱请别人为他们代写论文。如果罪犯不能在校园里找到合适的人做这件事，他们就会通过互联网找到做这件事的人。在一些网站上，客户不仅可以找人代写论文，甚至可以选择由谁来撰写论文。

一些具有犯罪人格的学生有能力做得很好，并参加具有挑战性的课程。优秀的学习成绩是他们获得好工作的"入场券"。尽管他们可能会取得学术上的荣誉，但他们在其他生活领域的行为却远非模范。他们很难与同学相处，在校园里经常与其他学生发生冲突，并卷入与老师的冲突中。

学习成绩好可以掩盖犯罪行为。如果一名罪犯被誉为校园领袖和荣誉学生，他就不太可能被怀疑。对一些罪犯来说，他们的学术成就为他们在事业上取得成功铺平了道路，使他们在工作中得以晋升到有重大责任和权力的职位。事业的成功帮助他们逃脱了很多事情。当像沃利这样拥有良好声誉的人因严重犯罪而被捕时，人们会感到震惊。

在下一章，我们将探讨以任何标准来看都非常成功的罪犯，但任何合法的成功都无法满足他们。任何工作，无论多么有声望，都不能满足他们。他们的工作是他们表达犯罪性的另一个舞台。

第 10 章

工作与犯罪

罪犯对就业的态度与他们对教育的态度相似。尽管罪犯把工作的人看作"奴隶"和"傻瓜"，但许多罪犯为了和其他人保持一致而工作。有些罪犯想利用他们在工作场所的地位来犯罪，还有一些罪犯通过成功的事业来掩盖他们在个人生活中犯下的罪行。

反对工作的基本态度

一些罪犯蔑视工作，他们不停地更换工作或长期保持失业状态。他们可能看起来没有资格或没有能力工作。实际上，他们可以轻易地找到一份工作，并在短时间内表现良好。他们对工作和雇用他们的人怀有蔑视之心，他们可能会坚持工作，以摆脱他人的唠叨或受到他人的尊敬。

罪犯想左右自己的工作环境，使其在工作时间和工资方面必须满足他们的要求。他们对要求他们承担的任务并不重视。尽管他们中的大多数人没有发展出生存技能，但他们也不愿意接受常规、琐碎的工作。他们从来没有费心去获得管理职位所需的经验或教育，但他们仍然认为自己应该成为经理，而不是在餐馆扫地。他们对自身的定位远远高于自己实际的工作地位。一个年轻人宣称："我宁愿死也不愿意让我的朋友看到我在端着漏勺炸薯条。"

罪犯没有切合实际的工作态度，常常忽视工作的内容。他们甚至不知道实际的工作时间、工资、具体职责，或者自己是否有健康保险或其他福利。他们工作只是为了满足缓刑监督官、父母或配偶的要求。

在监狱里待了一段时间后，瑞安回到了妻子和三个孩子身边。他对找工作毫无兴趣，只想去找自己过去的一帮朋友。他告诉妻子，他需要休息休息。但妻子说，他在蹲监狱时其实已经算度假了，而她却在努力做两份工作，照顾他们的孩子。瑞安坚持认为，他需要和他过去的朋友一起放松放松。妻子说，在他被监禁期间，他所谓的朋友没有和她或他们的孩子有任何联系或提供任何帮助，甚至从来没有打电话问他过得怎么样。瑞安反驳道："你永远也不知道如果我回到那个圈子，他们会怎样对我。"

罪犯不工作的借口可以有很多，他们会声称自己有残疾、交通不便、不知道该向谁申诉或该去哪里，或者没有被告知何时上班。如果他们得知在城市的另一边有一个聚会，他们会毫不犹豫地赶到那里。有些罪犯会努力让他人相信他们正在改过自新。他们正在工作的事实可能会暂时改变他人对他们的看法。但是当他们对工作的新鲜感消失后，他们就会变得不安、无聊和烦躁。这种工作态度经常导致他们不好好工作、辞职或被解雇。

对一些罪犯来说，犯罪就是他们的工作。"你去做你的工作，我去做我的工作。"一个从事他所谓的"日常工作"的人说。他的违法行为数以千计，他日复一日、年复一年地在商店行窃和贩卖毒品。他从未因这些罪行被逮捕，直到他被指控犯有强奸罪。

西莉亚从小就在商店里行窃，这已经成为家常便饭，她的朋友会给她下命令，告诉她偷什么东西。西莉亚开玩笑说，她变得"像一个购物代表"。她认为自己没有理由做一份合法的工作，因为她在自己的"事业"上很成功。西莉亚被逮捕过几次，法官命令她向商店赔偿、支付罚款，并服短期缓刑。当西莉亚最终被判定犯有重大盗窃罪时，法官说她利用了法院对她的宽大处理，并将她判处了监禁。

对许多人来说，成为一名成功的企业家是美国梦的缩影。许多罪犯也渴望经营自己的企业。然而，他们对如何实现这个梦想缺乏现实的认识，也不知道实现梦想所需的艰苦工作是什么。罪犯幻想着一夜成名。还没有预见到在创业时会遇到的问题，罪犯就开始考虑如何花费他们成功后的巨额财富。

一些罪犯声称他们可以按时提供服务或交付产品，但最终两者都做不到。他们喜欢做家庭维修业务，他们会开着车到处转悠以招揽生意，为产品或服务报出看似合理的价格，但是将定金装进口袋后，他们就消失了。

对他们来说，地位和权威比实际工作更重要。普通人会从底层做起，通过努力一路向上爬，这与许多罪犯的工作方式是背道而驰的。罪犯想象着，如果他们去应聘一份合法的工作，他们会大步流星地走进那扇门，让面试官眼前一亮，然后立即得到一个有声望的高薪职位。有时，这种情况可能会发生，他们很快就会被委以重任。

大多数人都希望能够享受自己可以沉浸其中的工作，但由于客观条件所限，许多人会觉得自己的工作乏味或令人不快，即便如此，他们也会按照要求继续工作，做任何必要的事情。相比之下，许多罪犯却想不劳而获。

对罪犯来说，继续工作的一个主要障碍是，他们会变得不耐烦，因为他们期望立即得到认可、晋升和加薪。他们非常不喜欢为他人工作。他们想发号施令，而不是接受命令。他们不喜欢从属于任何人，甚至拒绝以适当的头衔称呼他人。他们试图越级占据高级职位，破坏主管的规矩，并坚持自己的权威。如果其他人指出罪犯的不足之处或提出改进建议，他们就会指责这些人不重视他们的贡献，剥夺他们发挥创造力的机会。只有他们的意见是重要的，而且他们是糟糕的听众，对他人的想法不感兴趣。作为对环境长期不满的人，他们会不可避免地卷入与他人的冲突中，并导致他人的工作效率下降。

在工作中犯罪

罪犯通常会寻找能提供犯罪机会的工作。罗纳德在一家职业中心学习课程，并成为一名锁匠。他是一个有着很强的经营能力和自我推销能力的人，自己开了店。客户允许他进入他们的家和公司，在那里，他可以利用职业便利发现客户家里有价值的东西。这些信任他的客户成了他犯罪的受害者，因为他通过帮助他们安装锁具入室行窃。即使不是他的客户，他也可以熟练地撬开门锁。雪莉是一家五星级酒店的管家，当客人离开他们的房间时，她会偷走他们衣柜、抽屉和行李中的物品。弗兰克是一名空调修理工，他会在进行服务时对房子进行检查，并在与房主看似随意地交谈时让房主透露有关其家庭的信息，了解房子何时会空出来。弗兰克会花很长时间检查整个房子的空调管道，摆弄各种机械装置，并进入每个房间。当他检查室外的冷凝器时，他能够确定立即逃跑的最佳路线。同时，他也会观察隔壁冷凝器的位置，这样他就可以依靠冷凝器不绝于耳的嗡嗡声来掩盖他的脚步声了。

罪犯了解他们所工作的公司的内部和外部信息。他们会发现组织中的漏洞，并收集关于同事住在哪里、拥有什么，以及其社交圈子等信息。一些罪犯自愿在节假日、晚上和周末加班，这样他们就可以在人少的情况下在工作现场进行盗窃而不被发现。根据《安全》（Security）杂志的报道，员工盗窃行为每年给美国企业造成约 500 亿美元的损失。

作为一家小型社区银行的首席执行官，贝丝贪污了数十万美元。她以其奉献精神、可靠性和能力而闻名，每周工作六七十个小时。但她的脾气很急躁，总是惹恼下属。贝丝回忆道，当她还是个孩子的时候，她会"大喊大叫、喋喋不休"。她说："我喜欢掌控一切。"贝丝很容易得罪人，如果在她前面的顾客在杂货店的收银台前花了太长时间，她会用讽刺和讨厌的语气告诉他们她对他们的看法。她说，对于挡她路的司机，她会气得不知所措。在工作中，虽然当员工对她不满时，她会怒火中烧，但她表面上却很平静，因为她希望每个人都信任她、喜欢她。

贝丝购买珠宝和昂贵的手袋、订购成箱的鞋子，并积攒了大量的保湿霜、洁肤露、乳液和彩妆产品，她的信用卡债务已达数千美元。她描述了打开每个包裹时的激动心情，同时想"我今天收到了什么"。她订购的东西太多，以至于无法被全部记录下来。贝丝把成堆的包裹藏在她的地下室里，留下一些没有打开。她说："我有这么多商品，甚至可以开一家商店了。我是个聪明人，我拥有一切，但我解决不了我自己的问题。"

人们可能会猜想，贝丝患有精神疾病，类似于强迫症，以弥补她生活中缺失的东西。但她告诉我，她一直觉得自己很丑陋，很笨拙，并决心做一些能让自己觉得漂亮的事情。

贝丝当然不是唯一受到这种问题困扰的人。关键的问题是，她选择通过从事犯罪活动来解决这个问题。她说，由于她不停地订购商品，她觉得自己像个瘾君子。（贝丝没有成瘾史。她不使用非法药物，甚至很少饮酒，因为她不想变得愚蠢或失去控制。）至于为什么贝丝从未寻求专业帮助，她解释道："我很难向他人寻求帮助。因为我是个控制狂，我绝不会让别人知道我的秘密。"

没有人知道贝丝的所作所为，包括定期访问银行的审计员。贝丝回忆道："在我的内心深处有一种满足感。我能够隐藏我正在做的事情。我比他们更聪明。"她自鸣得意地说："有些审计员真的傻得很。我知道那些会引起他们注意的红线在哪儿，没有人注意到我的所作所为，我很擅长我的工作。"随着贝丝拿的钱越来越多，她的个人支出也随之增加，她开始感到不安，因为她在思考如何在被发现之前偿还所盗资金。

贝丝从未想过她的犯罪行为可能对她的同事或整个金融机构产生什么影响。没有人有理由质疑贝丝的活动，因为她在那里工作了多年，被银行官员和她的下属视为模范员工。此外，她的同事也不可能质疑她或猜测她做了什么。他们发现她是一个认真负责的人，大家各忙各的，并尽量避开她。贝丝回忆道："如果他们闲聊、打私人电话，或者没有完成我认为他们应该完成的工作，我就会找他们麻烦。"

贝丝在谈到她的双重生活时说："我有一个工作角色和一个个人角色。"她知道银行内部运作的复杂性，并有效地为其服务。同时，她用一个假的社会保障号向自己"贷款"。为了掩人耳目，她偶尔会还款，同时借更多的钱。最后，一位审计员要求检查这个"预支如此多，付款如此少"的账户。在匆忙中，她伪造了一份文件，但事情还是败露了，她被发现了。在调查期间，贝丝被安排休假，而后被捕、被定罪，并被判刑入狱。由于她的所作所为，该分行最终关闭，几名员工失去了工作。

有许多方法可以从工作中盗窃，而不涉及金钱、商品或财产。罪犯会通过以下方式从雇主那里窃取时间：经常在未经许可的情况下长时间休息、装病、利用公司时间处理个人事务、使用社交媒体、当不在工作现场时谎报行踪，以及通过出售内部信息获利等。

使用改变思维的成瘾物质也会影响工作表现，导致时间和劳动力的严重流失，并造成安全隐患。许多罪犯似乎都对生活中的例行公事"过敏"并感到恼火。当罪犯处于兴奋状态时，他们的一天也许是可以忍受的，因为毒品帮助他们的头脑从平淡无奇的生活飞跃到令人兴奋的境界；此外，还有发现哪些同事是吸毒者的同谋，确定购买毒品的来源，并寻找机会进行销售。如果罪犯的表现令人满意，他们的吸毒行为可能不会被注意到。如果他们变得无精打采或粗心大意，雇主会训斥他们，并认为他们有什么问题。如果罪犯持续表现不佳，他们可能会被解雇，但他们的上司不会怀疑他们使用毒品。如果罪犯被当场抓获使用毒品，他们的上司可能会建议他们寻求治疗，费用可能由公司承担。一些雇主非但不惩罚吸毒者，反而承担部分责任，认为是工作条件不理想导致员工吸毒。可能发生的最坏结果是罪犯失去工作，但这对他们来说可能不是特别严重的惩罚。

实际上，贪污公司资金的高管和持枪抢劫银行的劫匪的内心世界是一样的，两者都不急需用钱。通过犯罪获得的金钱数量是衡量他们有多"成功"的一个指标。银行劫匪通过武力获取金钱，企业高管也是通过复杂而狡猾的计划来实现贪污的。两者都忽略了关于对与错的考虑，只是计算着如何避免被发现，并为自己成功完成任务而自豪。无论是银行劫匪还是高管都不关心自己的罪行对他人的影响。

在工作中犯罪或严重违反职业道德的专业人士的心理构成与其他罪犯没有什么不同。由于他们的专业资质和成就，他们不会被其他人质疑。受害者不愿意站出来，因为他们知道这是他们对备受尊敬的专业人士的指控。罪犯希望受害者因无能为力而保持沉默，如果犯罪行为被曝光，他们就会对指控者的可信度进行攻击。

作为一名有执照的临床社会工作者和治疗师，范有长期的实践经验。在一场价值数百万美元的诉讼中，一名患者声称范经常与她发生性关系，并骗她说这些行为是治疗的一部分。这名患者说，范无视她的心理状况，导致她出现抑郁症状、自杀念头，并产生羞耻感，整体幸福感也下降了，这导致她需要长期的医疗和心理帮助。

范并不否认他与患者的关系已经变成了性关系。然而，他告诉我，她通过调情和性暗示引发了一连串事件。在访谈中，范将他的"性瘾"追溯至童年期，当时他会掀起老师的裙子，抚摸他妹妹的生殖器。在大学期间，他在图书馆里偷看女学生的裙底，或者试图捕捉她们"撩人的姿势"。范向我强调他的"救世主情结"及他自认为的"好人"形象，因为他致力于帮助他人。他使用心理学术语，声称自己只是通过与一个充满爱和关怀的女人的亲密关系来寻求认可。他说，在他的四段婚姻中，他都没有得到过"崇拜、亲密和联结"。

和贝丝一样，范也过着双重生活。他最近一任妻子奥利维亚说，她对诉讼中的指控感到非常震惊，她几乎认不出自己的丈夫了。"就好像我多年来没有丈夫一样。"她含泪评论道。她承认范并不完美，她不情愿地透露，范曾在感情上虐待过她，但后来又通过给她送花、写浪漫的纸条或作诗来求得她的原谅。她从来没有想到，范会违反职业道德，进而危及自己的事业，威胁他们家庭的生存。范对奥利维亚的痛苦的反应是指责她"对我进行道德审判，然后抱怨我，对我没有同情心"。范告诉我："我不伤害别人，我不是这样的人。"尽管他有丰富的心理学知识和专业经验，但他似乎对如何继续下去感到迷茫，"我不确定我需要改变什么"。他解释说，他对起诉他的女人没有不正当的意图，"我决心让她有一次开心的性体验，不管我是否会有性高潮"。他坚持认为，他是在向他的患者"证明她的价值"。

在《治疗时间里的性》（*Sex in the Therapy Hour*）一书中，卡罗琳·贝茨（Carolyn Bates）和安妮特·布罗茨基（Annette Brodsky）指出："一些治疗师随意和患者发生性关系，这是一种人格障碍，可能被归类为反社会人格。他们是世界上最不值得患者信任的人，他们心中只有自己的需求。"当塞缪尔·约克尔森和我在华盛顿特区的圣伊丽莎白医院对罪犯进行最初的研究时（1961—1978 年），我们询问的问题之一是"当你长大后，你希望做什么样的工作"。相当一部分男性回答说他们想成为警察。他们被权力的象征及行使权力的过程所吸引：制服、徽章、警车、枪支，以及抓捕坏人的能力。他们对服务社会和保护生命只字不提。由于警察的工作性质，他们拥有执法的合法权利。在大多数情况下，他们恪尽职守，做出个人牺牲，在帮助他人的同时可能会危及自己的生命。

2020 年，乔治·弗洛伊德（George Floyd）在明尼阿波利斯被捕时死亡，这引发了一场全国性的警察改革培训和废除某些执法行为的运动。警察部门面临的一个根本性的挑战是识别并剔除那些具有犯罪人格的警察候选人和现任警官。当这些人过度使用武力、进行不合理的搜查、接受贿赂或以其他方式满足他们对权力和刺激的渴望时，他们会将自己的需求置于公共服务之上。

为什么那些看起来事业有成的人会在工作中冒着失去生计的风险从事犯罪活动？这又回到了罪犯的基本观点，即工作是为"奴隶"和"傻瓜"准备的。对罪犯来说，拥有一个值得信赖、受人尊敬的角色（如医生、财务顾问、警察或老师）是不够的，达到企业职级的最高层也是不够的。无论工作提供何种合法回报，都不能让他们满意。就好像罪犯在参加一场没有终点的比赛，他们永远也没有足够的权力、控制权和兴奋感。他们必须一次又一次地证明自己比他人更聪明、更有能力、更有智慧或更勇敢。为了追求自己的目标，他们会违反雇主的政策、破坏规则，并操纵他人。

一些犯罪行为分析专家指出，由于公司的具体政策或整体文化，不良的工作环境会助长员工犯罪。主管人员可能不关心他人、处事不公平、不鼓励好的行为、过于挑剔或存有偏见。如果缺乏监督，犯罪的机会就会很大。有些组织似乎对犯罪视而不见，甚至奖励违法行为。监管不力和缺乏监督为不诚实的人提供了机会，让他们利用工作之便为自己谋利。而那些诚实的人无论是否有人监视他们都会做正确的事情。

罪犯总是能够单独挑出一些人或一系列条件，并声称是这些人或条件驱使他们实施了犯罪。事实上，当条件不符合他们的要求时，他们很快就会找借口说自己受到了不公平的待遇。当被追究犯罪责任时，他们提供的借口并不能反映他们的真实动机。

美国田纳西大学哈斯拉姆商学院的特里·利普（Terry Leap）教授讨论了那些升迁的高管，他们似乎"一旦成为首席执行官，就会神秘地转变为腐败和专制的怪物"。他们并没有被权力腐蚀，而是在获得权力后暴露了本性，而这在过去被很好地掩盖或忽略了。特里·利普教授指出："一旦成为公司的领导，他们的贪婪、野心和无法有效地与人打交道的情况就会暴露出来。"即便如此，他们的老板也可能不想采取法律行动，而是要求"犯错的人"进行赔偿或辞职。

不是罪犯的人也会有类似的人格缺陷，这只是一个程度问题。如果一些高管不那么教条，多一些自我批评，对他人的需求更敏感，他们的工作效率会高得多。不过，他们还是很重视自己的工作的，并且忠诚地把自己最好的东西奉献给公司。但是罪犯重视自己工作的主要原因是将它视为寻求权力的舞台。

罪犯对金钱的看法与普通人不同，他们没有预算的概念，因为他们不需要预算。一名罪犯可能会支付或忽略账单，这取决于他一时兴起的念头。几周内从他手中流走的钱可能比他一年内合法赚取的还要多。许多罪犯没有金钱管理的概念，因为他们没有理由管理他们不重视的东西。对他们来说，重要的是满足他们的奢侈品位和炫耀他们的钱财以打动他人。一些罪犯认为送钱比花钱更刺激。出于一时的感情，他们可能会把钱分给有需要的人，这加强了他们对自己是好人的看法。这些举动所产生的善意使他们更容易欺骗他人。

掩盖罪行的工作

如果一名罪犯选择在一项工作中付出努力，他可能很快就会掌握诀窍，并因自己的聪明才智、独创性和可靠性而获得人们的钦佩。罪犯沉浸在这种认可中，因为这强化了他内心一直以来确信的东西——他比别人优秀。但也仅此而已，因为他认为自己和同事不一样，他更有可能蔑视这份工作及奖励他的人。在校的好成绩能让他逍遥法外，工作上的成就也起到了同样的作用。

罗伯托从中美洲移民到了美国。他先是在一家快餐店当厨师，然后在一家出售廉价服装的商店当保管员。工作三周后，他开始认为他的主管坦尼娅对他有好感。当坦尼娅因罗伯托偷懒而解雇他时，他惊呆了。他认为，坦尼娅把他赶走是因为她嫉妒他和另一个女人约会。罗伯托确信坦尼娅仍然迷恋着他，于是他开始在她家门前徘徊，然后给她打电话，百分之百肯定她会做出积极的回应。相反，坦尼娅认出了他的车，她很害怕，并叫来了警察；罗伯托被捕了。在因跟踪和骚扰他人而服完短暂的缓刑期后，罗伯托的诉讼被驳回。与此同时，罗伯托已经完成了他的专业培训，成为一名注册会计师，并成立了自己的事务所。尽管已经结婚并有了孩子，罗伯托仍然对坦尼娅念念不忘。在付钱给私家侦探找到她后，罗伯托把车停在了她的商店门口。他因跟踪坦尼娅而再次被捕，并被判处缓刑。法官警告罗伯托，如果他重复这种行为，他将面临严重的惩罚，包括失去他的绿卡。

罗伯托是一个雄心勃勃的人，他努力工作开发自己的会计业务，年收入近20万美元。他的妻子埃迪原谅了他的违法行为，并认为可能是因为自己没有充分理解和爱护罗伯托才导致他跟踪别人。现在，他们有了一个家庭，这是她从小就渴望的。埃迪告诉我，"罗伯托是我梦寐以求的人。当然，我们支持他，我们所有的家庭成员都支持他"。她肯定地说："不会再发生什么了。他会从他的生活中吸取一些教训。他会很感激我们站在他的身边支持他。"埃迪的宽恕和奉献并没有阻止罗伯托对他的女客户的性幻想。他也没有停止观看助长他幻想的色情作品。有时，罗伯托不接埃迪的电话。当埃迪没有收到他的消息时，他也不会告诉埃迪他一整天都去了哪里。埃迪强烈怀疑她的丈夫有外遇。罗伯托的事业蒸蒸日上，但他在人际关系上却表现得粗暴而难以理解。他对我说："我会因为一些小事而被激怒。"他说他的秘书让他抓狂，以至于他失去耐心，对她大吼大叫。他有时会变得非常恼怒，并把客户赶出办公室。罗伯托曾因一家商店店员的粗鲁态度而一周都无法释怀。他承认自己也会忍气吞声，并告诉我："正常人可能不会这样。"

无论埃迪怎样迎合罗伯托，罗伯托都会批评埃迪。埃迪告诉我，罗伯托会冲她尖叫，咒骂、嘲弄、奚落、欺凌她，甚至沉默以待。罗伯托会威胁要离开她，并说没有人会娶她。埃迪含泪讲述了她的丈夫是如何打碎一面古董镜子，并攻击她的事情。埃迪："我希望他能好起来，我爱他。我不能忍受吵架，但是他把一切都归咎于我。"

罗伯托认为愤怒是一种美德，并且自己永远是对的。他说："我总是认为我比别人更聪明。"争吵对他来说就像一项运动。他宣称："良好的关系中总是有争吵。如果没有争吵，那就有问题了。如果我生气了，那是好事。"

罗伯托为移民社区的几十个客户提供会计服务，并通过为一些客户无偿服务来提高自己的声誉。被他激怒并拒绝服务的客户几乎没有任何追索权。许多人都初来乍到，根本无力与他抗争。

像罗伯托这样的罪犯常常因为他们在工作上的成功而受到钦佩。在工作中表现出色对罪犯来说是有利的。这可以提高他们的声誉，为他们的不光彩或非法行为提供掩护。罪犯会在工作中虐待他人，并对家庭成员采取同样的做法。

他们会给同事、家庭和社区带来毁灭性的影响。对他们中的大多数人来说，最大的遗憾是被捕，即使在被定罪后，他们中的许多人也否认自己有罪，并声称自己是不公平待遇的受害者。

第 11 章

性：征服与自我感

罪犯通常被描述为拥有旺盛性欲的人。然而，对罪犯来说，发生性行为的首要目的是满足自己征服他人的快感，而非单纯地出于生理需要。想凌驾于他人之上的欲望从很早就开始显露出来。罪犯在孩提时代便逐渐发现性是一种获取权力的途径。一名在县监狱服刑的 25 岁罪犯承认："在 4~10 岁期间，我对性还不了解，但我会幻想看女孩哭泣。我并不是想看到她们受伤害，看到她们哭就像看到她们赤身裸体一样让我兴奋，我也不知道这是为什么。"他还补充道："在所有的关系中，性即便不是唯一的目标，也总是最主要的目标。"罪犯甚至不把性行为的对象当作人，他们只是在与乳房、臀部和阴道发生关系，而他们的生殖器则是逼迫对方屈服的武器。一名强奸犯曾骄傲地说："我的生殖器硕大，进入一个女人的身体就像杀手插入一把刀。"任何人都有可能成为他们的目标——酒吧里搭讪的人、朋友的妻子、自己的孩子或继子女，甚至罪犯作为牧师、老师、教练或童子军团长身份所照顾的孩子。

罪犯或许有过大量的性经验，但这些经验并不令他们感到满意。双方自愿发生的性行为对他们缺乏吸引力。性更像一种获取控制权的象征，他们根本不考虑对方的感受，只想遂自己所愿，按照自己想要的时间和地点发生性行为。无论对方是谁，获取控制权的过程都远比性行为本身更加令人兴奋。罪犯认为自己拥有不可抗拒的魅力，如果有人否认这一点，就是在向他们发起挑战。他们会通过一系列阿谀奉承、欺骗或暴力的手段赢得对方。因此，罪犯会因引诱、欺骗或胁迫他人而受到指控，并且这些行为与他们的性取向无关。一旦达到目的，他们就会立刻寻求下一个目标。

从青春期起，罪犯就会用"我的女人"这种说法来宣称对方属于自己，但他们也只是把对方当成用后即弃的物品而已。他们对爱情只字不提，更不用说理解亲密关系的意义了。他们一方面要求对方按照他们的心意做出改变，另一方面又让对方接受他们本来的样子。他们坚称"我的女人"必须忠心耿耿，而自己却可以随意滥交。如果有哪个女人要求罪犯做出承诺，她很可能会被抛弃。正如一名罪犯所言："这是男人的世界。我可不想让一个贱人告诉我该做什么。她是有个阴道，可这不代表她就能控制我。"

对于本章接下来要描述的内容，人们的第一反应很可能是，这些罪犯一定是心理变态。没错，没有哪个正常人会和自己年幼的儿子发生关系、在夜晚出门透过窗户偷窥，或者袭击并强奸一个陌生人。这些罪犯确实是病态的，但他们的头脑却十分正常。他们清楚地知道，强奸、偷窥、暴露、与未成年人发生性行为是违法的。这些罪犯都是理智的人，只是他们在人生的大多数时候毫无责任感可言。

为了解性侵可能的原因，美国罗得岛大学的研究者查阅了大约 100 份案件报告，试图找出男性性罪犯与非性罪犯是否存在大脑解剖结构上的差异。结果发现，二者在大脑结构和功能上没有任何不同。

偷窥癖

理查德被捕的原因是多年来在夜间透过窗户偷窥并拍摄他人。他被审判入狱并实施缓刑，法官对他的判决是"侵害了多名女性的隐私和基本安全"。几年前，理查德因与上司发生冲突而被解雇，同时他的婚姻也亮起红灯。眼看着生活变得分崩离析，为了逃避妻子，他开始在夜间出门，告诉她自己要出去散步。有一次，他透过玻璃门看到一个女人在卧室换衣服。之后，他便每天晚上都从那里经过。他说："那成了我的某种习惯。我等在那里，就那样看着。"伴随着偷窥习惯的形成，理查德在夜间散步的时间越来越长。他偷偷摸摸地潜入房子周围，透过窗户窥视里面发生的一切，他说，这种刺激的感觉远远胜过他平淡乏味的婚姻生活。他承认："这种冒险真的太让人激动了！我非常清楚这是在冒险，但这也是我这么做的原因。"

仅仅偷窥已经不再能够满足理查德，于是，他买来一台摄像机开始偷拍。他会对着偷拍的视频手淫，有时他也不需要这些视频，仅靠回忆躲进树丛偷窥的快感就能完成手淫。最后一次，他鲁莽地闯入一户人家的后院，当他沉浸在自己龌龊的行为中时，没有注意到男主人已经发现了他。男主人将他扑倒在地，女主人当即报警。

在我对理查德进行评估时，他反思自己："我偏离了我的生活。"由冒险和观看视频引发的性唤起让他兴奋不已。至于他的违法行为，他则认为："我知道这是违法的，但我还没到那种程度。"他所谓的"那种程度"是指对其他人造成身体伤害。

理查德认为自己对女性有着致命的吸引力。他告诉我："我这么好，值得拥有一个完美的女人。"他觉得普通女性和一般工作根本配不上他。失业后，他仍过着乡村俱乐部式的生活，整日在高尔夫球场度过。在他的心目中，只有自己开公司设计产品才是他理想的好工作。被捕后不久，他的妻子便离他而去，于是他又开始了寻找完美女人的生活。他不假思索地提出了一系列完美女人需要满足的条件，就像一个人在选购新车时列出他想要的功能一样。当讲述曾经历过的亲密关系时，理查德意识到，自己从未真正投身于爱情，他总是以自我为中心、难以相处，并且很快就能发现对方的缺点，却从来不觉得自己有什么问题。他也承认自己在工作中脾气暴躁，经常情绪失控，使用一些不礼貌的语言来表达观点。无论是工作、交友还是维持婚姻，他都不太上心。他抱怨妻子专横无理，自己却对她不忠。至于不愿意找工作这件事，他若有所思地说："我不知道我的志向和动力在哪里。"而事实上，他永远都野心勃勃却鲜有行动。

　　尽管失业，理查德却不去找新工作。他羡慕一个朋友在快餐店找到一份工作以渡过经济难关，而他却并未做些什么。理查德说："这工作太简单了，就坐在那儿收钱和找零而已。我可懒得干。"或许是为了自圆其说，理查德立下誓言："我一定会赚到钱。我已经准备好了，只是早晚的事。"不过，他形容自己的状况就像"有一架梯子摆在面前，我却不愿意爬上去"。他习惯于夸夸其谈，为自己无所行动找各种借口。他说："我不想被拒绝。我很在意被拒绝，那会让我很受伤。"他自认为能力卓越、魅力超群，一旦被人否定，他就觉得自己遭到了拒绝。通过偷窥行为，理查德体验到了自己对陌生女性全然的权力控制。毫无疑问，她们给他带来了在婚姻和工作中无法获得的兴奋感。

　　服刑期过后，理查德感到疑惑："难道我的性欲开关关闭了吗？现在让我钻到树丛里，我完全不觉得舒服。"远离违法性活动并竭力摒除偷窥臆想后，理查德降低了自己对性的冲动。当他第一次尝试和约会对象发生性关系时，他甚至沮丧地发现自己竟然无法正常勃起。

　　直到被捕前，理查德都沉浸于他的偷窥癖，偷窥的频率也与日俱增。我们无从判断，假如没有被捕并遭到起诉，他的性侵行为是否会演变成更严重的罪行。

　　技术进步助长了偷窥行为。摄像头如此小巧，以至于可以被安装到任何角落。偷窥者可以把它藏匿在更衣室、洗手间、试衣间以满足自己的私欲，更有甚者，一个犹太拉比把摄像头装到了进行宗教仪式的沐浴房。一位父亲在家中的不同房间都装上了摄像头，这样当他女儿的朋友前来过夜时，他就能拍到她们换衣服，而她们对此毫不知情。《华盛顿邮报》曾报道过一位偷拍学生裙底的戏剧老师，这位老师同时还拥有大量儿童色情图片。

暴露癖

关于男性（几乎都是男性）的暴露癖有许多理论解释。弗洛伊德（Freud）认为，暴露癖是对身体完整性的确认，即对"阉割焦虑"的防御。伦敦儿童精神健康中心高级临床研究员布雷特·卡尔（Brett Kahr）从精神分析的视角出发，将暴露癖视作"仇恨女性的表达"及"修复受损自我的方式"，他指出这种行为"是一种内在痛苦的表达，这种内在痛苦通常与童年创伤有关"。这些说法很难得到科学证实。无论暴露癖的成因是什么，那些暴露狂都从中获得了极度的快感。

詹姆斯例行暴露生殖器的行为已经超过 20 年了。每到周末，他都对此充满期待。他告诉家人自己要外出办事，然后就开始寻找合适的地点，出其不意地露出自己的生殖器惊吓路人。他经常出没于公园、自行车道、徒步小径和树丛这些隐蔽的地方，把外出消遣的人作为他的目标。他日益痴迷于这种行为，逐渐开始把工作日的午休时间也用于此。出差时，他不是根据价格或便利程度选择酒店，而是寻找那些有利于自己暴露行为的场所附近。他的目标是引诱那些发现他后盯着他的生殖器不放的女性。然而，大多数女性的反应都是震惊和厌恶，这令他感到失望，不过这样的反应也很重要。詹姆斯沉迷于自己的暴露癖，每天一睁开眼就满脑子都在想这件事。他越来越放肆，已经记不清自己有多少次到过同一地点。暴露行为成了他的第二职业，他开始旷工、欺骗家人和同事，辜负他们对他的信任。

詹姆斯的妻子描述他是"掌控一切的暴君"。她永远要满足他对完美的要求，她记得："如果晚饭迟了 5 分钟，他的整个世界就崩塌了。"最终，在詹姆斯经常出没的一个公园里，他被事先埋伏在那里的警察抓住。他的妻子提出诉讼离婚，公司也将他开除，他之前在公司担任高级职位，而如今他已经不配拥有从事高度涉密工作的资格。

詹姆斯跟我讲述的一切都与心理健康专家通常所做出的解释无关。他并未遭遇性剥夺，他与妻子也一直保持着性关系。他也并非通过暴露行为缓解抑郁、焦虑或其他不良情绪。实际上，他过得相当不错。从思考去什么地方、站在哪里既不明显又可以被看到，到露出勃起的生殖器并期待路人的反应，再到看到她们的表情，詹姆斯享受整个过程。他承认自己曾幻想过强奸她们。很难说，如果没有被捕，他会不会进一步对女性造成身体上的伤害。

路易斯的情况有所不同。自从他的妻子过世，他就一直过着一成不变的孤独生活。他一丝不挂地在家里走来走去，还经常站到窗边，尤其是在邻居家两个女孩从校车上下来的那个时间点。两个女孩经常和男朋友一起，他看着她们来来去去，幻想着和她们发生关系。女孩们盼着透过窗户看他这种想法让他感到兴奋。他说："我有种感觉，她们想看我，我是在满足她们。当你看到她们时，你就知道这就是她们想要的，你只需要走过去让她们看到你就好了。"路易斯会在看到她们之后手淫。他坦白，站在阳台上看向隔壁女孩们的卧室并看到她们没穿衣服的样子令他感到满足。他觉得女孩们是在故意诱惑他。两个女孩在外面碰见他时会跟他打招呼，这让他更加确信自己的想法。路易斯认为自己的所作所为毫无恶意，他还宽慰我说："我绝不会对她们做什么的。"

路易斯坦白，他的妻子责怪他赤身裸体地在屋子里晃荡，她担心有人会看到他。他也承认，如果妻子还在世，一定无法忍受他的做法。他还透露，他的妻子曾指责过他和家里的保姆有染。对此，他记不太清了，但他的确"可能迷恋过保姆"。

妻子去世后，阻止他裸露身体的最大障碍没有了，不再有人不断地提醒他这种行为有可能造成的后果。和詹姆斯一样，路易斯也认为自己充满魅力，并且没有伤害任何人。

暴露狂不需要到外面寻找藏身之处。他们可以利用手机之便，在家就能实施暴露行为。只需要一个按键，任何人都可以拍下自己的私密照发送出去。有些人觉得发送黄色信息没什么大不了，而实际上这种行为风险极大。这些图片可以被传播并扩散到更大的群体中，甚至成为敲诈勒索的工具。当一个未成年人把自己的私密照发送给另一个未成年人时，照片可能就会被用于儿童色情内容。手机同样也为偷窥提供了便利，在当事人不知情的情况下，他们的性行为会被偷窥者录制下来并拿给他人观看。无论是搞恶作剧的青少年，还是数罪并罚的累犯，他们参与黄色消息传播的本质都是一样的。

强奸

一些专业文章和报道指出，强奸与性之间的关联不大，而更多关乎权力和占有。我们需要从整个人格角度去理解强奸行为。强奸犯并不憎恨女性，也不一定被剥夺了性权利。强奸案的关键是罪犯对自身权力和魅力的确认。在施暴者心中，受害者本就想和他们发生关系，是受害者给了他们机会。受害者的挣扎只会增加他们的快感。很多时候，强奸犯根本连暴力都用不上，只需要恐吓就够了。另外，我曾经采访过的强奸犯都还同时犯有其他罪行。

蒙迪向我提供了他在实施强奸时的心理活动。他用石头袭击了一个在树丛中散步的年轻女孩并企图强奸她。

很早之前，蒙迪就从父母那里偷东西、违规驾驶、在商店行窃、自制炸弹及非法入室。13岁时，他因电话性爱欠下一大笔通信费。尽管可以胜任学业，他却频繁逃课，多次扰乱课堂秩序，最终被学校开除。他虽然对学习毫无兴趣，却是一个计算机高手，并受雇成为一名计算机系统分析师。他花费大量时间浏览网络色情内容，有时还侵入一些付费网站。

蒙迪的家庭情况不尽如人意。他说，父母离婚后，母亲并不愿意和他待在一起。而他母亲的描述则刚好相反。她说蒙迪变得越来越封闭，不让她插手他的生活。她承认她或许可以做得更好，但对此她也表示非常无助，因为她根本不知道该如何接近蒙迪。当得知蒙迪因强奸未遂被捕时，她感到非常震惊。她说，如果有人通知她，她的儿子闯入美国总统办公室，她一点也不会惊讶。"他确实给我们带来了不少麻烦，但这太突然了。我不会袖手旁观的。"她总结道。

蒙迪讨厌父亲制定的各种规则，因此不愿意与他待在一起。虽然他比蒙迪的母亲严厉得多，但他也承认："我是一位失职的父亲。我对蒙迪犯的各种小错误视而不见。随着他长大，我对他的了解越来越少。"青少年时期的蒙迪擅长察言观色和取悦他人，也因此得到了大家的赞赏，对此他感到十分骄傲。一位关系比较近的亲戚曾经提醒蒙迪的父亲，蒙迪不在意任何人的劝告，迟早有一天要自食恶果。

事发当天，22 岁的蒙迪像往常一样，带着一本充满性描写的谋杀案悬疑小说进了树林。不大一会儿，他就厌倦了这本小说，抬头刚好看到一个年轻女孩经过。他尾随女孩来到一条寂静的小径。他捡起一块石头砸向女孩的头部，将她击倒在地。他把女孩压在身下，掀开她的衣服，准备强奸她。突然，他停了下来，告诉女孩自己不会伤害她或杀死她，然后脱下自己的外套给女孩止血，放她离开。女孩回家后报了警，随后蒙迪被捕。

有将近 5 年的时间，蒙迪一直幻想着勾搭上一个漂亮的女孩然后强奸她。想象自己找到一个处女并和她发生性关系，令蒙迪感到异常兴奋，他每天都带着这个想法手淫。事发当天，他读的那本小说里也有强奸场景的描写。蒙迪并没有被剥夺性权利，他与不少人发生过性关系。但那种双方同意的性行为对他来说太乏味了。他说："一旦我拥有了什么东西，我就不再稀罕了。"当被问及自己的行为会带来什么影响时，蒙迪认为，如果受害者不想发生性行为就不会到树林里去。这是罪犯的一种典型的思维模式，他们根本认识不到自己所造成的伤害。

在等待审判期间，蒙迪写下了他的"性史"。他指出，试图强奸他人并不是一时头脑发热。他在 9 岁时就和一个姐姐玩过性游戏，10 岁时，他发现了继父的色情电影并开始手淫。他第一次与人发生性关系是在他 15 岁时，他形容自己像"偷窥者汤姆"一样。他觉得正是从那时起，他开始有了强奸他人的想法。蒙迪还写道："我得在天亮前就起床，然后一户户地扒着窗户看，这感觉糟透了。"最后，他闯进一间屋子并"跳到一个熟睡中的女孩身上"。"我停下来跑掉并不是因为我觉得自己做得不对，而是因为我很害怕。我独自一人待在树林里的时间越来越长，我想待在一个没人的地方，脱下衣服，一边幻想着强奸他人一边手淫。"

网络色情更加刺激了蒙迪的幻想。"我利用我的计算机技术侵入了付费色情网站。我开始寻找色情影片，并对着儿童色情内容手淫。有时，我整晚都在做这些事情。我还有个人工智能的虚拟女朋友，她能满足我的一切要求。计算机屏幕前的我截然不同。我能控制它，它执行我的命令。我不用担心它会爱上别人，它不会背叛我，也不会伤害我。它会永远爱我。在开始强奸幻想前，我曾幻想自己拥有一种特别的力量，它能让任何我喜欢的女孩和我发生关系。"所有这些想法都在等待一个实现的机会，等到某一天，某个女孩外出散步时，蒙迪就可以把它们变为现实。

我在前文提到过，罪犯将责任推卸给受害者。强奸犯就常常如此。18 岁的杜瓦因被指控猥亵和强奸未遂。他不仅毫无悔意，还强烈斥责 12 岁的受害女孩："她发育得太好了。有些女孩看起来就是比实际年龄成熟。明明是她对我感兴趣，我才回应她的。你知道的，男人都是如此。如果你有机会做点什么，你是一定会去做的。我才不相信她想那么做，她只是害怕她妈妈惩罚她。如果是我强奸她，她干吗不向她姨妈求救？这真的让我很恼火。我根本不在乎她说什么，我知道真相。"他诅咒道："她会得到报应的。早晚的事，她跑不了的。"

偷窥、暴露和强奸的共同之处

对偷窥狂、暴露狂或强奸犯而言，有三件事是可以确定的：罪犯之前有过现场犯罪、实施过其他性犯罪、其犯罪行为并非出于好色本性。

根据美国联邦调查局（Federal Bureau of Investigation，FBI）著名侧写师约翰·道格拉斯（John Douglas）的观察，最恶劣的性侵罪行往往都是从相对无害的行为开始逐步升级的。行为分析师、庭审律师温迪·帕特里克（Wendy Patrick）指出，偷窥通常会升级为更严重的性犯罪，尤其是猥亵暴露和强奸。加拿大司法部的一份报告指出，偷窥行为出现在一系列性障碍的早期阶段，这些性障碍会逐渐变得越来越具有强制性和攻击性。报告还补充道，大约有20% 的偷窥狂兼有猥亵或强奸行为。在讨论性犯罪者的犯罪生涯模式时，达里博·多尔扎尔（Dalibor Dolezal）和埃纳·约万诺维奇（Ena Jovanovic）指出，"性犯罪者倾向于在非特定类型的犯罪中表现出犯罪的多样性"。因此，如果简单地把一名罪犯归结为性犯罪者会让人误以为他只是因性犯罪而被捕，实际上，他可能还同时犯下了其他罪行。

26 岁的罗曼因闯入民宅并企图强奸妇女而面临长期监禁，在此之前，他还曾参与多起犯罪活动，其中既包括性犯罪也包括非性犯罪。他的罪行可以追溯到青春期早期，商店行窃、盗窃烟草、偷父母的钱、盗窃汽车内的财物及从衣柜和书包里偷东西这些事情，他都干过。他还蓄意破坏物品，如扎破轮胎、用石头砸坏玻璃门、在走廊上放烟幕弹、在树林里纵火。刚拿到驾照，他就多次违反交通规则并导致发生车祸。即使被吊销驾照，他也依然敢无证上路。罗曼严重扰乱学校秩序，没有老师能管得了他，只能把他送到专为情绪障碍儿童设置的非传统学校。

罗曼把他的家庭搞得乌烟瘴气。每当父母制定约束规则时，他就朝他们大喊大叫，并砸东西。罗曼的母亲说："我们什么办法都试过了。限制他的行动、打骂都不奏效，我们尝试过行为矫治，也接受过家庭咨询。每个人对于应该怎么做都有不同的看法。"要不是有另外一个大学毕业、工作稳定、人际关系良好的儿子，罗曼的父母可能就会把罗曼的行为全部归咎于他们自己了。

罗曼的偷窥行为始于初中，之后一直持续了很多年。他的第一次性侵行为发生在他 12 岁时。他在树林里散步时劫持了一个女孩并企图强奸她，女孩拼命反抗得以挣脱。也是从 12 岁起，他开始了暴露行为——和一个朋友一起在家附近朝女孩暴露身体。罗曼估计这种行为大约发生过 50 次，他在公园、自行车道、居民街区、办公楼和学校等"任何可能的地方"暴露自己。他多次实施这种行为，却很少被警察抓到，因此更加肆无忌惮。他开车在商场周围闲逛，看到在停车场走路的女性就开车过去，用下流的语言引起对方的注意，然后暴露自己的身体，一边手淫一边扬长而去。他有三次因暴露行为被捕，但都获得了保释，所以他只把这当作一点点不便而已。

罗曼说，暴露的目的是获得快感和性唤起。这与想发生性关系无关——他的身边通常有可以发生性关系的女朋友。当我问到他期待女性对他的暴露行为作何反应时，他回答："有人会看我，有人会走开，也有人没什么反应。年轻点的会更注意到我或直接离开。"他以她们的反应为乐，但也对得到肯定的回应抱有期待，他认为那是对方想要进一步发生点什么的反馈。

即使身处监狱，罗曼也经常做出一些向女狱警暴露自己身体的行为。他坦白，在被关押期间，有关偷窥、暴露和强奸的想法像打开闸门的洪水一样，并整日萦绕着他。罗曼的父亲严肃地说："我很确信，他出狱后还会故伎重演。"

性掠夺者的早年生活

16 岁的菲利普因性暴力被捕。他在"散步"时碰到一个他觉得很漂亮的女人，于是二话不说就上前抓住她的臀部，把她拉向自己并在她身上蹭来蹭去。女人惊声尖叫，用力摆脱，菲利普只好放了她。因为害怕她报警，菲利普一直尾随其后。警察很快就赶到现场，逮捕并拘留了他。菲利普告诉他的父母，他不知道自己当时怎么了。

菲利普 12 岁时就接触了色情影片，两年后开始出现未经允许触碰异性的行为。第一次发生这样的行为是在某次乘坐国际航班时，他摸了旁边正在睡觉的女乘客。接下来，他游走于某座外国城市，装作游览观光的样子，用手机拍了 10 多位女性的照片。在另一座城市，他又故伎重演，拍下 60 多位女性的视频。很快，菲利普就不再满足于此，并进一步发展到他所谓的"更高级的活动"——在大街上尾随异性然后触摸她们的臀部。他回忆这些人的反应是"大声嚷嚷着骂我"。有一次，警察在收到举报后拦住了他，他快速删除了手机里的照片才逃过一劫。

菲利普把大量时间用于观看自己拍摄的照片和视频同时手淫。他不断地外出散步，并且大部分时间都选在天气晴好的日出时分，一般十几岁的男孩可不会这么早出门。菲利普跟他的母亲说，他喜欢这个时间，对此他的解释是："我需要新鲜空气，我喜欢日出、鸟儿和独处的时光。"他还告诉母亲他需要带上相机去拍摄风景。随着真相大白，母亲才知道原来这些晨间散步是为了寻找那些 18~40 岁的女性。

从 15 岁起，菲利普就与世界各地的成年女性在网上谈论"那种我想要的性"。他会发送自己的手淫照片，以换取对方的裸照。

菲利普和他的母亲共同生活。母亲整日忙于工作，每天放学后，他都独自一人在家，缺少监管。菲利普几乎所有科目都不及格，对学习和社交活动也缺乏兴趣。他强调，自己一个人待着让他感觉很好。他觉得交女朋友是个负担，他说："我不想有女朋友，从来都没想过。那不是我想要的。我不想成为任何人的男朋友。"菲利普也担心自己将来可能会做出严重的违法行为。"每个人都有自己的阴暗面，"他总结道，"我觉得这是我所需要的，即使我会伤害他人。我并不想对他人造成伤害。我感觉，这对我来说就像食物一样不可或缺。这些欲望是我的一部分。"菲利普清楚，他得做些改变以避免今后更可怕的后果。他说，努力"赶走"这些想法仿佛是在"摧毁自己"。

菲利普的母亲换了新工作，并带着菲利普一起搬去了国外，自此我就没有再与他联系过。司法程序也随着他离开美国而中止。菲利普的母亲对儿子的未来万分担忧，她告诉我："他一点悔意也没有。我不觉得他感到懊悔，他说他从不后悔自己所做的任何事。"除了被拘留所扣押了两天，菲利普并未承担任何重大后果。

菲利普从未有过任何性经历。那些曾使他感到兴奋不已的，仅仅是尾随、搭讪、偷拍、在网上交换裸照、幻想和手淫。然而，很明显，这次对陌生人的袭击是一次升级行为。他还会持续对其他人构成威胁。

成人关系中的性剥削

发生性剥削关系的心理机制与密谋侵吞公款类似。罪犯会锁定目标，找出目标个人或组织的薄弱之处，并通过各种伪装和谎言来掩盖自己的企图。他们会巴结对方，与对方建立可信任的人际关系，赢得好名声，无论需要付出多少时间都在所不惜。他们会以一种操纵性的模式达到自己的目的，攫取相应的合法权利，然后着手实施违法行为。一旦被揭穿，他们就会声称自己的出发点是好的，否认自己的所作所为，并把责任推卸给受害者。

凯尔作为一家医院急诊室的护理助理向女性患者提供医疗服务，这些患者非常依赖他，有些甚至需要依靠他才能生活下去。由于患者在生命危急时刻非常无助，凯尔很快就了解了她们的很多信息。这些患者觉得，凯尔在她们最脆弱的时候真心相助。有两次，凯尔说服患者允许他护送她们回家，到了患者家里，他便强迫患者与他发生关系。还有几次，他给已经出院的患者打电话，通知她们自己要安排一次随访以检查她们的病情恢复情况。在患者家里，凯尔劝说她们与他发生关系。很多患者不同意他到家中随访，大部分人也都拒绝和他发生关系。凯尔没有轻易放弃，他不断地利用自己的职业身份达到他的目的。他的猎艳行为直到主管接到患者投诉并对他展开调查才得以终止。凯尔立刻请了律师，律师建议他立刻开始接受心理治疗。凯尔跟他的治疗师说，他不断地对陌生人产生性幻想。治疗师在一份报告中写道："凯尔无法清楚地认识到自己的行为会对他人产生影响，他更关心自己会遭到什么样的法律制裁。"此外，治疗师还建议他换一位男性治疗师并与妻子一起接受伴侣治疗。

处于管理职位的上司可以违法胁迫下属以满足自己的私欲。梅琳达是酒店管家，随着她和上司艾瑞尔走得越来越近，她会向他吐露一些自己的麻烦事。有一天，她告诉艾瑞尔，她很担心儿子被驱逐出境，因为她的儿子是她通过"蛇头"非法偷渡到美国的。艾瑞尔借此威胁梅琳达，只要她表现好，自己就一定会替她保守这个秘密。梅琳达说："这是噩梦的开始。他每天三番五次地叫我去他的办公室。我很害怕，他不断地触碰我、抚摸我。"最后，艾瑞尔把她带到一个只有一张床的房间。当他开始脱衣服时，梅琳达逃走了。艾瑞尔并未就此收手，他找到一个又一个借口让梅琳达去见他。梅琳达回忆道："他公开说他想和我发生性关系。我告诉他我不愿意，我有丈夫和孩子。"艾瑞尔还要求梅琳达更换电话号码，这样就没有人能在工作时间找到她了。他威胁梅琳达，如果她不从，他就给移民局打电话举报她的儿子。梅琳达只能屈服。她解释道："每次他想要的时候就会威胁我。"艾瑞尔侮辱、嘲笑她，并提醒她，自己随时可以把她开除。直到其他管家向管理层举报艾瑞尔要求她们与其发生性行为，梅琳达才得以解脱。即便如此，艾瑞尔还是警告梅琳达的那些同事，他说自己可是经理的哥哥，没有人会相信她们。为了防止梅琳达闹事，他把梅琳达调到了另一家酒店工作。

权力的不对等使得罪犯可以对受害者的职业安全和前途造成影响，这给他们实施犯罪提供了极大便利。通过"反性骚扰运动"，越来越多的人站出来指控那些利用职权对下属实施侵犯的知名人士和高层管理者。不少名人因此失去工作，还有些人锒铛入狱。

家庭内部的娈童

泰瑞不爱他的妻子，却"爱"上了他 7 岁的儿子鲍比。每当妻子不在家时，他就和儿子互相抚摸，然后靠手淫达到性高潮。泰瑞告诉我："鲍比很享受也很喜欢这样做，但又觉得这样不对。"他安慰鲍比"这是仅限于他们之间的爱"，也就是说，他们需要为此保守秘密。泰瑞不认为自己的做法有什么不妥，他还坚称他们之间的行为常常由鲍比发起。当问及鲍比对此作何感想时，泰瑞回答："和他的父亲关系亲密。我不知道他是否获得了性愉悦，但我确信，吮吸小男孩生殖器的感觉棒极了。他从不害怕。"他把一切都解释为"深厚的亲密关系"。

除鲍比外，泰瑞还与其他未成年人有性接触。他让鲍比邀请其他男孩来家里玩打仗游戏，这样他就可以引诱这些男孩。他说："我们会玩摔跤，这样就可以把他们的裤子脱下来。"男孩们会听从泰瑞的命令脱下裤子，随后他们开始互相抚摸。泰瑞承认，男孩们看起来就像受到了惊吓。他认为鲍比乐于看他和男孩们做这些事。

泰瑞在大学期间曾滥用包括致幻剂和大麻在内的非法药物。他从一所学校退学，转到了另一所学校。但他仍然继续吸食大麻并酗酒，曾经一晚上喝下半打混合着药物的酒精饮料。他在财务上毫无节制，直到申请破产前都过着挥霍无度的生活。泰瑞讨厌他的妻子萨莉，他们因为意外怀孕而结婚，对此，他评价道："我们太快就结婚了。"体重增加后的萨莉失去了对泰瑞的性吸引力，于是，他开始和鲍比发生性行为。

泰瑞说："我从不在乎后果，想到了就去做。"他完全没有想过和自己的儿子发生性行为会给儿子带来什么样的负面影响。他好奇"当儿子第一次和女孩约会时会怎么想"。泰瑞从未考虑或关心过鲍比承受了怎样的压力。即便面对当下立见的后果——鲍比需要艰难地应对由家庭破裂带来的伤害——泰瑞依然无动于衷。鲍比和他的母亲不得不搬到其他地方生活，这使得鲍比失去了他的伙伴并被迫转去新的学校。

　　萨莉和泰瑞的婚姻经历了极大的情感起伏。事发以前，酗酒是泰瑞最大的问题。每次喝醉，泰瑞都会变得固执且好斗。萨莉回忆起有一天夜里，因为她质问泰瑞很晚回家又没有打电话告知她，泰瑞就好几个小时不让她睡觉。泰瑞把她当佣人对待，经常提出一些不合理的要求，例如，逼她每天都要把整个房子打扫两遍。如果他想睡懒觉，萨莉就必须蹑手蹑脚，不发出任何声音，并让鲍比保持安静。萨莉说，泰瑞总是因为一点小事儿就大发雷霆。泰瑞被捕入狱后，萨莉不得不重新开始自己的生活，然而她负债累累，还要养育一个年幼的儿子。当我向泰瑞说起他的妻子、儿子，以及那些邻居的男孩所面临的不幸时，他却感到疑惑："我不觉得他们有什么不幸。"

恋童癖

　　天主教神职人员的丑闻和一些耸人听闻的事件急剧引发了公众对恋童癖的关注。[例如，宾夕法尼亚州立大学前任教练杰瑞·桑达斯基（Jerry Sandusky）涉嫌在长达 15 年的时间里对 10 名儿童实施性侵，并犯下了许多相关罪行，最后被判处 45 项罪名成立。]罪犯看起来友善、可靠，因此人们放心将孩子交由他们照顾。这些人身为日托中心保育员、童子军团长、大学辅导员等角色，对他们所照管的孩子有着终身影响。上级重视他们，家长爱戴他们，孩子通常也喜欢他们。他们擅长教学，而且能和孩子、家长及社区建立融洽的关系，因而声名远扬。

　　考纳父母离异，他的母亲很感激神父丹对她 11 岁儿子的关注。她把考纳送去参加各种教会活动，相信他能在那些有益身心的环境里度过美好的时光。最初，神父丹用心地给考纳做洗礼，向考纳表达自己有多爱他，这让考纳觉得自己很特别。这种爱的表达逐渐从拥抱和亲吻发展到把手伸进考纳的衣服里抚摸他，最后到口交和互相手淫。"我总是尽力避开他。"在我对考纳进行评估的过程中，考纳这样告诉我。然而，他却遭到了神父丹粗暴、下流的对待。有一次，神父丹向考纳的母亲抱怨考纳粗鲁无礼，破坏了周末的外出活动。母亲严厉地批评了考纳，从此考纳放弃了逃离神父丹的希望。他知道，神父是受人尊敬的家庭朋友，把发生的那些事情说出来是极其令人尴尬的，而且也没有人会相信他。考纳说："他把我的生活搅得天翻地覆，夺走了我的童年。"他对教堂和上帝的信仰完全崩塌了。

阿黛尔也遭遇了相似的经历。她和母亲定期参加弥撒，并参加了由神父汤姆带领的一个青少年教会团体。她仰慕年轻、英俊的神父，神父也非常喜欢她。她请神父汤姆做她的告解牧师。神父汤姆是阿黛尔家的朋友，他会到阿黛尔家做客，因此他们经常见面。他告诉阿黛尔她长得很漂亮，还会在教会活动后开车送阿黛尔回家。"我感到荣幸，我觉得我爱上他了。"阿黛尔回忆道，她把自己比作一个沉迷于追星的 12 岁女孩。"我既迷惑又开心。所有人都渴望得到他的关注。我的父母认为他行事谨慎，而我笃信宗教，他觉得我很特别。他就像天赐的礼物。"她想知道，有那么多女孩醉心于他，为什么偏偏是她获得了最特别的关注。在她 13 岁生日那天，神父汤姆亲吻了她的嘴唇，把她拉到自己怀里，向她告白，并宣称他们之间的爱是一种恩赐。这让阿黛尔疑惑不已。她说："是的，我相信了他。显然，这件事我不能跟任何人说，这太难解释了。我完全相信他，我不认为他是坏人。"

神父汤姆引诱阿黛尔和他发生了很多次性行为。阿黛尔告诉我："我从不违背他，因为我相信他，而且我的父母也相信他，我认识的每个人都相信他。"当神父汤姆向阿黛尔承认自己感到愧疚时，她更加疑惑了。她责怪自己让神父汤姆感到痛苦："是我做了错事让他感到愧疚，一切都是我的错。如果没有我，他就不会因为我爱上他而纠结和难过。"不过，阿黛尔也觉得自己非常幸运："这位神圣又杰出的男士选中了我。这一定是神旨，只是一般人无法理解。"她还反思道："神父汤姆拥有至高权力，他能宽恕你的罪过。"阿黛尔一直把神父汤姆视作一种至高无上的存在。

阿黛尔和神父汤姆之间的关系持续了很多年。一旦神父汤姆的性要求被阿黛尔拒绝，他就会面露凶相、纠缠不休，这让阿黛尔感到更加内疚。尽管阿黛尔和父母的关系很好，她也不敢把事实告诉他们，哪怕神父汤姆说她的父母是他最好的朋友。渐渐地，神父汤姆变成了阿黛尔的另外一位家长。"他指导我如何交朋友、如何选课，他被当作一位家庭成员参与任何事情，包括生日和纪念日在内，"阿黛尔继续解释道，"我父母对此的理解是，我是上帝眼中特别的存在，神父汤姆认可这一点。"

阿黛尔觉得自己与同龄人格格不入，她形容自己"如此不同，我们没有任何共同点"。她无法向哪怕最亲近的朋友吐露心声，这让她感觉非常糟糕。她说："我这样做是对神父汤姆的背叛。"进入大学后，阿黛尔开始出现惊恐发作。神父汤姆离得不远，因为不知道该怎么办，阿黛尔便给他打电话寻求安慰。当阿黛尔决心要回归正常生活并开始约会时，她告诉了神父汤姆，期待神父汤姆可以祝福她。然而，神父汤姆却责怪阿黛尔让他产生了严重的焦虑，使得他不得不接受治疗并辞去神职。这时，阿黛尔意识到："那是个转折点。他并不关心我，我真的特别沮丧。"伴随着被抛弃的失落及幻想的破灭，阿黛尔饱受焦虑和失眠的困扰，还经历了性侵记忆的闪回，她感觉自己的"内在已经死了"。在向治疗师坦白后，阿黛尔意识到自己被侵犯了。但她仍然坚持为神父汤姆辩护，她告诉治疗师，所有这些事情都发生在精神层面。直到持续接受治疗和参加大学课程几个月后，阿黛尔才不再参加弥撒，并结交了教会以外的朋友。她说："我得以正确地看待宗教，以一种更加现实的方式对待事物。"她对教区提起了诉讼，因为她觉得自己应该"为自己和自己的尊严做点什么"。

青少年体育项目对恋童者有极强的吸引力。全世界的媒体都曾用青少年运动员遭遇其所信赖的成年人性侵的丑闻作为头条新闻。据美国国家公共广播电台报道，有 350 名年轻的英国足球运动员报告过自己曾被教练或童子军团长性侵。《耶路撒冷邮报》（*The Jerusalem Post*）报道，一名以色列手球教练涉嫌侵害数十名青少年。情节最恶劣的未成年性侵事件是拉里·纳萨尔（Larry Nassar）的案件，他是知名奥运体操队医生。从 1996 年到 2017 年，他在"治疗"期间对 150 多个女孩进行过猥亵。纳萨尔医生被判处 40～175 年监禁，并因拥有 37 000 张儿童色情图片被判处额外 60 年监禁。

与大多数恋童癖罪犯一样，年轻的棒球教练洛根也身负其他罪行。他回忆自己 7 岁时就与"各种各样的事情"脱不了干系，如盗窃糖果和食物、打恶作剧电话、往厕所和下水道里塞炸药棒、纵火。洛根说："我是个野蛮的孩子。要是有人误解我，我就会马上挑起事端。"他的暴露癖始于 9 岁。他会穿宽松的短裤，但不穿内裤，这样别人就能看到他的生殖器。这种"看看别人到底有没有看到"的冒险游戏令他感到非常兴奋。20 多岁时，洛根开始更加故意地暴露自己。有些孩子向老师报告他们看到洛根在集体旅行时手淫。学校对此展开了调查，但一无所获。

洛根在训练之余也和学生们待在一起，因此学生们和他关系密切。他会带他们进行公路旅行，而这些活动并非由学校或球队赞助。洛根强调："他们认为我是一名很酷的教练，很多孩子都想和我一起出去。"不少年轻的运动员还向他吐露自己的私事。在谈到其中一个特别的男孩时，他说："我融入了他生活的方方面面。"

洛根的母亲对此一无所知。洛根高中毕业后就搬了出去，一直在工作。她为洛根如此致力于服务孩子们感到自豪，她说："他真的喜欢帮助孩子。我想他一定会是一个好爸爸。"洛根说自己需要尽力建立起一个体面的形象，一份全职工作、考究的穿戴、价格不菲的豪车和乐于助人的举止可以帮助他达到这个目的。

最初，洛根会实施一些他所谓的"随意的外部接触——无意的触碰、拍屁股、扭打成一团"。洛根会根据男孩们的反馈，判断是否可以进一步有所举动。洛根强调，重点是要建立"一对一的关系"，因为"时间与信任成正比"。他和一个 11 岁大的男孩走得越来越近，并且获得了男孩父母的信任。他和这个男孩相互爱抚、口交、手淫长达 8 年之久。

洛根吸引了一些心理脆弱的孩子。他和一个妻子因癌症过世的男人成为朋友。这个人邀请洛根搬过来住并帮忙照顾他 12 岁的儿子。说到自己和这个孩子的关系，洛根认为这个孩子才是主动的一方并且享受他们之间的性行为。

一份心理测验报告显示，洛根"对情感冲突表现出回避、缺乏洞察力和防御态度"。他在亲密关系中被描述为自恋、善于操控、自我放纵的。如今，洛根正在监狱中度过漫长的囚禁时光。

孩子崇拜他们的教练，父母也把这些为孩子奉献的人视作榜样。高居不下的离婚率和双职工家庭使得孩子有大量的时间和教练待在一起，这使他们之间很容易建立起亲密的情感关系。参与体育项目的孩子不会报告他们和教练之间存在性行为，因为他们觉得非常难堪并且认为没有人会相信他们。最重要的是，他们不希望给教练找麻烦。上述这些体育教练的犯罪模式同样适用于其他利用身份权力对儿童进行性剥削和性虐待的罪犯。

诸如神父丹、神父汤姆和教练洛根这些性侵未成年人的人之所以是罪犯，不仅仅是因为他们违反了法律。思维错误在他们的行为中扮演着重要角色。当一个成年人与心理脆弱、天真无知的孩子建立关系并将其转变为性关系时，就会出现权力的不平衡。由于其隐蔽性特征，罪犯处于完全的支配地位，受害者很难怀疑或挑战他们的权威。受害者担心，如果他们说出发生的事情，别人不但不会相信他们，他们还会因此而受到惩罚。罪犯在另一种意义上也是掌控者：无论罪犯自身有什么样的性困扰，他们都是有性经验的一方，而未成年人缺乏基本经验，自然也就无从质疑或指责他们的表现。为了推卸责任，很多恋童者声称受害的未成年人同意或乐于与他们发生性接触。即便事实真的如此，罪犯作为成年人也应该清楚这些行为可能造成什么样的后果。如果他们被捕，他们会认为自己的所作所为受到了不公平的处罚，因为他们并未想要犯罪。在他们看来，孩子遭受的伤害仅仅是接受警察和其他人的盘问。他们只想得到自己想要的，从不考虑他们对孩子造成的长期心理伤害。

成年人利用电子设备与未成年人发生性行为

根据美国联邦法律，儿童色情作品被定义为"任何牵涉未成年人的、关于直接性行为的视觉描述"，其中包括具有明确性暗示的图片。持有儿童色情作品即违法，无论持有者是否知道自己拥有这些内容，也不管其是否看过这些内容。接收儿童色情作品同样违法，即使接收者只是在家里浏览而没有采取任何实际行动。传送儿童色情作品被定性为"传播"。拍摄未成年人性行为则被视为"制作"。任何有关儿童色情作品的犯罪行为都将受到严厉处罚。根据美国联邦法律，接收、传播或制作儿童色情作品将面临最低限度的强制性判决，并受到所在州法律的起诉。

网络的便利为罪犯提供了新的空间，其中一些罪犯符合犯罪人格的特征，另一些则不然。毋庸置疑，制作儿童色情作品涉及对未成年人的性剥削和性侵害。然而，并非所有接收和浏览儿童色情作品的男性（性侵者几乎都是男性）都是一样的。的确，恋童者更有可能参与儿童色情活动，但并非每个观看儿童色情作品的人都是恋童癖。这有点类似于前文提到的暴力电子游戏，很多有极端暴力行为的人热衷于此类游戏，但大多数玩家并没有暴力倾向。换言之，我们大部分人不会将所见付诸行动。我曾经采访过那些收集儿童色情作品但并未试图与未成年人建立性关系的男性，他们不符合本书所描述的犯罪人格。

克拉克在快 60 岁时因持有儿童色情作品而受到指控。自从警察入室搜查并带走克拉克的电子产品，克拉克就一直在接受警察的盘问。他之前没有任何被捕记录，多年来一直过着平凡的生活，曾在军队服役 20 年，退役后从事插画师工作。他从未恋爱过，在服役期间与妓女发生过几次性行为，此后他一直独居。他的话反映了他对生活的无望："二年级时，我就感觉生活糟透了，从那时起，我就没再笑过。"克拉克形容自己不善于社交，除少数亲戚外，他缺少关系紧密的朋友。他也从来没有使用过非法药物，甚至极少喝酒。

克拉克没有买卖色情作品，也没有进入色情聊天室。除了偶尔看望侄子侄女外，他与未成年人没有任何接触。克拉克是从失业后开始接触色情作品的，当时他有一份收入颇丰的工作合同被取消了（尽管并非出于他自身的原因），之后再找工作时，他又遇到了困难。克拉克从小就对工作有很强的信念，因此失业让他意志消沉，失去了应有的自信。在大量的闲暇时间里，克拉克开始"钻研"色情作品。他是这样评价自己对儿童色情作品的沉迷的："我没想过把幻想变成现实。"他没有在网上引诱未成年人或诱骗未成年人在线下见面。

临床访谈和心理测验揭示，克拉克为自己的行为深感羞愧，并且很想了解自己为什么会这样做。以下是克拉克的测验报告：

- 他充满内疚和无价值感；
- 他认为自己罪有应得；
- 他把事情归咎于个人问题；
- 他对自己做出严厉的负面自我评价。

克拉克绝望至极，于是想到了自杀。

克拉克从没为自己的违法行为辩解过。他承认，他没有意识到浏览儿童色情作品是在助长儿童性侵事件的发生。他在一份声明中写道："我没有直接伤害任何孩子，但我加重了受害者的痛苦和羞耻感。这是我的错，我永远都无法弥补的错，我也永远不能原谅自己。我把他们物化了，只看到了我想看的东西。受害者和我隔着时间和距离，我们互不相识，但我要向他们道歉，恳求他们原谅我的无知。但他们怎么可能会原谅，我都无法原谅我自己。"显然，法律没有宽恕他。因持有 10 件儿童色情作品，克拉克被判处 10 项 5 年有期徒刑合并执行。他度过了两年半的监禁生活，之后是两年半的假释。他成功地接受并完成了性犯罪者治疗。刑满释放后，他被要求到警察局备案，并被列入性犯罪前科名单。

社交媒体拓宽了人们实施侵犯活动的范围，特别是性侵犯。与克拉克只是在家中浏览作品色情作品但未做出任何实际行动不同，里克有着十足的犯罪人格特征。多日来，里克向一个未成年人发送色情邮件并要求到其家中见面，而他却声称自己只是"判断失误"。

克拉克此前一直遵纪守法，从没给社区带来过什么麻烦。而里克从小就总是制造各种各样的混乱：偷窃、纵火、斗殴、逃学、超速驾驶。结婚后，里克似乎安定了下来，当妻子工作时，他就待在家里做全职父亲照顾儿子。然而，他却背着妻子在社区公告板上张贴了一份内容为"寻找一位女士加入他的家庭和他们夫妻一起玩"的个人启示。一个年轻女孩回复说自己对此表示好奇。尽管对于对方是否确实为未成年人心存疑虑，但里克还是用一种猫捉老鼠的方式与她取得了联系。里克告诉我，他之所以怀疑对方不是未成年人，是因为"她遣词造句的方式不像青少年"。他推测，和他联系的人要么是寻开心，要么是警察。当我问他，如果怀疑对方是警察，为什么还要继续与之保持联系时，他说："要是那个傻子想浪费我的时间，那我也得浪费她的时间。如果我知道你在耍我，那我也以牙还牙。我有点生气了。"他继续解释道："假如她只是想找到唾手可得的目标，那我有什么可担心的呢？我对接下来的对话过程充满兴趣，警察接下来会怎么做？我在电视上看过这样的情节。如果这样可能危及我自己和我的家庭，我是不会去碰的。"

里克很傲慢，他确信，假如这真的是警察钓鱼执法，他可比警察聪明得多。同时，他也知道自己对未经性事的少女毫无抵抗力。邮件内容揭示，里克是把对方当作少女而非警察来看待的。他利用图形语言邀请对方"来一场痛快的性爱"，并承诺绝不会让对方怀孕。但由于对方不肯发送裸照，里克更加怀疑了。他告诉对方，她正在"模仿电视剧里那些诱捕侵犯青少年的罪犯的老掉牙情节"。里克开始确信这有可能是个陷阱，但好奇心和欲望占了上风并驱使他询问了对方的具体住址。他开车过去停在了对面的停车场，并告诉她："如果继续发展下去，我会进监狱。"当警察来到他家，没收了他的电子产品，并以两项试图猥亵未成年人的罪名起诉他时，他的直觉得到了证实。虽然他没有骗过警察，但他骗过了心理测验，测验结果显示他的分数位于正常范围内。法院判处他两年监禁，量刑程度是浏览儿童色情作品但未施以行动的克拉克的一半。

根据美国失踪和被剥削儿童中心的统计数据，2020 年前 9 个月共发生 30 236 起网络诱骗，是往年平均数据的两倍。对这种显著增长的解释是，在新冠疫情期间，互联网上出现了更多的罪犯和儿童。

克拉克的情况和那些蹲守在社交媒体上寻找目标然后与之建立关系并提出性要求的人大有不同。而对像里克这样的人来说，儿童色情作品和其他社交媒体使他们想入非非，这极有可能发展为进一步的犯罪行为。

约翰斯·霍普金斯大学医学院的弗雷德·伯林（Fred Berlin）博士及其同事丹尼丝·索耶（Denise Sawyer）曾引用的一项研究显示，绝大多数下载过儿童色情作品但并无对未成年人实施性犯罪前科的人，不会真的去实施性侵犯。

统一量刑在很大程度上可以避免出现对同一罪行的审判出现天壤之别的情况。美国联邦司法体系量刑准则的缺点在于，法院容易忽视个案情况。法院遵从量刑准则，但也必须对罪犯的行为做出判断。例如，向卧底警察出售毒品的罪犯就并非个个相同。一个可能是贩毒新手，他在寻找下家并迅速出手的过程中倒霉地选错了买家。另一个则可能是劣迹斑斑的大毒贩。有关儿童色情作品的情况也是如此。克拉克的情况和里克借助网络接触未成年人并企图与之发生性行为的情况之间存在很大差别。然而，参与了性活动的人却比仅仅浏览网站但无任何实际行动的人得到的量刑更短。

2006 年，《性犯罪者登记与通告法案》（Sex Offender Registration and Noti-fication Act）被写入美国联邦法律，它作为公众安全项目在所有州得到执行。法案要求将性犯罪者的信息在各个州及哥伦比亚特区登记在案。像克拉克这样从没与儿童发生过性行为或要求过性关系的人也被记录在册。根据司法裁决，记录终身有效，尽管在有些州，罪犯可以申诉除名。公众可以查询到罪犯的家庭地址和工作地点。这份登记名册阻止有前科的罪犯居住在学校或其他未成年人的活动场所附近。房东和雇主也能够通过这份名册检索租户或员工是否有性犯罪前科。如果罪犯前往或搬去其他州，则必须在规定时间内向警察报备。恋童者、暴露狂、偷窥狂、强奸犯，抑或与 17 岁未成年发生性行为的 18 岁高中生（即法定强奸罪），都适用于这条规定，具体执行方案取决于各州政府。因此，性犯罪者成了被社会遗弃的过街老鼠，相比之下，其他刑满释放的罪犯则不至于此。为保证不同性犯罪者接受有针对性的量刑，司法体系还有很多事情要做。我们需要明确区分那些实际侵害了他人的罪犯和那些仅限于在线浏览儿童色情作品并只将性活动停留在想象层面的人。

第 12 章

迁怒于人

　　在押杀人犯理查德·麦克奈尔写道："从小到大，妈妈常常让我松开紧握的双手。我的内心总是有一团怒火，我真的不知道我的怨愤来自何处。"甚至在杀死了一个正在等待货车装载的无辜陌生人后，他说他想知道"为什么愤怒仍无法平息"。在美国热门电视连续剧《黑道家族》（The Sopranos）中，托尼·瑟普拉诺的治疗师告诉他，他从未处理过他的愤怒情绪。"愤怒会让人产生一种巨大、狂暴而又炽热的自我瓦解感，这种感觉比愤怒本身更加可怕。"这位黑手党大佬回应道："我要把我的力量和恼怒发泄到那些活该的人身上。"

　　愤怒是全人类共有的一种情绪，然而罪犯总是怒火中烧。他们认为，任何违背他们的人都应该被暴力相对。当他人无法满足他们的期待时，那些积蓄已久的怒气便一触即发。罪犯通过控制他人来维持膨胀的自我形象。他们的愤怒情绪始于一件无关的小事，但他们把这件事理解为一种威胁，并转化为暴怒，任何人都有可能成为他们发火的目标。

　　17岁的艾拉因暴躁易怒被强制接受心理治疗。她说自己对所有人都感到愤怒。她尖锐地指责身患癌症的父亲，对患有多发硬化症的母亲充满敌意，将弟弟描述为"一个需要粗暴教训的小娘娘腔"并表示自己要"磨炼他长大"。她鄙视她的老师、校长、体操教练，怨恨曾经令她失望的朋友。对于自己在商场的兼职工作，她也表现出轻蔑的态度并斥责那些顾客是"想要立刻得到服务的讨厌鬼"。没人能让艾拉满意。即便是总统，艾拉也觉得"他毁了整个国家"。

艾拉就像一个炸药桶，随时随地都会爆炸。相比而言，20 岁的路易斯则有明确的发怒对象。他想杀死自己的女朋友凯伦。路易斯的怒火源于"一系列挫败"。当路易斯在凯伦的车里发现烟蒂并发觉她身上有烟味时，他变得怒不可遏，他觉得凯伦在抽烟这件事上欺骗了他。没过多久，凯伦又向他扔了一颗"炸弹"，她说自己怀孕了。不过第二天，她承认怀孕的事只是个虚假警告，她想和路易斯分手。经过两周的缓和，路易斯去接凯伦。他给凯伦打电话想告诉她自己正在路上，电话却无人接听。路易斯深感不安，他连忙赶往凯伦家，然后又跑到凯伦表姐的家，但都没有找到凯伦。于是，路易斯开去了凯伦前男朋友的家，据他回忆，当时他看到凯伦的车停在那里："一切都结束了，我整个人都疯了，我确信他们俩搞在一起了。"他砸开凯伦的车窗，强行把她拽到自己的卡车里。时隔几个月，当路易斯描述起当时的场景时依然难以压制自己的愤怒："她的前男朋友出来了。我车里有一把枪，我掏出枪上膛，对准了他。然后我回到车上，带着凯伦离开了。我感觉一切都完了。我根本没有考虑我的家庭、工作及未来的机会，我能想到的只有凯伦背叛了我。那种感觉就好像，失去她，我就一无所有了。我知道我的所作所为是不对的。可事实就是，我只想得到她，至于后果如何，我都无所谓。"他一边向凯伦挥舞手中的枪，一边开车去了他姐姐家。接着，他描述了事件是如何结束的："我的姐姐和姐夫跟我们聊了聊，他们报了警。凯伦没有提出指控，她对警察说了谎，说我没有枪。"至于为什么会在车里放一把枪，路易斯解释只是"出于自卫"。他告诉我："我没想过要杀人。我没想到事情会发展成这样。"

像艾拉和路易斯这样的罪犯期待他人的行为总能如他们所愿。事实不可能一直如此，所以他们总是愤愤不平。他们的自我形象建立在他人能否满足他们的期待上，而其中大多数期待都是不现实的，因此他们的自我形象总是起起伏伏。如果有一根刺戳进气球，气球就会爆炸。罪犯也是如此，他们的自我形象就如同被戳破的气球。绝大部分人都能够承受一些轻微的侮辱，而罪犯对此的反应却是如临大敌。愤怒可以使他们摆脱无能感，缓解他们对自身一无是处的想法。

罪犯对挫败怀有巨大的恐惧。一般人在受到批评后会反思自己或对批评置之不理。但在罪犯的思维里，根本不存在什么建设性的批评。他们对一个动作、一个表情或一个语调都能做出极端个人化的解读。监狱里发生的事情可以很好地解释这一点。许多囚犯都拥有娱乐时间，而娱乐时间的气氛通常容易被激化。轻微的碰撞、无意的眼神接触或其他任何看起来似乎有些不敬的举动都能立即升级为残暴的袭击、致命的冲突甚至全体出动的帮派战争。

一旦生活没有按照罪犯的意愿进行，他们就会感到挫败，进而怒火中烧。他们会把他人告诉他们该做什么视为冒犯。从事低级工作是一种耻辱，因此他们干脆不工作。"如果让我的朋友看到我在扫地，我还不如死了。"一名20岁的罪犯如此说道，尽管他既无工作经验也无任何工作技能。乘坐公交车也是一种耻辱，因为这与他们想要维持的自我形象不符。一名罪犯是这样解释他不去工作的原因的："我才不坐公交车，只有下等人才坐公交车。"如果有人质疑他们的决定或向他们提出建议，他们非但不会认真考虑，反而会做出粗暴的回应。尽管他们知道他人的想法有可取之处，但他们的全能感依然受到了威胁，原因仅仅是他人的想法与他们的想法不同。

罪犯习惯于将责任推卸到他人身上，怪罪他人惹他们生气，实际上，他们自己才是制造麻烦和困境的人。但凡有责任感的人都知道，一个人无法完全控制他人。人们清楚如何应对"墨菲定律"——如果一件事情可能会出错，那它就一定会出错（类似的还有"沙利文推论"，相比之下，墨菲定律还更乐观主义一些）。然而，罪犯却容不下墨菲定律的存在。

罪犯对"尊重"的执拗是他们区别于普通人的另一种表现。一般人通过自身成就或优秀的品格赢得他人的尊重，但对罪犯而言，"尊重"意味着别人要服从他们。如果觉得自己被轻视了，他们便会做出任何他们认为必要的行为，以强调无人可以摆布他们。罪犯有颗"玻璃心"。他们可以随意贬低他人，却不允许任何人指出他们的不足。他们可能会从某些微不足道的小事中感受到羞辱，这些事往往一闪而过，旁观者甚至无从发现是什么引发了他们的愤怒情绪。当罪犯感到被贬低时，他们会产生一些无关的联想，认为自己遭到了辱骂或种族诋毁。他们也许不会立即做出回应，就如一名罪犯所言："我不生气，我要扯平。"

有些人心怀愤懑但不直接表达。例如，一个人把工作中的不快迁怒到家人身上。怒火中烧的罪犯常常随意地找替罪羊——售货员、接待员、服务员甚至无辜的司机。

我们以路怒症为例，看看这种公路暴行及其根源。一位司机没有开转向灯就突然强行插到另一辆车前面。如果后车驾驶员是一个安全、有责任感的人，那么他可能会在心中暗骂，但同时会退后并保持距离。而如果面对这种情况的是罪犯，那么他们会将之解读为对他们的侮辱。为了报复对方，他们会一边追车一边鸣笛，插到那辆车前面并把它逼停到路边，或许还会向那辆车的司机扔东西，甚至开枪。一名罪犯描述了他当时的想法："气死我了，我想掐死他。"路怒症事件给路人造成了巨大的伤害。2021 年 5 月 21 日，美国加利福尼亚州奥兰治县的一个 6 岁男孩在一次因路怒症而起的枪击事件中中枪身亡。当时他坐在安全座椅上，一颗子弹穿透了他乘坐的车并击中了他。

16 岁的戈兰经常毫无征兆地突然发火。一场关于看什么电视节目的争论可以迅速升级为一次打斗。他说，当他被母亲激怒时，他夺下了母亲手中的遥控器，并对她大喊大叫。他把母亲推到一边，威胁着要打她耳光以"制服她"。他大吼道："像你这样的女人在过去就该打。"戈兰告诉我，他根本不在意母亲怎么看他："她认为我脾气暴躁，但这不能改变我的生活。这是她的不对。我觉得自己很好。"戈兰的父母对他们的儿子惧怕到了极点，戈兰的缓刑监督官对他们说："你们已经失去了控制权，你们需要把控制权拿回来。你们的儿子需要被管束。"

戈兰不只在家里横行霸道，还在学校欺负同学。他说："我不允许任何人说我的坏话。"他又自负地补充道："我喜欢打架，打架时你能看到一个人有多厉害。我就要凭我的拳头和一把刀让其他人怕我。不过我还没有杀过人。"与戈兰夸耀自己随时准备与他人发生肢体冲突不同，有些罪犯声称自己从未挑起事端。尽管他们可能没有与他人发生肢体冲突，但一点小事就可以让他们暴怒。一名罪犯说："我不会无动于衷，我不允许别人说我不好。"和戈兰一样，当感到被贬低时，他会用暴力来应对。

骄傲源于个体通过努力达成的某些成就。它可能会表现为自豪感，这在一个经过努力取得成果的人身上是很常见的。这是一种源自内在的满足感，与他人是否知晓无关。骄傲也可能会表现为令人反感的虚荣或傲慢。罪犯的骄傲则有所不同。他们不会屈服于任何人。也许他们声称自己遵守规则，但实际上，对他们来说，根本就不存在什么规则。他们固执地坚持自己才是正确的。即使一个与他们意见相左的人最终被证明是对的，他们也仍然继续质疑这个人。罪犯的自尊心会表现为一种优越感。即使已经不再确信，他们也会坚守某种观点。如果有人质疑他们，他们就会变得很生气并为自己辩护。他们会坚持说服或强制对方接受他们的观点。他们拒绝妥协，在他们心里，妥协意味着自我瓦解。

某些作家把罪犯这种易激惹的特征描绘成叛逆。不过，只有当社会规则干扰了罪犯的所作所为时，他们才会对社会规则表现出反抗的态度。当从事盗窃、贩毒、纵火、诈骗及其他犯罪活动时，他们无一例外地要与当权者发生冲突。然而，他们并不反对既定权威，他们承认社会需要法律、警察和政府法规。我们在前文提到过，很多罪犯希望成为执法人员。在他们看来，违规者必须受到严惩——如果他们自己不在其中的话。

罪犯很少体验到内心的平和，他们长期以来一直对周围的环境感到不满。有些人极度沮丧，甚至考虑过自杀。自杀的想法萦绕在他们心头，他们心想着自己死了最好。这种念头持续不断，罪犯沉浸其中并因受到阻挠或否定而被激怒。他们并非由于自身的不足而感到绝望，相反，他们总是想着他人的缺点。他们抨击世界待他们不公，没有给予他们应得的认可。

当罪犯的自尊心崩塌，并认为自己前途渺茫时，自杀的想法会突然冒出来。保释期结束后，33 岁的里奇因贩毒而面临监禁。在一次访谈中，他表达了对未来的绝望。他告诉我："希望全无，我想过离开这里。我没有自杀倾向，但我想自杀。"里奇详细地解释道，他没有付诸行动的意图和计划。

当罪犯实施暴力犯罪时，他们宁可与警察"鱼死网破"，也不愿屈服投降——监禁对他们而言是一种失去控制的凄惨境况。在被囚禁期间，罪犯的自杀念头可能会持续几天甚至几周时间。美国国家惩教研究所的数据显示，囚犯的自杀率远高于全美国平均水平。其中，拘留所囚犯的自杀率高于监狱囚犯，那些首次入监的囚犯自杀率最高。不过，未被囚禁或释放出狱的罪犯自杀的情况却很少见。看来，恢复犯罪的思维和行动是其自杀的"解药"。

愤怒就像毒瘾一样，占据了罪犯的相当一部分生活。一名帮派成员曾提到，当他被激怒时，他会感到一股强烈的冲动和一种权力感。心理学家牛顿·海托尔（Newton Hightower）在《平息愤怒的 101 种方法》（*Anger Busting 101*）一书中描述了"暴怒狂"——那些"对表达愤怒上瘾"并且"不具备控制愤怒的能力"的人。精神病学家金真希（Jean Kim）博士在《今日心理学》（*Psychology Today*）上曾提到"愤怒的诱惑"，并表示愤怒与其他上瘾物质相似，可以通过"冲动……类似寻求刺激的活动"成为"给自己的奖赏"。她指出，愤怒可以帮助人们感受到当下对那些日常不可控的事物的掌控力。罪犯并非对愤怒"上瘾"，他们的愤怒来自习惯性的思维错误，而这些思维错误可以通过努力得以纠正。

几乎任何一种极端行为都能在 DSM-5 中找到其归属的精神障碍类别。DSM-5 纳入了间歇性暴怒障碍，这种精神障碍的发作最早见于 6 岁，其特征是"毫无预兆的冲动或愤怒"。间歇性暴怒不直接针对某个具体事物或事件（如金钱、权力、恐吓），它通常发生在"对关系亲近之人无关紧要的冒犯做出的回应"中。罪犯常常以冲动的方式表达愤怒情绪，做出不假思索的行为。无论如何，愤怒都一直存在。当罪犯因无聊而烦躁时，愤怒的情绪会在冷静的外表下慢慢升腾。如果他们的权力感遭到拒绝，愤怒便会浮出水面。之后，一旦有人挑战他们的优越感，他们就会勃然大怒。

我们一起来看几个有关罪犯的案例。这些罪犯具有犯罪人格，坚决要控制他人，最终给他人造成了身体、精神或财务上的损害。斯图尔特是一位出色的医生，虽然他所犯之罪不至于被捕，但他对他所在医疗中心的同事造成了精神创伤。南希之前无任何犯罪记录，直到她因大量盗用公款而被发现。罗素只有15岁，他暴躁的性格导致他曾多次因暴力犯罪而被捕。作为外祖母，露西杀害了她年仅3岁的外孙女。斯图尔特、南希、罗素和露西都将自己的情绪迁怒于无辜的人并造成了灾难性的后果。

斯图尔特

斯图尔特医术高明，是医院外科医生中难得的人才。然而，他对其他同事的恐吓和他的暴躁脾气却令人难以忍受。有人提醒过他，这种不稳定的行为状态正在危及他的职业生涯。他被描述为"易怒、判断力低下、污言秽语、缺乏对冲动的控制能力"。大家对他的评价是，他用"不恰当的方式"对待医院员工、医生及主管。他过于苛刻并严重威胁到了医院的同事，包括手术室工作人员在内，人人都惧怕他。人事分析报告显示，他的行为和暴躁性格妨碍了手术室的正常工作，逼得手术室主任不得不考虑离职。他蛮横的态度甚至影响了患者的康复和医院的整体运营。医生向上级汇报说，他们担心自己的人身安全，斯图尔特的行为已经造成了外科部门成员的集体"瘫痪"。据护士报告，当他们向斯图尔特询问事情时，他不仅不予回答，还用恶狠狠的目光盯着他们。有一名护士小心翼翼地请他作答，他竟然说："我要么无视你，要么揍你。"医院主管就斯图尔特的行为专门找他谈话，他却充耳不闻，还指责其他人能力不足。经过多次讨论和警告，管理层将斯图尔特停职处理，并建议他寻求心理医生的帮助。

在工作之外，斯图尔特也是麻烦重重。有一次，他和空乘人员发生争执，在飞机上掀起轩然大波，机长只能请他下机。还有一次，他在租车柜台大发雷霆，因为对方无法提供给他预订的林肯车。他正在和妻子翠西娅办离婚，声称她"疯了"并指责她毁掉了他们的婚姻。他提起诉讼，要求获得三个孩子的监护权。

翠西娅发现自己的婚姻越来越难以忍受，但为了三个孩子，她还是愿意继续维护家庭的完整。同时，她也不知道自己在做了全职妈妈后该如何回归职场。翠西娅通过写日记的方式为自己的困境和绝望找到了一个释放的出口。下面几段文字反映了她在努力处理斯图尔特的愤怒时的体验。她在日记中假装自己勇敢地面对他，而实际上，她根本没这个胆量。

你的暴躁令人胆怯，你看起来想要不断地报复。你曾对我暴力相向。你那么强壮，一旦你生气，我就会遍体鳞伤。我过去认识的那个你和善、温柔、体贴、忠诚、可信，我好想念他。

你善于摆布他人，你能为了获得你想要的东西表现得很温柔。一旦你得到了你想要的，不再需要我，你就会瞬间变脸。你做出一副受害者的样子，认为自己永远是对的。错的总是别人。对于我和孩子们，你不是过分关心（控制、威吓）就是忽视，这完全取决于你的心情和需要。

在一次激烈的争吵后，翠西娅因过于害怕，带着女儿搬去了亲戚家。她希望这次离开能刺激她的丈夫，让他去寻求帮助。由于斯图尔特的好胜心及他坚持打官司，这对夫妻经历了漫长又昂贵的离婚诉讼过程，闹得不可开交，最终翠西娅获得了孩子的单独监护权。

南希

　　南希从一所公立学校的系统挪用公款长达 5 年，这笔钱是学生申请成人教育项目的注册费。她没有犯罪前科。她的父母、丈夫、同事都对此感到震惊。在他们眼中，南希绝不可能犯罪，他们认为她是一个尽力取悦他人并且不会对任何人造成伤害的人。

　　应律师要求，我对南希做了一次评估。她告诉我："我非常在意他人的看法。"她自认为是一个独立的人，因为不想麻烦他人，所以她从不向外界求助。她强调，她想用正确的方式做事情，而依靠自己就是最好的方式。她说："如果出了什么错，我会觉得是我的问题。""我不知道如何拒绝他人。"她继续补充道，并举出几个例子来说明她如何不辞辛苦地帮助他人。

　　南希的个性中还有另一面，那就是她既不谦逊，也不随和。她固执己见，坚持事情一定要按照她的方式去做。她所谓的"独立"体现在她不征求他人的建议上，一切都不为人所知。她一边"努力取悦所有人"，一边制造压力与痛苦。她承认自己无法接受不同的意见："我不会告诉任何人任何事情。"她的控制看似很温和。每天下午 5 点，所有东西都必须物归原位，家里看起来要像样板间一样——玩具归纳整洁、炉灶清理干净、盘子齐刷刷地排列在橱柜里、枕头平整地摆放在沙发上、浴巾按标准折叠，就连椅子也得在距离桌子"适当位置"的地方码成一条直线。关于自己的完美主义，南希说："我喜欢亲力亲为，我想要这种掌控感。"

　　在南希的自我描述——慷慨、贴心、渴望取悦他人、家务强迫症——背后，事实却是另一番景象，她身边的人都要听命于她，不能因她做的任何事情质疑她。南希的母亲说，南希从小控制欲就很强，她不断地和她的兄弟姐妹发生冲突。杰弗瑞是南希的丈夫，他总是满足她的要求，几乎从不怀疑她的动机或违抗她的意思。南希这样评价杰弗瑞："他是我见过最听话的人。"

　　南希独裁的一个方面体现在，她隐藏了家庭每况愈下的财务状况。她说：

"我永远也不会告诉我的丈夫我们陷入了困境。"她不让丈夫参与开支决策。

她透支信用卡，每个月都要支付滞纳金。杰弗瑞看到的是，南希穿金戴银，他们经常去餐厅吃饭，还参加邮轮旅行——对此，南希的解释是，她淘到了"特惠套餐"。她还邀请其他人和他们一起旅行并为他们支付费用。在我与杰弗瑞的访谈中，他承认自己对此选择了视而不见。他这样解释道："我不知道的太多了。我没有上心。"他知道，如果他敢质疑南希，哪怕只有一点点，都要为此付出代价。他很少参与家里的事情，因为他的妻子包揽了一切。整理床铺就是一个很好的例子。杰弗瑞说："我整理过的床铺，她还得重新整理一遍。床铺必须一尘不染，就像军队里的那样。她一定要按照自己的方式去做。"他回忆起，他们的小儿子被要求严格遵守规矩，做一个"不能把自己弄脏的小孩"。

杰弗瑞对自己的语气和措辞十分谨慎，因为他经常被南希骂。南希承认："我不太能接受批评。"心理测验显示，南希长期以来一直过分严苛地控制着自己的不满。她很少爆发，一旦爆发便非常危险。杰弗瑞对南希挪用公款的行为感到不解，毕竟，他们两个人都有不错的收入。南希坦白道："我们一直都拥有我们想要和需要的一切。"经过调查，南希挪用公款的金额高达 25 万美元。尽管妻子给家庭带来了这么多麻烦，杰弗瑞仍然认为她是一个好人。

南希十分确信自己掩饰得无懈可击，大家不会发现她的内心隐藏着郁积已久的愤怒。东窗事发时，她的父母、丈夫、朋友、同事都大为震惊。他们万万没有想到，一个如此渴望取悦他人的人竟然能做出这样的事情。

作为南希事件的直接受害者，这个成人教育项目声誉尽毁。交了学费的学生无法获得学分，因为系统里没有他们的付费记录。南希早就把这些钱挥霍一空了。

罗素

罗素 15 岁就成了一个危险人物。他的治疗师曾让我给他做评估。那时，他刚从精神病院出院，因为学校咨询师在得知他计划弄一把枪带到学校射杀那些嘲笑他的学生并开枪自杀后，把他送进了精神病院。罗素开篇就提到他的"愤怒问题"。他说，多年来，同学和邻居家的孩子都觉得他是个疯子。他承认自己对所有人发怒并时常产生杀人的念头。他对他的同学表现出轻蔑的态度，他说："学校里没一个正常人。"有一次，他威胁一个男孩说要用铅笔刺伤这个男孩的脸，因为"他太烦了"。他的父母非常绝望，将他送往一所寄宿学校并参加一个野外项目，这样他就能得到 24 小时的监管和额外的帮助。他声称自己听到魔鬼的声音，并以此为由离开了这所学校。后来，他坦白道："我耍了他们。我想离开寄宿学校，它让我的精神备受折磨。"他说那些声音告诉他结束自己的生命，因此学校只能放他走。随后，他立即被送往精神病院，在那里，他被诊断经历了某种不明的精神病发作并伴有继发性抑郁。在住院期间，他对其他患者表现出"不适宜的愤怒"，并辱骂医院工作人员，对他们发出死亡恐吓。一周后，罗素出院了。住院记录显示，他有过自杀和杀人的想法，医生建议他接受进一步的住院治疗。

罗素回想起在童子军营地时，一个孩子主动提议说服一个女孩和罗素约会，但前提是罗素敢尝试自杀。罗素说："我用棒子打了他的脸。我抓住他，把他摔了出去。"在童子军营地，他对枪支日渐痴迷，虽然那里规定要尽责使用军火。他透露："枪的某些东西让我感觉大权在握，那种巨大的声响让我肾上腺素飙升。我就是上帝。"罗素离开童子军营地的原因有两个："无法融入"和"不喜欢被成年人控制"。他还说，他对有组织性的运动也是如此，他不想加入任何俱乐部或团体。

罗素的阅读内容集中于暴力主题。他热衷于 20 世纪 30 年代黑帮大佬查尔斯·曼森（Charles Manson）的故事和约翰·F. 肯尼迪（John F. Kennedy）刺杀案。罗素告诉我:"我有关于大屠杀的书。看到人类如何自相残杀是件很好玩的事情。我曾经喜欢纳粹,因为他们杀害了很多人。"罗素还被诊断患有阅读障碍。但他对测验结果极不认同,他说:"如果是我感兴趣的内容,我可以读得很好。但如果我不喜欢,我就没法读。"

随着同伴们越来越惧怕罗素,他遭到的排斥也越来越多。他一个人长时间地坐在电视机前。他沉迷于色情影片,每天花两个小时在上面,并偷拿父母的信用卡以支付观看色情影片的费用。当他的父母发现他保存的色情图片后,他们在计算机里安装了防护墙。但他并没有就此停止,转而去借用朋友的计算机。他日渐消沉,他说自己幻想着成为世界的主宰,仿佛他是整个世界的统治者一样。

为罗素提供治疗的心理健康专家指出,他的症结在于低自尊和抑郁。从11岁起,罗素就开始接受针对抑郁和注意缺陷/多动障碍的治疗。精神科医生建议,系统化的学习环境和参与社区活动可以帮助他发展对他人的同理心。

罗素的母亲不知所措,儿子表现出的盛怒让她心有余悸。她回忆起,有一次她开车经过一座正在建设中的高塔,罗素说他要从上面跳下去自杀。当我向罗素问起这件事时,他用嘲讽的语气回答:"她认为我想自杀,但我不会。她要气死我了。她太蠢了。如果我想自杀,我会待在医院里。"当我问他是否觉得自己的愤怒是个问题时,他说:"我不觉得。除非有人惹我,否则我都会尽量态度好一点。"

罗素最初是由一位治疗师转介到我这里来的。这位治疗师当时正在治疗他的性瘾,包括沉迷色情作品、偷窥癖和迷恋女性内衣的恋物癖。治疗师要求罗素接受"反社会人格特征评估"及其他需要处理的缺陷和行为领域的评估。在谈到对自己人生的看法时,罗素说:"处处都有社会。我不喜欢这个社会。在其他社会,你可以逍遥法外。"他对治疗不抱希望,并发誓只要满18岁,就不再去见治疗师。在一份给罗素的治疗师的报告里,我写道:"现在的门诊治疗无异于用木桶捕捉海浪,根本无济于事。是时候考虑实施住院治疗了。"对于治疗师最初找到我时提出的问题，我的回复是，一切迹象都指向罗素是完全的反社会型人格障碍。

罗素的案例很极端。他的愤怒情绪是如此泛化，以至于对自己和他人都构成了威胁。寄宿学校、野外项目、短暂的精神病院住院治疗或门诊治疗都解决不了他的问题。出于某些原因，没有一家精神病院能够为他提供长期治疗。他的医疗保险只能覆盖短期门诊治疗，他的家庭经济情况也无法负担长期治疗的费用。另一个阻碍是，精神科医生错误地认为他亟待解决的问题是抑郁。除此之外，罗素十分精明，他假装自己已经康复，因此医院不能违法扣留他进行长期治疗。罗素依然是一个危险人物。

露西

无力掌控局面的恐惧会导致罪犯下定决心消除使他们感到挫败的根源。露西是三个孩子的母亲，同时也是一位外祖母。尽管她身体健康，有一位忠心耿耿的丈夫，财务状况良好，还有一帮乐于伸出援手的亲戚住在附近，但她还是常常感到抑郁。她认为，生活待她一点也不好。一天晚上，她和丈夫、女儿、外孙女一起去商场吃晚饭。正当他们走在通往商场停车场的高架桥上时，露西抓起她的小外孙女，将她扔出了围栏。小女孩从 6 层楼的高度坠落，当场死亡。露西以自己精神失常为由申请无罪。这起案件登上了当地报纸的头条，人们很好奇究竟是什么样的人能犯下如此变态的罪行。事实证明，这个女人所经历的一系列所谓的嫌弃都是由她自己造成的。

露西的丈夫奥斯卡是一名工作了将近 30 年的联邦雇员。他们育有吉尔伯特和辛迪两个孩子。露西辗转于多份销售和收银工作，但一直没有找到适合自己的方向。当吉尔伯特还是个孩子的时候，露西就和他关系紧张。奥斯卡扮演着家庭调和者的角色，在他看来，自己更好说话，而露西则更有主见。吉尔伯特觉得只有父亲可以倾听和理解他，他和露西的母子关系恶化到了极点。他回避露西，把自己关在房间里。露西对丈夫和儿子亲密的父子关系心生愤恨，她曾在一个重要场合大发脾气，对着儿子厉声责骂并狠狠地推搡丈夫。但她只把这次事件当作一次小争吵。

所有事情似乎都无法达到露西的期待。首先是她的儿子排斥她，其次是她开始和奥斯卡发生争吵。当奥斯卡发现自己无法相信露西时，他们的关系开始破裂。在他上班期间，露西无节制地购物，并把她买的东西藏起来。当收到账单时，奥斯卡发现妻子欠下了巨额债务，这已经危及他们的财务安全。露西四处借钱，并继续她那铺张的开销，买一些自己并不需要也不会用到的东西。奥斯卡在衣橱里发现了藏在那里的衣服，两年前的价签还原封不动地挂在上面。他不得不当面质问露西，这引发了她的暴怒。露西要求奥斯卡请假在家陪她。有一天，她以刀相逼，拒绝交出奥斯卡的车钥匙。有时，她想让奥斯卡和她待在一起，有时，她又想让他离家出走。她偶尔也会觉得，或许自己离开会更好。

差一点令这段婚姻走向结束的事件是，他们的女儿未婚先孕，露西对此暴跳如雷。露西认为这是对她的侮辱，这标志着她对辛迪的梦想破灭了。她期望女儿能从大学毕业，环游世界，然后过上那种她自己从未有过的独立生活。露西把辛迪的怀孕视作辛迪对她作为母亲的控诉，是一种毁灭性的背叛。刚得知辛迪怀孕，露西便勃然大怒，她告诉辛迪自己有多么瞧不起孩子的父亲，想去揍他一顿。当辛迪和孩子的父亲结婚时，露西的反应犹如女儿死了一样。奥斯卡虽然也感到难过，但他明白自己需要接受已经发生的事情并尽力帮助辛迪和她的丈夫，这激化了他和露西之间的矛盾。

露西寻求治疗师的帮助，接受了针对抑郁障碍的治疗。她对待心理治疗的方式仍然是她惯用的模式。只要治疗师对露西表示同情，露西就会继续见她。一旦露西认为治疗师不支持她，她便会退出治疗。她对给她开药的精神科医生也是如此。每当她感觉好一些了，她就不再服药。心理健康治疗档案记录了露西不稳定的关系模式。她和儿子、女儿、女婿、丈夫之间都有矛盾，偶尔也会和亲戚产生摩擦。她感到非常不满，她告诉治疗师她可能会离开家和她的母亲住上几个月。她变得极其沮丧和愤怒，做出了自杀的举动，但之后不久，她又表达了对生命的渴望。（在一次尝试自杀后，她拒绝了住院治疗的建议。）在讨论到露西的自杀倾向时，她强调，如果自杀成功，她就可以解脱了。而事实是，她才是造成大部分问题的罪魁祸首。露西的治疗师提到了她非黑即白的思维模式。如果事情无法按照她的预期发展，她就想消除令人感到挫败和失望的根源。她经常不和她的儿子、女儿及女婿说话，拒绝参加家庭聚会。她总是怪罪他人，从不寻找自身的原因。

事发当晚，一家人在附近的商场刚吃过晚饭。在事件调查的过程中，露西坦白自己对所有人都感到生气。她告诉警察，丈夫爱孩子胜过爱她，她的儿女也不爱她。她说自己对外孙女的愤恨已经持续好几个月了，原因是"每个人都爱她"。在审问期间，露西一次都没有问过孩子坠落后是否生还。这个孩子象征着她人生中所有的不如意。她试图消除她所厌恶的一切，最终她摆脱了那个代表她问题的化身——她的外孙女。露西承认，她在商场里就已经想好怎么做了。在通往停车场的路上，她按计划让女儿和女婿走在前面，自己抱着外孙女跟在后面。直到孩子被扔出围栏，辛迪和奥斯卡才知道发生了什么。

有关"愤怒管理"的重大局限

对普通人来说，愤怒通常会给生活制造困难。虽然这种情绪可能会带来短期收效，但也导致了长期损失，它会破坏已经建立的事物，损害人际关系。普通人的愤怒情绪一般都有指向的对象，并且不会导致自己犯罪。相比之下，罪犯的愤怒情绪具有弥散性，因此会对他人造成严重的危害。

摆脱被愤怒困扰的生活益处多多。因学术成就和对犹太法律的解读而闻名的犹太拉比约瑟夫·沙龙·艾莱叙夫（Yosef Shalom Elyashiv）以 102 岁高龄辞世。根据刊登在《华盛顿邮报》上的讣告，这位拉比将自己的长寿秘诀归功于对教谕的研读及从不生气。当代文学名篇也提到，远离愤怒可以使人达到最佳状态。欧内斯特·海明威（Ernest Hemingway）在《丧钟为谁而鸣》（*For Whom the Bell Tolls*）中写道，当"杀戮的愤怒逝去后"，罗伯特·乔丹（Robert Jordan）心中充满"平和、空旷、冷静和敏锐"，而当他心怀愤怒时，他就像"在暴风雨中无法呼吸"一般。

精神健康专家治疗愤怒所采用的方法通常是帮助患者"管理"愤怒情绪。众多图书和专业培训课程都支持这样一种观点，即愤怒是正常的、需要得到表达的情绪。一个人应该学会如何管理并正确地表达愤怒。这些观点反映在如下专业培训手册的主题中：

- "愤怒管理的进展"——"愤怒情绪的适应性运用：通过利他目标来引导愤怒"；
- "有毒的愤怒情绪"——"跨越人生周期的愤怒管理：如何建设性地表达愤怒"；
- "人人都可以学会的愤怒管理技巧"；
- "无理取闹：把青少年的愤怒和挫折转化为变革的工具"；
- "暴躁、逆反、固执的孩子：快速应对愤怒和暴力行为的技巧"；
- "正确表达愤怒有益于健康和社会进步"。

专业人士似乎已经达成共识：如果以建设性的方式表达愤怒，愤怒就是可以被接纳的。这种观点将愤怒合理化。它可能有助于对普通人的治疗，但对罪犯却不适用。罪犯具有非现实性的世界观，我们必须帮助他们了解自己的思维错误，理解其后果，然后学习并使用新的思维模式。如果罪犯改变了自己的思维模式，他们就不会有过多的愤怒情绪需要管理。

只有当罪犯达到绝望的地步时，改变才会发生。这种情况在他们为自己的行为承担了严重的后果并开始反思自己所造成的伤害时最有可能发生。尽管罪犯可以改变，但大多数罪犯缺乏改变的动机。他们需要有人帮助他们切实地看清自己过往的生活，从而产生自我厌弃。本书后续内容将具体讲述这一过程。

斯蒂夫在狱中写下了自己为消除生活中的愤怒所做的努力。他逐渐意识到他泛化的愤怒情绪，以及自己和他人为此付出的代价。通过读书、写日记和接受咨询，他确信愤怒是他人生的"祸水"。他发现，当他放弃对他人的控制后，他的愤怒情绪明显减少，解决问题的效率也大大提升。

他描述了这样一个场景。在一个酷热难耐的夏日午后，拥挤不堪的监狱已经断电四天了，牢房里的囚犯怒气不断。他说："空气的不流通和居住环境的艰苦导致气温持续升高。我发现自己也在变得烦躁，尤其是对我的一个狱友，他一直喋喋不休地抱怨。有好几次，我都想对他破口大骂。我已经受不了他了，可我知道发脾气毫无用处。有的人说愤怒可以带来好的结果，或许对其他人来说是这样的，但对我来说从来都不是。我从来没在生气时做出过正确的决定。对我来说，愤怒是危险的，所以我要让自己远离任何愤怒的迹象，哪怕只是轻微的迹象。在我过往的经历中，愤怒是伤害性的，它给我和我周围的每个人都带来了伤害。我竭力消除愤怒。我不能和 20 年前的我一样易怒，我不能那样重返社会。如果我不能控制我的愤怒，我还不如一直留在这里。"

一名与愤怒抗争多年的罪犯写下他的心得："愤怒具有破坏性，它距离危险仅有一步之遥。愤怒什么都解决不了，没有一丁点儿好处。它能毁掉一切。愤怒只是一种选择。如果发生了什么不好的事情，不要和这些事情一起变糟，不要让坏事情变得更坏。没有什么适宜发泄愤怒的时机，就像没有哪个时机适合吸毒一样。愠怒也是愤怒，可能在任何时候爆发。要从其他人的角度看待问题，无论你是否赞同，考虑他人的想法都可以降低爆发愤怒的可能性。"

上述两名罪犯认识到愤怒就像一种代价巨大的毒品，于是他们开始和自己的思维模式做长期斗争。他们发现，当他们学会使用现实性的思维模式时，需要管理的愤怒情绪明显减少了。

第 13 章

罪责为首，毒品次之

美国国家药物滥用统计中心的一份报告显示，2017 年，全美国 19.4% 的人口曾使用违禁药物或滥用处方药。解读这些数据并非易事。"曾使用"既可以是只尝试过一次，也可以是一天之内多次使用。很多尚未达到法定饮酒年龄的人都喝过酒精类饮品，但其中只有一小部分人酒精成瘾。同样，也有不少青少年体验过大麻，但从没碰过其他致幻类物质。本章要讨论的是那些频繁使用毒品或物质滥用的罪犯，这些行为是其犯罪人格的表现之一。这里不涉及那些为了"寻找乐子"而偶尔饮酒或吸食大麻的人。

有些罪犯连阿司匹林都拒绝服用，因为他们不想让任何东西削弱他们的控制感或阻碍他们的判断力。但对另一些罪犯来说，酒精和大麻只不过是最初级的致幻类物质。当罪犯头脑清醒时，他们很有可能将自己的行为归咎于这些物质，控诉毒品把他们变成了另外一个人。"是毒品杀了他，不是我干的。"一名罪犯信誓旦旦地说。吸毒犯身边的人目睹了他们行为上的巨大变化。一位妻子说："维克多酒后变得完全不同。那时的他根本不是我嫁的那个人。"一个十几岁男孩的母亲这样评价她的儿子："这不是贾斯汀平常的样子，这是他吸食大麻后的表现。"每当贾斯汀吸食大麻后，他都会变得鲁莽、叛逆、难以相处。

毒品不是导致犯罪的原因，毒品只是强化了吸毒者本身具有的人格特征。在我接触过的案件中，无一例外地，罪犯在吸毒以前——在他们吸食第一口大麻、吞下第一粒药丸或注射第一针海洛因之前——就已经参与过犯罪活动。42 岁的奈德回忆起他的青少年时代，他将自己的犯罪人生归结于物质滥用。

奈德 15 岁时开始吸食大麻，18 岁时便四处搜寻阿片类物质。一段影片记录了奈德接触违禁药品以前的生活，从影片中我们可以看出，他在那之前就早已积习难改。奈德主动表示，他的母亲非常善良且善解人意，他的父亲全身心地投入对他和他弟弟的养育中。他抱怨父母"强烈的道德感"使他感到窒息。他先后从公立学校和教会学校退学，之后被送往一所军事寄宿学校，他把那里称为他的"第一所监狱"。老师和辅导员都鼓励奈德，经常夸奖他很有天赋，只要他下定决心，他可以做成任何他想做的事情。奈德对此置若罔闻，他无视学校并拒绝做作业。在学校期间，他开辟了一门生意，把偷来的香烟和电池拿去卖。18 岁那年，奈德辍学了，整日在大街上无所事事地游荡，接触了各种各样的毒品。他说，他让阿片类物质占据了自己的生活，尽管他知道这样不好。他还冒充医生给药店打电话提供假处方。最终，奈德每天要在毒品上花费 200 美元，这导致他"做出了一些孤注一掷的事情"——他曾在光天化日之下跳进收货柜台抢劫止咳糖浆。他一直批评政府对毒品犯罪的指控，并坚持认为："他们只针对人，却不针对毒品。该死的毒品法把我关在了这里。"而事情的真相是，吸毒只是奈德的诸多罪行之一。

在因持械抢劫而被短暂监禁后，奈德认为法院将自己安置到戒毒所简直是"从地狱到天堂般"的解脱。但他所谓的感激之情转瞬即逝。奈德鄙视他的治疗师，他说："她觉得自己无所不知，我不想和她打交道。"虽然奈德在被关押的两年间没有使用毒品，但他的人格却并未改变。他威胁治疗项目的参与者，挑衅工作人员，还试图撕毁其治疗记录——他认为这些记录的内容令他难以接受。奈德告诉我："我已经束手无策了。这些人越界了，他们不该这样。我很好，我不该待在这里。"他仍然无法想象戒毒后的生活。我在对他进行心理评估时，让他做了画人测验（Draw-a-Person Test，DAP）。这项测验可以反映出一个人的世界观。奈德不假思索地画了一个手持大麻和酒瓶的女孩形象。

人们能想到的各种因素都可以成为犯罪和习惯性物质滥用的原因。很多社会科学家认为，物质滥用可以被理解为应对贫穷、家庭失衡及其他不利环境因素的方式。心理学家谴责父母的不良示范作用，如父亲的酗酒行为或母亲通过药物缓解精神紧张。美国亚利桑那州戒毒康复中心的网站将"消极同伴压力"列为成瘾行为的首要因素，并指出青少年试图通过危险行为引起同伴的关注。瘾君子也强调同伴压力，他们告诉别人，是同伴带着他们吸毒的，并且"每个人都是如此"。社会评论强烈反对电影、电视节目、说唱歌词中对毒品的粉饰，以及吸毒者通过互联网分享使用毒品的经历。上述这些解释为罪犯找到了借口，他们利用这些解释为自己的吸毒行为开脱。

犯罪的根源不在于一瓶酒、一粒药丸、一袋粉末或任何其他物质。毒品只是引发并强化了一个人身上本来就已经存在的特质。它并不能让一个富有责任感的人变成罪犯。假如有 10 个人喝醉了，那么这 10 个人不可能个个都做出强奸、抢劫或杀人的行为。他们有可能昏昏入睡、吵吵嚷嚷、行为具有挑衅性，他们会做出什么样的行为大部分还是取决于他们自身的人格特质。毒品刺激了罪犯去获取他们想要的东西——犯罪、性侵、增强权力感和掌控感，或者结束自己的生命。

更恶劣、更冒险的罪行

帕特里克的犯罪生涯始于偷车和抢钱包，那时他只有十几岁。19 岁时，他因持有短管霰弹枪而被捕，此前他从未持枪作案过。当时他欠下很多赌债，于是他结识了一个携带大量现金的毒贩。帕特里克坚称，是海洛因让他有"胆量"将枪口对准他的上家。毒品使消除恐惧变得容易，这样他就可以将想法付诸行动。一名在光天化日之下入室抢劫的罪犯坦白："毒品让我失去警惕。"他承认，如果没有毒品，他可能不敢这样做。

性征服

毒品可以增强自信心，减少对性能力的恐惧，消除对怀孕和疾病风险的担忧。一个男人评论道："我不在乎她是聋是哑还是瞎，我只想要她的身体。"

因为担心自己无法保持勃起，马丁不愿接近女性并与之发生性行为。他告诉我："我经常产生关于性的想法，但我不会主动为之。这正是我喜欢可卡因的一点，它提升了我的性欲并刺激我表现良好。"他十分害怕陷入尴尬的境地，因此他说"如果没有可卡因，我绝不会尝试性行为"。

一个海洛因长期摄入者自述，如果没有毒品，他甚至不想和女性交谈。"这是我和女性约会的必需品。我真想把钱凑齐，然后远走高飞。这是能让我放松下来的唯一办法。毒品让我对自己充满信心，我能在几分钟内就让她们开怀大笑。要是没有海洛因，我就没有把握。在我看来，只要我吸了它，她们就是我的囊中之物。"在海洛因的作用下，他认为自己性能力超强，因为毒品可以让他反复达到性高潮。性行为的紧迫程度取决于毒品的选择和剂量。一些吸毒者会吹嘘自己在使用毒品后所展示的性技巧，但当毒品使用量持续增加时，他们会失去性兴趣。

从童年期开始，布莱德利就犯下了盗窃、蓄意破坏公物、过量饮酒和吸食大麻等多宗罪行。他的工作是修理计算机，这给他提供了机会，让他可以在疏于监管的情况下去往很多地方。有一天，他从一大早离开家直到深夜一直在吸食大麻，后来又在连续 4 个小时的时间里喝掉了一整打啤酒。大约凌晨 2 点，他再也喝不下一点酒，于是出门去买苏打水。他小心翼翼地避开最近收到第三张酒驾罚单的区域。路过一家商店时，布莱德利发现了警车。他赶紧离开，驶向附近街区的一个停车场。停好车后，他下车开始四处张望。他回忆自己"出于某种原因被一间亮着灯的公寓吸引"。他发现一扇敞开的门，一个女人正睡在沙发上，他觉得自己可以溜进去找些值钱的东西，用来偿还他的高额账单和债务。正当他想拿起一台笔记本电脑时，他听到背后窸窸窣窣的声音。布莱德利冲向厨房抄起一把刀，把公寓的主人吓坏了。他说："她往后退，我朝她走去。我扼住她，把她推倒在沙发上，用刀指着她，扯下她的衣服，抓向她的胸，又脱下她的裤子。"随后，布莱德利一边想象着对受害者施暴，一边手淫。他试图强奸她，但他无法保持勃起。最终他决定离开。他扔给受害者一条毛毯，带着刀逃跑了。没过多久，布莱德利被捕，并被指控企图强奸和绑架。

当布莱德利和我讨论他的罪行时，他坚称，除了多年前曾有过一次斗殴外，他从未使用过暴力。他认为，是过量的酒精和大麻导致他做出了出格的举动。然而，他的自我暴露揭示出，酒精和大麻并没有"导致"他做出与自己的人格相悖的事情。他在生活中的大多数时候都有一种权力感，很少表现出同理心，并将逃脱罪名视为自己独特的能力甚至以此为荣。他承认，多年来他看过不计其数的色情作品，其中有些描绘了暴力场景。大量使用致幻类物质让他敢于实施那些长期以来的幻想。这对他来说又是一次征服。

自杀想法的增加

毒品会助长自杀的想法。由于毒品削弱了罪犯的判断力，他们会错误地估计用量并因剂量过多而失去生命。如果罪犯在吸毒的同时接到了法院的传唤和监禁令，他们就有可能产生自杀的念头；反之，如果他们保持清醒，自杀的念头出现的可能性就会小一些。

提及自杀或做出自杀举动给那些认识罪犯的人带来了巨大影响。过量吸食毒品、割腕及其他方式的严重自伤行为迫使人们关注罪犯，由此带来的结果是，人们对罪犯给予更多保护，屈从于他们的想法甚至竭力减轻他们的痛苦。

《卫生服务心理学学报》（*Journal of Health Service Psychology*）上的一篇文章指出，重度饮酒者的自杀风险异常显著地高于一般饮酒者。这对那些其他致幻类物质的重度使用者同样适用。

托尼戒除毒品的最长时间是 8 个月。他因向一名卧底警察出售可卡因而获罪，在保释出狱期间，他一边等待宣判，一边与过去的生活藕断丝连。他通过电话和他的毒品供应商保持紧密的联系，但考虑到自己的状况，他又觉得这样做太过危险。他想出国，但护照已经被没收。沉迷于性活动也无法使他平静下来。他和母亲生活在一起，这让他感到愤恨，他说母亲对他的照顾就好像他得了癌症一样。他发誓，如果他仍然觉得自己像一只被困在轮子上的沙鼠，他就结束自己的生命。

被强化的权力感和控制感

毒品会让罪犯更加认为自己是了不起的大人物。假如你询问吸毒者，他们所谓的"很嗨"是什么意思。他们会对你的无知表示不可置信，然后给出一个模糊的回答，即那是一种感觉很好或近乎极乐的状态。如果你继续追问，你会听到诸如"吸毒后我觉得自己有 3 米那么高""毒品让我感觉自己无所不能"之类的说法。在吸毒者的描述中，他们的控制感增强了，他们可以应对一切阻碍，做任何想做的事情。

考纳曾经是个腼腆的少年，但接触毒品后，他变得外向了。他将自己日常吸毒前后的社交自信进行了对比。他说，如果他和 7 个人待在一个房间里，在没有吸食毒品的情况下，他会一直保持沉默，但如果吸食了毒品，他就会和每个人侃侃而谈。比毒品本身更加重要的是那种全能的生活方式所带来的吸引力。考纳从 14 岁起开始吸食大麻，17 岁时开始吸食并贩卖多种毒品。他告诉我："我感觉自己很重要。电话铃响个不停，我变成了一个受欢迎的人、聚会上的核心人物。"他选择了一所以举办派对而闻名的学校，在那里，人们因为他卖不掺杂质的"上等货"的名声纷纷找到他。考纳评价道："这种令人兴奋的生活方式把我吸引到了毒品文化中。它伴随肾上腺素的飙升，创造了一种极致的快感。"

阿尔伯特把他使用毒品的行为归结于寻求社会认同和提升自信。家庭支持、良好的财务状况、教育和事业机会对他而言都没什么意义。"我害怕成为一个平庸的人。"阿尔伯特这样解释道。于是，他发现了一种让自己感觉重要的方式。通过参加俱乐部，与一群大麻和可卡因吸食者混在一起，阿尔伯特得到了自己渴望已久的认同。他开始贩卖毒品，并马上由此获得了地位。他从贵宾通道进入俱乐部，人们蜂拥而至，这令他激动不已。他说："你能感觉到自己很重要，大家都想和你在一起，这简直太酷了。"通过向购买者提供他们所需的毒品，阿尔伯特在短短一年的时间里就获利近 7 万美元。他一边吸食毒品，一边幻想着自己成为大富豪。他回想起自己当时的想法："如果我有钱了，我就把钱捐给别人。如果我是百万富翁，我会像比尔·盖茨一样。"阿尔伯特过着一种秘不示人的生活。他的日常工作是销售，下班后，他会告诉妻子自己要带客户去吃夜宵。他曾对自己白天的生活感到厌倦，但现在，一切都变得十分刺激。工作一整天后，阿尔伯特丝毫不觉得疲惫，只要一上车准备开往俱乐部，他就感到精力大增。

治疗抑郁的"自我用药疗法"

专业文献大量引用人们寻求药物帮助以应对心理困扰的例子，这些心理困扰囊括了几乎我们可以想到的全部问题——虐待、创伤、愤怒、抑郁及低自尊。哈佛医学院精神病学教授爱德华·J. 坎泽恩（Edward J. Khantzian）被大众普遍认为是自我用药疗法理论的推动者。在他的分析中，痛苦是成瘾障碍的关键所在。

有些专业人士认为，吸毒犯是通过自我用药来缓解抑郁的。29 岁的哈罗德因过量摄入海洛因而住院接受治疗，在这期间，一位精神病学家对他进行了评估。这位精神病学家在一份报告中写道："患者面临着某种潜在的精神疾病，这种疾病表现为抑郁障碍。"而实际上，是哈罗德自己制造了导致他抑郁的情况。法院下令对他进行戒毒治疗——这已经不是第一次了——而他却想要完全的自由。当我开始向他提供咨询时，他说自己陷入强烈的抑郁情绪已经有好几周了，他反复地思考过去 10 年浪费的时间，对未来感到绝望。哈罗德对自己的境况感到沮丧，却从不考虑自己在其中需要承担的责任。相反，他怒火中烧，自怨自艾。他知道，只要注射海洛因，他的心情就能得到放松。这种"自我用药疗法"使他精神振奋，抑郁一扫而光。

吸毒者擅长使用治疗语言，尤其是面向专业人士说的话，他们说自己服用致幻类物质的目的是进行自我治疗。然而，大多数吸毒犯的痛苦都源于日常生活中的压力和麻烦事——接踵而至的账单、婚姻中的争吵、工作中受到的训斥、汽车送去修理后产生的不便。除了自我用药疗法理论，没有数据表明大多数人需要依靠致幻类物质应对日常挫折或预想之外的危机。与之相对的是，当面对困难时，大部分人都不会选择注射海洛因、吸食可卡因、使用其他违禁药品或滥用处方药。

为逃避现实而吸毒

比起自我用药的解释，一个具有犯罪人格的人更有可能会说自己吸食毒品是为了逃避现实。远比逃避现实更重要的是，毒品为吸毒者提供了他们寻求的兴奋感。

哈罗德说自己是为了逃避现实才吸毒的。但即使在没有压力、心情舒畅的情况下，吸食毒品的想法也会在他的脑海中闪现。他的母亲非常困惑，她在一封信中写道："他害怕自己变得普通，因为他害怕面对真实的世界。但我不知道他害怕面对什么，父母、家庭、朋友、工作、钱、未来的教育——所有这些都很美好，他值得好好生活。"哈罗德不同意母亲的观点。他的主要问题不在于他的家庭和周围的环境，而是他感到厌倦。他告诉我："兴奋感是我的全部，而我对生活感到厌倦。每天都一成不变，事事都处于困境。我不停地寻找更多，但一无所获。毒品不会追着我，我得追着它，我必须得保持兴奋。我到处寻找毒品，为此我搭便车、坐公交车和地铁。我的身体里有某些东西离不开它，我不想戒掉这个习惯。"

22 岁的可卡因吸食者马特也有同样的感受。他说："这是一个到处都是麦当劳的世界，无聊的日子周而复始。生活的意义何在？无聊的美国梦。"马特来自一个受过教育的中上阶层家庭，他在大学的学习成绩从 A 掉到了 C。他服用可卡因主要是为了逃避上课、工作、在家里和父母待在一起这些在他看来难以忍受的乏味生活。此外，他还通过浏览枪械杂志等读物以达到"逃避"的目的，这些读物教读者如何窃听、如何将吸尘器改造成火箭发射器、如何制造炸药、如何干扰雷达及如何入侵计算机。

即使吸毒者在相当长的一段时间内远离了毒品，他们中的很多人仍然对毒品十分渴望。托马斯因非暴力犯罪而获刑，在监狱里，他一直保持头脑清醒。法官批准他有条件获释，只要他参加工作、接受咨询、与保释官持续会面并通过随机药物筛查，他就可以居住在社区里。从客观指标来看，25 岁的托马斯过着尽责的生活。他不再吸毒，做着一份薪水不错的工作并存下了积蓄，认真履行与咨询师和保释官的会面，他的女朋友也对他越来越信任。然而，托马斯却烦躁不安。一天，他来找我抱怨："我之前以为，只要我不再使用可卡因，我就没有任何问题了。可我现在的问题比以前更多。我的卡车坏了。和我一起工作的那个家伙有时迟到或干脆不来，顾客总是抱怨，我的女朋友想让我为她做一件又一件事情。我没有自己的时间。"他继续说："如果这就是生活，那便是地狱般的生活。"他问我："和可卡因相比，你得到了什么？"我无法说服托马斯，以他现在的方式艰难前行，总有一天能比得上他在毒品世界中所体验到的兴奋感。我提到其中潜在的好处：他不需要警惕警察，担心自己失去自由；

他可以获得关心他的人对他的信任；他可以通过工作赚到合法的收入；此外，他还能从自己的成就中发展自尊和自信。不过，这些都不能保证他的名声和财富。托马斯复吸了。他渴望的不仅仅是可卡因，而是一种生活方式：那些人、那种场所、交易时的刺激、风险及毒品本身。

托马斯和哈罗德都成长在稳定的中产阶层家庭，拥有支持他们的父母。有人可能会认为，穷人会通过毒品逃避混乱的家庭、贫穷或其他不利条件，但实际上，吸毒犯来自各种各样的民族、种族和社会经济背景。几乎我所采访过的所有吸毒犯——无论来自城市还是郊区——都有一个同胞兄弟姐妹既不吸毒也不犯罪。

毒品偏好

罪犯会发展出对某一种特定的致幻类物质的偏好。萨姆十几岁时偏爱酒精。他说："我喜欢伏特加，我能承受它。你不需要喝太多就能醉倒。我能一口气喝下一大杯，并且从没吐过。喝下第一口就感觉棒极了。"他表示，借助伏特加的作用，如果有人惹他生气，他一定会狠狠地揍对方一顿。如果没有伏特加，其他酒精类饮品也可以代替，只要能让他喝醉。几年后，当我再次对萨姆进行访谈时，他已经独自生活，不再是那个和父母同住的青少年了。他的人格依旧没有改变，但他对毒品的偏好已经和之前不一样了。他在试图躲避警察时撞毁了他的车并遭受电击，从那以后他就基本不再饮酒了。他转向了可卡因。生活用品、房租和孩子需要用的钱都交到了毒贩那里，后来他自己也变成了一名毒贩。萨姆解释自己为什么选择可卡因："我可以一直熬夜到早晨 6 点，然后去上班，直到下午 5 点我挺不住时。我喜欢这样的感觉。我变得更加健谈。"他说戒毒会让他失去一些朋友，这些朋友互相分享彼此在设法获得毒品和泡妞时的趣事。他有一份工作，但下班后他却不想回家面对"连半杯啤酒都喝不了"的女朋友。他承认，可卡因取代了一切。当萨姆因缓刑期间的暴力行为而被捕时，他的律师向法官请求是否可以让他参加戒毒治疗项目，这样他就不用待在监狱里了。法官同意了律师的提议，萨姆也象征性地表示配合。但刚被释放，他就立刻复吸并回到了那些吸毒朋友的身边。

和萨姆类似，有些同时使用多种毒品的吸毒者从一种毒品换到另一种毒品，目的只是满足他们对尝试新事物无尽的好奇心。不过，毒品是否容易得到、毒品的价格及毒品的纯度也同样是决定因素。

对戒毒治疗的利用

一些罪犯参与过众多戒毒治疗项目，以至于他们都可以自己开设项目了。琳讨厌住在戒毒中心，但她也承认，待在戒毒中心总比被关在少管所要好。她向我强调道："我不需要在这里。我在这不是帮别人解决问题的，我不想和这帮疯子在一起。如果可以选择，我会和我的男朋友待在一起。"在吸毒之前，琳有过离家出走、盗窃商店、逃学、未经父母允许偷刷他们的信用卡等行为。她吹嘘自己在 13 岁前就已经干遍了那些"见不得光的事情"，如饮酒、吸食大麻、服用致幻剂。她总结道，最好的方法就是弄清楚戒毒中心的工作人员想听什么，然后满足他们。她告诉我："我都可以自己开设一个项目了。在咨询师开口前，我就已经知道他们想说什么了。我知道他们想让我说什么、做什么。假装可以，你就能做到。"当我问她是否有哪个戒毒项目值得参与时，她回答："全部都是浪费时间。"之后她又主动提到，她正在学习"如何成为一名更好的罪犯、一名比其他人都聪明的罪犯"。她所做的一切都只是为了熬到几个月后年满 18 岁，到那时她就可以自己签字出院了。我向琳的父母和她的治疗团队提出建议，物质滥用是潜在的人格障碍的一种表现，如果不找出罪犯思维模式上的错误，进一步的治疗也是徒劳的。这些思维模式上的错误引发了包括吸毒在内的多种犯罪行为。

成瘾是一种"疾病"

像琳这样的人被认为具有"成瘾人格"。不过，这种人格特质是否存在尚有争议。据《健康线》（*Healthline*）报道，这种说法代表了一种长期以来普遍存在的错误观念，即单一的人格类型增加了成瘾的风险。"成瘾"一词最初常用于致幻类物质，后来被广泛地用来指代任何能让人沉迷其中的事物。例如，爱吃巧克力的人被称为"巧克力成瘾"，酷爱跑步的人被称为"慢跑成瘾"，热衷于工作的人则被称为"工作成瘾"等。专业文献还提到了性成瘾、爱成瘾、购物成瘾、赌博成瘾、认同成瘾、咖啡成瘾、色情成瘾、糖成瘾和食物成瘾。随着新技术不断融入人们的日常生活，一些新的成瘾名词纷纷涌现，如"信息成瘾""屏幕成瘾""电话成瘾""邮件成瘾"及"电子游戏成瘾"。

在 DSM-5 中，美国精神医学学会声明："成瘾一词……从官方 DSM-5 物质使用障碍术语中被删除，因为它定义不明确并暗含贬义。"

戒毒治疗项目将治疗成瘾这种疾病作为自己的使命。然而，这种所谓的疾病区别于那些人们被动染上的疾病。一个人不可能主动选择患上感冒、流感、癌症或肺气肿，却可以选择饮用、口服、注射或吸入某种物质。吸毒犯抓住成瘾疾病的说法不放，以抵消自己该承担的责任。一名刚刚刑满释放的囚犯告诉《华盛顿邮报》的记者："任何人在任何时候都可能被这种疾病侵扰。"事实上，他自己才是侵袭者，而非受害者。罪犯是那个做出选择的人，他选择了在大街上游荡，购买并吸食毒品。因罪被捕后，罪犯说服其他人相信他们是旧病复发，因此需要额外的治疗。他们的立场是，自己是毒品的受害者，因此应该得到治疗，而不是被收监入狱。

一些罪犯对某种物质产生了耐药性，所以需要使用更大的剂量才能达到他们想要的效果。假如一名罪犯每天需要花费 200 美元用于毒品，而他无法通过合法的工作赚到这笔钱。结果就是，他利用盗窃支撑自己吸毒。有些吸毒者偷到的钱多于他们实际所需。此外，他们在吸毒前就已经犯过罪。

人们对于药物成瘾是不是一种大脑疾病存在不同观点。迈克尔·比勒（Michael Bierer）博士在哈佛健康博客上写道，他希望他的患者明白"这些往往危及生命的问题行为下隐藏着深层次的生物因素"。人们似乎一致认为，长期用药会导致大脑发生改变，但是当个体变得节制、自律时，这些改变是可以逆转的。这取决于个体是否为自己的康复负责。

研究表明，致幻类物质的使用倾向具有家族遗传性。但是，即使存在成瘾的基因或生物易感性，人们依然能够选择对自己做什么和不做什么。如果一个人意识到他的家族存在成瘾倾向，那么他就更有理由远离致幻类物质。（当然，在胎儿期就暴露于毒品环境中的儿童无法做出这样的选择。）

在一次对县监狱的访谈中，弗兰克坦白自己犯下过很多罪行。但是，他却与酒精及其他毒品保持距离。小时候，他目睹了他的父亲酗酒致死。他害怕同样的事情在自己身上重演，因此他发誓永远不碰酒精或其他致幻类物质。

在美国，大麻合法化的趋势愈演愈烈。截至2021年1月，已有36个州将大麻的医疗用途视为合法，有10个州批准大麻零售业务。在2020年11月3日的选举中，俄勒冈州选民做出了一个史无前例的举动，将持有少量可卡因、海洛因和甲基苯丙胺合法化（持有大麻在该州已于2015年合法化）。毒品合法化基于三条主张。其一，由于逮捕人数减少，人们不再被污名化，由此带来的结果是人们不再受到就业机会的限制；其二，毒品合法化消除了毒品贩运本身的牟利动机，从而减少了犯罪；其三，随着刑事司法系统惩治性的"禁毒战争"的失败，整个物质滥用问题可以通过鼓励治疗的公共卫生方式得以更高效、更经济地解决。

尽管很多美国人认为大麻无害，但那些经常吸食大麻的孩子的父母和那些给青少年提供治疗的咨询师、治疗师却不赞同。根据美国国家药物滥用研究所和美国疾病控制与预防中心的说法，持续吸食大麻可能会对思维、记忆和学习能力造成永久性的伤害。其他长期影响还包括精力和成就低下、肺部损伤、意外事故频发。对很多具有犯罪人格的人来说，大麻是他们人生中的一道分水岭。如果罪犯长期吸食大麻，切断他们的大麻供给将造成灾难性的后果。阿什顿从高中时开始吸食大麻，后来发展到每天都离不开大麻。他在大学一年级就辍学了，在之后的 6 年里，他几乎没有工作过。玛丽是他的女朋友，她说她不确定这是不是大麻带来的影响，因为阿什顿每天要吸 10 次之多。当他没有钱购买大麻时，他便会做出一些反常的举动——这个平日里安静的男孩会变得异常愤怒，像疯了一样乱发脾气。玛丽说，阿什顿会变得暴力，破坏东西，并威胁她。吸食大麻成了他应对生活和自我控制的必需品。

合法化使违禁药品易于获得，却改变不了罪犯的人格。易得性给他们在实施脑海中酝酿已久的罪行时提供了便利。吸毒犯不太可能主动走进治疗中心。虽然没有谁可以强迫一个人做出改变，但当法院强制囚犯接受治疗时，关于人生的转变就有可能发生。合法化削弱了法院的权力，在此之前，法院可以利用自己的影响力强制要求吸毒者接受治疗。

很多文章指责医生和制药公司，是他们引发了美国的大规模阿片类药物危机。本章的重点是吸毒犯的人格，这些吸毒犯也包括那些滥用合法处方药的罪犯。在一份医生指导手册中，斯科特·菲什曼（Scott Fishman）博士建议将注意力放在患者而非疼痛上。他列举了与取得阿片类药物有关的反社会行为：盗窃、卖淫、伪造和变卖处方。一个人为缓解疼痛而使用阿片类药物并努力戒除药物依赖，与一个人通过非法渠道寻求更大剂量的药物是有区别的。我们来对比下这两种人：赛伊，一个竭尽所能地避免自己对药物上瘾的人；蒙特，一个四处搜寻毒品的罪犯，从未有过和赛伊一样的想法。

赛伊是一名退休律师，被严重的背痛折磨着。他说：“我得了脊柱关节炎，一开始就引发了剧烈的疼痛，后来就更加严重了。”医生给他开了芬太尼透皮贴剂，但他觉得这个药太强烈了。他请医生开些温和一点的药，于是医生把药换成了氢可酮。他回忆道：“医生让我每天吃三次或四次，所以每个月给我开 120 片的量，但我从来都用不完。每次我多一片都不吃，还经常少吃一点。我的目标是缓解疼痛，而不是成为瘾君子。”

蒙特在部队服役期间伤了后背，后来做俯卧撑时又再度受伤。他接受了一次又一次的疼痛治疗，但始终未见效果。最终，医生给他开了一个疗程的"阿片类药物治疗"帮助他控制疼痛。然而，逐渐戒除药物依赖的目标却始终没有实现。蒙特持续把自己的疼痛等级描述为最高级别，因此坚持让医生给他开更大剂量的药。他的治疗记录上有一条注释，"他的主要应对方式是服用阿片类药物和睡觉"。一位医生对蒙特的自我报告表示怀疑，他在记录上写道："患者表现出一种假性成瘾模式。"蒙特的状况并没有如他自己所说的那样糟糕。他能爬上房顶干活，砌石灰墙，粉刷家里的固定设施。他还可以开车，能扔下手仗步行 1 公里以上。

医生提议蒙特关注下非药物疗法。不过，蒙特只想使用药物。他缺席疼痛管理诊所的治疗，拒绝减肥（蒙特身体肥胖），并且变得咄咄逼人，突然停止参加"康复与疼痛心理学课程"。他回绝了能帮助他在不借助阿片类药物的同时应对疼痛的社区项目，拒绝一切以非药物疗法减轻疼痛的方式，并坚持要求加大阿片类药物的剂量。他曾生气地警告一位医生："如果你不能提供药物，我就不得不另找医生了。"

蒙特傲慢又苛刻，对他人的想法毫无兴趣。他的岳母发现，和他交谈就像想要握住一捧水一样徒劳。他的岳父直言不讳地说："我觉得他是个瘾君子，他喜欢吃药。"据他的妻子加比说，蒙特让她遭受了一连串无法忍受的、无休止的批判，有一次，蒙特还差点把她的头往墙上撞。

蒙特被捕的原因是他闯入了一位知名律师的家里，他因为这位律师没有雇佣他而怀恨在心。他袭击了这位律师，朝他的妻子开枪，恐吓这对夫妇并威胁要杀死他们。警察搜查了蒙特的车，发现了车内的药物。他告诉警察自己正在服药治疗，从容地回答了警察提出的问题，并且要求请律师协商。救护车将他送到医院，医院将他评估为"精神状态改变"。随后，警察又找出他藏有的芬太尼透皮贴剂和肌肉松弛剂。

有证据表明，蒙特精心策划了这起犯罪。他获取了大量有关律师夫妇的资料，查到他们的住址并在案发前的数日里对他们进行了监视。他买来用于困住受害者手脚的扎线带和电工胶带，之后携带枪支、弹药和一把电击枪来到他们的住处。蒙特犯罪的动机无关金钱和药物，他只是因几个月前发生的一件微不足道的小事而对他们进行报复。他用药物成瘾为由为自己开脱，但被法官驳回并被判处终身监禁。

蒙特对药物的持续渴求和他恶意伤人的行为与赛伊在对抗疼痛的同时最大限度地减少药物使用的不懈努力形成了鲜明对比。2020 年，美国有 210 万人患有阿片类物质使用障碍。研究人员发现，人格障碍尤其容易与阿片类药物滥用共同发生。《美国新闻与世界报道》（*U.S. News & World Report*）的一篇文章指出，研究人员强调"为处理全国性药物剂量过大的危机，我们必须格外关注青少年和年轻人群体，而不能单单把目光放在阿片类药物上"。

问题的关键不是药物本身，而是使用者的人格。一名罪犯的总结简明扼要："恶人就是恶人，和毒品没关系。问题在于怎么想，不在于饮酒。"即使所有吸毒犯都可以成功戒毒，远离毒品，他们仍然还有很多需要改变的地方。只有这样，他们才有可能成为有责任心的人。

第 14 章

恐怖主义犯罪

在我们通常的印象里，恐怖分子是那些在公共场所引爆炸药装置、炸毁飞机、威胁不同信仰者或参与种族灭绝的人。与许多其他暴力罪犯不同，恐怖分子宣称自己是在支持某项事业或某种宗教信条，以此来为他们的毁灭行为正名。

《美国法典》（*United States Code*）将恐怖主义定义为"意在恐吓或胁迫平民百姓的行为"。因此，罪犯实施的也是一种恐怖主义行为，无论他们的目标是个人、家庭、社区，还是整个国家。强奸犯、偷车贼、连环纵火犯、狙击手都是在实施恐怖行为。

家暴实施者也是恐怖分子。科林和朱迪的婚姻呈现了一个施虐者如何通过恐吓、威胁、心理虐待和躯体暴力让受虐者长期处于屈服和不安全的状态。这对夫妇引起了他们所在县社会服务部门的关注，起因是他们的一个孩子向老师吐露自己很害怕父母打架。他们的婚姻关系冲突重重，以至于法院决定让他们的儿子暂时搬出来由祖父母监护。

科林罪行累累，包括伪造支票、重大盗窃、偷车及多次无证驾驶。明知他和朱迪的银行账户缺少足够资金，他还强迫朱迪在支票上签字。

朱迪告诉她的咨询师，她已经失去了一部分自己，她缺乏自信，觉得自己是一个婚姻失败的人。每当朱迪试图和科林商量事情，科林都用一种轻蔑的语气回应她，这让她觉得自己好像什么都不懂。她认为与科林对抗是徒劳的，于是听从了他的任何要求。性成为一个主要问题，科林希望他们按他的需求发生性行为，并在日历上标注他们发生性行为的日期，然后对她的表现进行评分。他甚至更进一步地羞辱他的妻子，在每次发生性行为后都付钱给她。一天夜里，科林走出家门大喊："我只是花钱买春而已。"

日子一天天过去，科林磨平了朱迪的意志。他们一起走在街上，科林指责朱迪走得太慢。他批判朱迪的穿着，在朱迪剪短头发后大发雷霆，并因为朱迪没有喷香水而狠狠地挖苦她。甚至当朱迪看书时，他也要发火，说朱迪喜欢看书胜过喜欢他，并要求朱迪照顾他。如果晚饭没有严格按他希望的时间做好，他就会确切地告诉朱迪她必须在几分钟内把饭菜端上桌。朱迪回忆起有一次科林朝她厉声尖叫还扔东西砸她："最后我躲在卧室里哭。他告诉我，如果我再敢说一个字，他就扇我耳光。"

朱迪是家里的经济支柱，但这并不能阻止科林侵占他们的共同账户，并把钱挥霍在他喜欢的东西上。他们没有共同的朋友，科林也不允许朱迪有工作以外的社交。朱迪的工作是她在生活中唯一可以脱离丈夫控制的部分。科林抱怨朱迪被工作冲昏了头脑，表现得过于自负。而对朱迪来说，工作是她赖以生存的基础，在工作中她可以找人说说话，并且得到他人对她能力的认可。

这对夫妻的争吵愈演愈烈，并上升到了肢体冲突。在一次争吵中，科林猛地扔出一个钥匙圈，正好打在朱迪的脖子上。朱迪宣布自己要离开这个家，她开车离去，科林就开着他的车在后面追赶，狠狠地撞上朱迪的车尾。之后，科林拆除了引擎盖下的电线，并警告朱迪，如果她再敢离开，他就开枪杀了她再把她埋到"2米深的地方"。还有一次，朱迪因害怕而躲进浴室，科林破门而入。"他抓住我，指甲挖进我的皮肤把我抓破了，还把我的眼睛打得淤青。"朱迪惊恐地叙述着她遭受的伤害。

朱迪向她的咨询师坦言："我想做一件事，那就是站在他面前告诉他我的感受。"出于一些原因，朱迪仍然和科林在一起。尽管她有收入，但因为他们还有共同债务，她无法想象如何靠她自己一个人承担这些债务。同时，让朱迪留在这段婚姻里的最主要因素是她的个人安全问题。她对咨询师说："我对他的期待太多了。"她自我批判，认为自己不是一个合格的家庭主妇，并且在性方面态度冷淡。她对自己的婚姻誓词极为看重，因此她希望自己和科林能消除分歧，重新拿回孩子的监护权。另外，让她坚持下去的是，他们两个人也有和睦相处的时候，在那些时候，科林对她深情款款，给她买礼物，还带她出去吃晚饭。

朱迪参加了一个由法院资助的家暴受害者团体。因为被折磨到崩溃，她饱受疲劳、头痛和焦虑之苦。最终，她决心离开科林并制订了相应的计划。万事已然俱备：她涨了工资，孩子们也都安全，她有一辆车，有支持她的牧师，有地方可去。于是，她打包好自己的东西，开车去了一个朋友家，准备搬到一千公里以外的地方，那里有她的家人，还有不错的工作前景。社会服务部门把孩子的监护权还给了朱迪，他们现在可以生活在一个更安全的环境下。

朱迪嫁给了一个家庭恐怖分子。恐怖分子会出现在不同的领域，他们打着发展某项事业的幌子，掩盖自己的犯罪人格。20 世纪 60 年代，我访谈过一名辍学的大学生，他加入了美国亚拉巴马州的民权游行。当他回来后，我们聊起了这次旅行的见闻。他带着极大的兴奋描述了残暴的警察政策，警犬冲向示威者，警察用消防水管朝抗议者喷射。从他的口中，我没有听到任何有关社会公正和种族平等的事情，而这些从表面上看恰恰是促使他这次南下旅行的理由。他不是一个恐怖分子，但他说谎、盗窃、吸毒。大学社区里的学生要小心地看好他们的自行车，因为他会顺手牵羊，偷走那些没锁好的车。虽然他口口声声拥护那些民权的口号，但他真正在意的只是出现在紧张、刺激的现场，然后像个大人物一样回来向他人吹嘘自己的故事。

很多恐怖分子都极有可能具有犯罪心理。或许，有些人只是出于纯粹而真诚的动机忠于他们所要献身的事业。但是，对一个了解罪犯心理构成的人来说，推断暴君和独裁者的人格并非难事。这些残忍无情的人会以某项事业为名，威胁并屠杀他们的对手。

大部分无情的独裁者早在攫取绝对权力之前就是恶贯满盈的罪人了。在

《精神病态的上帝》（*The Psychopathic God*）一书中，作者罗伯特·G. L. 韦特（Robert G. L. Waite）用了 500 多页的篇幅对阿道夫·希特勒（Adolf Hitler）进行了分析。他的观察佐证了希特勒从童年时期就表现出与罪犯相同的思维和行为模式。韦特写道，发脾气是 "小阿道夫用来恐吓溺爱他的母亲以满足自己的要求的一种手段"。11 岁时，希特勒 "爱争论、固执、任性、自大、脾气暴躁"。年幼的希特勒 "要求他的同学绝对服从于他并幻想自己是领导人角色"。12 岁时，"那个曾经是乡村学校明星学生的男孩开始走下坡路，那个狂妄、过于活跃的邻里间野蛮游戏的小头目变成了忧郁、自闭、孤僻的青春期早期少年，他在偏僻的小山上和树木交谈、对着风说话，还和父母吵架，挖苦老师甚至憎恨这个世界"。希特勒的学习成绩下滑，因此不得不转去另一所学校，在那里，他也没能待到毕业。他对动物既同情又残忍。1936 年的一项法令反映出他 "对龙虾和螃蟹的遭遇尤为关心"，还特别说明了它们应该如何得到最 "人道主义的死亡"。然而，人们却看到希特勒 "非常凶狠地对待他的狗"，"像疯子一样" 鞭打它。据称，希特勒在关心龙虾的同时曾对一位同伴说："我想消灭整个种族吗？我当然想……那些人……需要恐惧的刺激才能让他们战战兢兢地屈服。" 接下来关于阿道夫·希特勒臭名昭著的故事就是一名集权的罪犯对数以百万人实施恐吓、折磨和屠杀。

　　当代恐怖分子表现出与希特勒相似的模式，他们在投身于他们借以谋取权力的事业前就已经犯下罪行。许多观察者都曾表述，恐怖主义者名义上是宗教圣战的代表，实则歪曲了宗教的核心教义。

　　玛丽·安妮·韦弗（Mary Anne Weaver）在《大西洋月刊》（*The Atlantic*）上撰文讲述了阿布·穆萨布·扎卡维（Abu Musab al-Zarkawi）"短暂而暴力的一生"。在她的刻画中，这个声名狼藉的圣战组织成员在加入任何所谓的事业前就已经是罪犯了。十几岁的扎卡维就成了一个恶霸、暴徒、私酒贩子及酗酒者。28 岁时，扎卡维因持有非法武器及加入了一个被约旦政府禁止的组织被判处 15 年监禁。根据韦弗女士的描写，扎卡维在被关押期间 "蓬勃发展"，他

"像帮派头目一般组织起监狱生活"。出狱后，他组建了士兵训练营，后因策划爆炸、自杀式袭击及处决事件而被美国通缉。事实表明，扎卡维的目的在于蓄意制造混乱和屠杀，而非推动某种宗教或意识形态。2006年6月7日，扎卡维最终被美军击毙。

斯坦利·贝德林顿（Stanley Bedlington）在《华盛顿邮报》上写道，已故的奥萨马·本·拉登（Osama bin Laden）"玷污了他的宗教"。《时代》（*Times*）杂志的一位作者指出，"在大多数宗教学者看来，本·拉登对美国发动的所谓圣战根本不是什么神圣的战争，而是一场公然的骗局"。心理学教授奥布里·伊梅尔曼（Aubrey Immelman）将本·拉登描述为"擅于利用宗教主义为自己的野心和个人荣耀服务"。

2013年4月15日，波士顿马拉松爆炸案的肇事者根据一篇题为《如何在妈妈的厨房里造出一颗炸弹》（"How to Build a Bomb in the Kitchen of Your Mom"）的文章制造了炸弹。信息管理学教授玛丽·赖特（Marie Wright）注意到，互联网和美国大学开放性的环境"为表达激进言论提供了场所"，因此吸引了某些年轻人。同时，她也观察到"人们倾向于找到那些与自己想法相近的人"。这一点在美国中央情报局的一份报告中得到了证实。该报告称，"许多恐怖组织依靠在监狱招募人员成功地壮大了自己的队伍。囚犯直接招募其狱友，发现和评估其他人以便在刑满释放后招募"。

黑客入侵公司、大学、医疗机构、美国联邦政府的计算机系统，使得恐怖事件长期存在。近年来，数据失窃、身份信息盗用案件逐年增长，勒索软件爆发式出现。2020年，万豪酒店520万住客的电子邮箱账户被入侵，1.42亿美高梅客户的个人信息被放到网上出售。犹他大学支付了45.7万美元的赎金以阻止网络罪犯公开学生的信息。2021年5月，美国东部燃气短缺，原因是该地区最大的燃料管道因遭遇黑客袭击而关闭。科洛尼尔管道运输公司为此向罪犯支付了高达500万美元的赎金才得以恢复运营。贝丝·吉文斯（Beth Givens）是非营利性机构隐私权信息交流中心的创始人，她在2013年对《华盛顿邮报》发表过一番讲话，这些话直到现在依然正确："这是一场军备竞赛，骗子总是走在前面。"

恐怖分子可以为自己找到各种所谓的"事业"，包括环境保护、动物权利、历史保护及任何政治运动。他们还可能建立自己的邪教团体或意识形态，以此实施他们的犯罪行为。查尔斯·曼森是美国最臭名昭著的邪教头目之一。从 9 岁起，他就有一多半的时间在少管所和监狱里度过。刚一出狱，他就创建了一个后来被称为"曼森家族"的邪教团体。疯狂的追随者相信了他是基督转世的说法。1969 年 8 月 9 日，他和他的追随者谋杀了怀孕的女演员莎朗·塔特（Sharon Tate）及其他四人。他还与另外至少四起谋杀案有关。曼森被判处终身监禁，83 岁时死于狱中。

吉姆·琼斯（Jim Jones）是另一个臭名昭著的邪教头目。作为一名牧师，他自称是信仰疗法治疗者，并在圭亚那的丛林里创立了一个教会。他对教众实施性侵并要求他们完全服从。1978 年 11 月 19 日，包括近 300 名儿童在内，共计 918 人在琼斯的命令或胁迫下饮毒酒自杀。琼斯的尸体被找到，他的颅内有一颗子弹。在吉姆·琼斯的早年生活中，他虐待动物，痴迷于希特勒，还曾因在电影院实施猥亵行为而被捕。

迄今为止，美国发生的最耸人听闻的恐怖主义袭击发生在 1995 年，当时蒂莫西·麦克维（Timothy McVeigh）轰炸了俄克拉何马市的阿尔弗雷德·P. 默拉联邦大厦，造成 168 人死亡，其中包括 19 名儿童。从大量新闻报道的描述来看，麦克维具备犯罪人格的诸多特征。据《华盛顿邮报》报道，麦克维从 13 岁起就对枪支极为着迷，他在学校觉得无聊时就画与枪支有关的画，还把枪带到学校以引起同学的注意。青少年时期的麦克维曾被人目睹以 70 千米的时速飙车，还对开得慢的司机破口大骂，并举起猎枪，"好像要射死他们一样"。从社区大学辍学后，他不断地换工作，欠下一大笔无力偿还的赌债。20 岁时，他学会了制造炸药。在军队服役期间，他结识了特里·尼科尔斯（Terry Nichols），后者后来成了他在俄克拉何马市袭击案的同伙。再后来，他离开军队——部分原因是他无法达到美国陆军特种部队选拔的要求。此后，他辗转于40个州之间，在80家枪械展会上买卖武器。麦克维喜怒无常，经常"一下子从平静状态变得如火山爆发般愤怒"。他深信政府的邪恶，指责政府与人民作对，理由是政府削弱公民权利，尤其是公民持枪的权利。俄克拉何马市爆炸案发生前，他曾考虑过将众多政府官员作为暗杀对象。

无论是极右翼还是极左翼的美国恐怖主义都已成为美国执法部门关注的焦点。一些恐怖行为的行凶者在登上报纸头条以前就有犯罪前科，而另一些人则不为警方所知。他们中的有些人成功地过着双重生活。邻居、同事和其他人对他们被捕感到震惊，因为他们看起来既安静又谦逊。这些人被媒体称为"孤独者"，他们秘密地策划着自己的邪恶行为。

四处寻找刺激的罪犯是成熟的恐怖分子招募的目标。他们几乎不需要劝说，也不需要长途跋涉去接受培训。《华盛顿犹太周刊》（*Washington Jewish Week*）称互联网是"恐怖主义的虚拟图书馆"，人们可以在网上激起对彼此的不满情绪。互联网发表并鼓吹意识形态，它是恐怖组织用来招募、筹集资金和订购物资的廉价工具。

2018年10月27日，罗伯特·鲍尔斯（Robert Bowers）闯入匹兹堡的生命之树犹太教堂。他手持一支突击步枪和三把手枪，杀死11名礼拜者，射伤6人。因为他很少与人交往，邻居们给他起了个绰号"鬼影"。鲍尔斯一直活跃在社交媒体上。几个月来，他的帖子上充斥着反犹太主义言论，他还在网上找到了臭味相投的人。他愤怒地宣称总统身边围绕着太多犹太人，他希望所有犹太人都死掉。调查人员确认了鲍尔斯名下有21把枪。我们从他为数不多的背景信息中了解到，他高中辍学后成了一名卡车司机。2004年，在他威胁要自杀后，警察到访过他的公寓。

2019年8月3日，21岁的帕特里克·伍德·克鲁修斯（Patrick Wood Crusius）在得克萨斯州埃尔帕索的一家沃尔玛超市使用攻击型武器造成23人死亡、23人受伤。枪击案发生前几分钟，他发布了一份充满仇恨的宣言，谴责"西班牙裔人侵得克萨斯州"。据报道，他曾多次踩点，然后返回以寻找墨西哥人作为袭击目标。除了 2014 年的一次离家出走，克鲁修斯没有犯罪前科。认识克鲁修斯的人形容他是一个"脾气暴躁的孤独者"。案发时，克鲁修斯正处于失业状态，据说他对工作表示蔑视并在自己的领英页面上写道："工作都是糟糕的……我真的没有动力去做更多事情，只要得过且过就好。"新闻报道称，克鲁修斯把大部分时间花在计算机上。

在讨论"独狼袭击者"时，心理学家玛丽·艾伦·奥图尔（Mary Ellen O'Toole）观察到，"暴力伪装成对某些大众宗教和政治信仰的忠诚，而事实上，以宗教和 / 或政治名义实施的暴力活动往往只是为了感觉强大、无所不能或报复，与政治、宗教毫无关系"。

一些恐怖主义肇事者渗透到和平抗议者团体中，在表面上支持他们事业的同时从事暴力活动。无论支持极右翼还是极左翼的意识形态，恐怖分子都是罪犯。2020 年和 2021 年，在寻求警察改革和社会平等的和平抗议期间，右翼和左翼极端分子挑起了暴动。

"反法西斯主义运动"由组织松散的团体构成，他们支持极左翼的意识形态，奉行对执法人员和右翼组织进行直接甚至时常是暴力的对抗。2020 年夏天，在俄勒冈州波特兰市的数日骚乱中，该运动的成员向警察投掷炮弹，并参与抢劫、纵火和故意破坏。7 名暴徒在袭击法院后被指控为联邦犯罪。俄勒冈州公共广播报道称，尽管绝大多数抗议者在俄勒冈州没有犯罪记录，但那些被指控犯有袭击警察和破坏财产等严重罪行的罪犯都有犯罪史。当政治恐怖主义的肇事者被逮捕时，他们会援引他们声称自己所代表的事业或意识形态来为自己的犯罪行为辩护。

在 2020 年总统选举中，有近 7400 万人投票支持唐纳德·特朗普。对于参加 2021 年 1 月 6 日在华盛顿特区举行的"拯救美国集会"以抗议选举结果的人数，各方估计差异很大。在聚集的数千人中，有一小部分人参与了集会后在美国国会大厦的暴动。一名暴徒闯入国会大厦，砸碎窗玻璃，破坏办公室，还袭击了执法人员。国会议员及工作人员被疏散。最终，5人死亡，140人受伤。骚乱者扰乱了参议院对选举结果的认证程序，对民主本身构成了威胁。500余名参与者因冲击国会大厦被指控犯罪。

一名男子在国会大厦骚乱期间被指控为联邦犯罪，他谴责总统特朗普，为自己的行为辩护（罪犯通常这样做）。据《华盛顿邮报》报道，该案法官驳回了他的解释，法官表示："如果被告的确认为自己参与……是为了遵守总统特朗普的命令，那么这表明被告没有能力（或拒绝）行使独立判断，无法使自己的行为符合法律要求。"

带头入侵国会大厦的是"骄傲男孩"（Proud Boys），这是一个极右翼极端组织，在加拿大被定性为恐怖组织。当时，成员们抵达华盛顿特区，准备发动战争。许多人都有犯罪记录，并参与过恐吓和暴力活动。据报道，他们有暴力的入会仪式，类似犯罪黑帮的运作方式。他们最恶劣、最残忍的行为是针对左翼抗议者和媒体的。在入侵国会大厦的过程中，他们的一名领导者被指控持有两个加大的空步枪弹匣，每个弹匣可以容纳30发自动步枪弹药。

本章所描述的全部是恐怖分子。毫无疑问，他们具有犯罪人格的特征。如果一个人想了解是否可以将他们的犯罪行为完全归结于对某一事业的信仰，那么他应该考虑，在接受某一事业前，这些人是什么样的。

第 15 章

以"好人"自居

20 世纪 70 年代，在我的早期研究中，我发现的最令人不可思议的犯罪心理特征竟然是：每名罪犯都认为自己是好人。圣伊丽莎白研究项目的所有参与者都明白，站在社会的角度，他们是"罪犯"。他们知道法律是什么，也承认自己违反了法律。但我发现，每名罪犯——无论性别、年龄——都深信自己是好人。

即使罪犯谋划犯罪，他们也坚定地认为自己是好人。如果他们认为自己是"邪恶"的，他们便会在思虑过后放弃实施某种行为。尽管很难理解，但罪犯在计划或实施犯罪时，并不需要为自己的罪行辩护或合理化，因为他们从一开始就不认为自己是罪犯。只有在被追究责任时，他们才会为自己寻找正当理由。

本书第 11 章曾提到的罗曼犯下了累累罪行，其中包括多次猥琐的暴露行为和强奸未遂。他告诉我："我很尊重女性。我帮她们开门，我的举止彬彬有礼，对她们格外礼待。我从不恐吓任何人，那是我最不想做的事。上帝保佑这种事不会发生在我的女朋友、妈妈、奶奶身上。看到这样的新闻时，我感到很恶心。"他又继续补充道："在日常生活中，我尽量不说谎。诚实是我的原则。我从来不会从雇主那里偷东西，也不会占任何人的便宜。"他还将"敏感、体贴、支持他人、学习能力强、慷慨、帅气"列为自己的"优点"。

理查德·麦克奈尔因一起谋杀案和多起越狱案被判处终身监禁，在一所超级严密的监狱服刑。他的传记作者拜伦·克里斯托弗强调，对麦克奈尔来说，保持一个好人的形象十分重要。一名美军长官曾说麦克奈尔"糟糕透顶",这句话激怒了他。他说:"我不这么看我自己,我认识很多比我卑鄙的小人。"他指出,在 20 年的监禁生涯中,他从未袭击过工作人员。他还给他偷过的车的主人写过一封道歉信。在不列颠哥伦比亚省淘金时,他把自己发现的金粉送给了别人。他还说,在逃亡期间,他曾立下誓言永远不伤害任何人。

即使犯下重罪,罪犯可能也意识不到自己所造成的伤害。他们认为自己才是受害者。谈到入室行窃,一名男子说:"我知道他丢了东西,但我只是恰好在那个时间做了那件事的人而已。"一名持枪抢劫餐厅的青少年宣称:"没有人受伤。"他意识不到经历过暴力袭击的受害者所遭受的创伤。因此,那些实施谋杀、强奸、抢劫、猥亵的罪犯——或者简而言之,所有犯下任何可以想象得到的罪行的罪犯——是如何做到对自己保持良好认知的呢?

罪犯具备明辨是非的能力,有些罪犯甚至比很多负责任的公民更了解法律。正如一名男子所说:"我可以把任何错误的事情都说成正确的,也可以把任何正确的事情都说成错误的。所谓正确的事情,只是我当时想做的事情。"从罪犯的角度来看,如果一个行为风险太大,或者他们认为该行为小到不值得动手或有失身份,那么这个行为就是错误的。"一流高手"可能会认为入店行窃是错误的,因为在众多监控下,行窃的收益微不足道而风险又太高。如果罪犯对形势发生误判并被捕,他们有可能会承认自己的过错,甚至显得懊悔不已。然而,让包括一些心理健康专家在内的许多观察者不解的是,罪犯表达出的悔意更像对被捕的后悔。这不同于一个负责任的人在伤害了他人时所表达的那种悔恨。一个负责任的人会真诚地重新审视自己的行为,努力弥补,从经验中吸取教训,并在将来有所改正。

罪犯甚至可以将一些令人发指的罪行定性为"错误"。一名在争吵中枪杀了女朋友的青少年告诉我:"我不过是一名普通的青少年。我犯了一个错误,一个严重的错误。"这个男孩一点都不"普通",这起凶杀案也不只是"错误"那么简单。但他仍然坚持自己是一个好人,而不是凶手。当我询问他和女朋友的关系时，他变得很暴躁，指责我"只关心坏事，不关心好事"。他坚称："除了这件事，我的生活中没有什么不好的事可谈。"与此同时，法官准备了一份20页的报告，上面记录了他严重违反父母的规定、习惯性逃学、成绩不及格并与犯有入室行窃、偷车及重大盗窃罪的几个男孩交往过密。

詹姆斯一直被警方监视，警察最终在他的车内发现了一把猎枪，并以非法持枪罪逮捕了他。在我按法庭要求对他进行评估的过程中，他提到自己"出色的个性"。当被问及是否认为自己有什么需要改进的地方时，他回答："我可以更年轻，但我做不到。"他勉为其难地补充道："每个人总有进步的空间嘛。"当提到家庭背景时，詹姆斯说他共有10个兄弟姐妹。他声称自己"一直运气不好"，一生中从未得到过公平的机会，但他也承认，他的大多数兄弟姐妹都是负责任的人。詹姆斯在提到母亲时语气变得恭敬，他认为是母亲养活了整个大家庭。詹姆斯坚称："我不是犯人。我没有犯罪记录，所以我没有犯过罪。"

罪犯将自己与他们所认为的真正的坏人区分开来。那些在上学或有工作的罪犯无论学业或工作多么不稳定，都会鄙视那些不上学、不工作的人。接受教育和赚钱是责任的象征。他们以这种受人尊敬的方式掩饰自己，提高对自我的看法，同时摆脱一些负面影响。近10年来，詹姆斯的工作一直相对稳定，他说自己正在努力用"传统的一步一个脚印的方式"取得成功。然而，案发时他已经抛弃了婚姻并不再工作。他把监禁称为"一段小插曲"，并宣称自己"根本不该被关起来"。

罪犯在学业和职业方面取得的成就越大，就越容易隐藏自己。我收到过一位女士的来信：在她的家乡，有一位牧师的儿子很早就与她相识，她形容这个人"笑容灿烂"且"深受大家喜爱"。他上过大学，是一个医疗承包商，已婚，孩子们也已经长大。写信的女士告诉我，在得知这个人在两年多的时间里猥亵了两名幼童并因此被判处长期监禁时，她"完全震惊了"。她写道："当我记起他去医院看望同学、参加葬礼的那些场景时，我有点想联系他，和他通信。我所有的朋友都认为他是个道德高尚的人。"

正如前文所述，一些罪犯坚持认为自己一直都是好人，是毒品把他们变成了完全不同的人。一个瘾君子声称："我想做正确的事，我不是坏人。我的堕落都是由吸毒造成的。"他们不会主动承认，他们的不负责任和犯罪行为早在吸毒前就已经存在。

吸毒犯的亲人和朋友倾向于相信毒品是罪魁祸首。一位母亲这样评价她那吸食可卡因的儿子："他是个好孩子，不是罪犯。"她认为，是毒品把这个年轻人变成了一个她几乎不认识的人。这位母亲不知道的是，她的儿子在深陷毒品之前就已经有过犯罪前科。

一名毒贩自称是一个尽责的毒品交易商，自己是在做好事。他解释道："这是在向成年人提供他们所需，他们自己会做出决定。我没有强迫他们做任何事情。我一直认为，他们从他人那里购买毒品远不如从我这里购买。我不是随便谁都卖的，我只卖给那些我认为是朋友的人，那些在同一个小圈子里混的人。卖给谁、不卖给谁，我有自己的标准。我的东西物美价廉，他们也不用担心我会拿枪指着他们的头。我甚至还提供保证，如果他们对东西不完全满意，我可以换货或退款。"他还评论道："毒品文化就像美女的诱惑，刺激、性感、迷人。当我被毒品吸引时，一种无法抗拒的冲动一下子就勾起了我的欲望。"如此说来，他不仅帮助他的瘾君子同伴免受他人坑害，还给自己吸毒找到了正当理由。

许多罪犯都才华横溢。监狱艺术展示了一些"天才画家"的作品，他们基本上没有受过什么正规训练。一些罪犯在音乐上很有天赋，可以演奏一些他们仅仅听过的作品。一些罪犯虽然不会乐器，但也是狂热的音乐爱好者。有些罪犯是高超的机械师，可以修理任何东西。还有一些罪犯是出色的工匠，能制作出时尚的皮革制品或打造出美观、结实的家具。

如果罪犯因其成就而获得赞誉，他们的自我价值感就会得到提升。即使是那些了解罪犯犯罪史的人也会对此感到乐观，希望他们能够利用自己的才能成为负责任的公民。由于缺乏自律，罪犯不太可能坚持参加有助于自己发展这些才能的培训班。相反，他们希望可以立刻成功并获得认可。如果那种一夜即来的成功没有实现，他们就会变得不再抱有幻想并失去兴趣。不过，也有例外。一些罪犯预期到公众的钦佩或经济利益，于是发展自己的技能，这使得他们可以更容易地隐藏起其他那些不那么显眼的才能。

普通人也可能无法利用自己的天赋或培养自己的才能。他们可能为自己设定不合理的高标准，然后一点点气馁，并在发现了一个新的事情后放弃。一些有才华的人对失败有强烈的恐惧，他们往往在面对他人的评价前就放弃了。

有责任感的人在通往成功的过程中寻找意义。比起最终结果，他们更为自己坚韧不拔的决心和克服困难的勇气感到自豪。罪犯则不然。如果不能立竿见影地取得成功，他们便会回到自己的犯罪圈子，那里让他们感觉舒服多了。

宗教仪式是另外一种让罪犯保持自我感觉良好的方式。一些小时候受过宗教教育的罪犯把他们学过的东西牢记在心。据他们的父母报告，他们在小学时代表现得特别好，在家里乐于助人，上宗教学校时也十分虔诚。小时候，这些人对那些做出轻微不当行为的人容忍度很低。他们相信，要保持上帝的恩典，他们必须努力变得更好、更纯洁。尽管他们想法真诚，但他们的决心却无法持续。成年后，许多人坚守自己从小到大的信仰，但正如罪犯的典型做法一样，他们从一个极端走向了另一个极端。罗兰有"酗酒、斗殴和出轨"的前科，他告诉我："我很虔诚，但我不去教堂。"他看不上那些"伪君子和背信弃义者"，他说："我是有罪之人，但我不是伪君子。周日我不去教堂，周一我也不玩数字游戏。"然而，他淡化了自己罪犯的身份，他坚称："很多时候，我都是环境的受害者。"

随着生活的不断拓展，罪犯在孩提时代会面临越来越多的诱惑，他们的思想开始集中在那些被禁止的事情上。保持纯洁的信念逐渐受到侵蚀，而侵蚀的过程往往很难察觉。当一个模范孩子突然从事犯罪活动时，那些自以为很了解他的人会感到十分惊讶。不过，宗教并没有被完全抛弃。出于对童年的怀念，罪犯在渴望宁静或舒缓的仪式时会寻求宗教的庇护。在书籍和电影中，黑手党成员给孩子洗礼的场景正是这样一幕：他们戴上十字架，一边祈祷一边点蜡烛，口中还吟诵着圣经。正如罪犯尽可能地利用一切一样，他们也利用宗教。他们祈祷犯罪活动顺利进行。如果被捕，他们又会祈祷摆脱困境。如果被关押，他们便会寻求救赎，然后下定决心改邪归正。

许多罪犯在监狱中皈依了宗教。基于宗教信仰的项目数量在监狱中激增。在某些情况下，罪犯会利用神职人员企图获得特殊的优待或争取到他们的支持，以便被提前释放。有些人在忙于宗教研究和参与宗教服务时显得非常真诚。但是，一旦被释放，他们中的许多人很快就会放弃这种虔诚的模式。

宗教与罪犯的生活方式无关。一个孩子可能会在早上的礼拜中充当祭坛男孩，然后当天晚些时候在商店里叫嚣着行窃。他去教堂，向慈善机构捐款，在家里参与宗教活动，但所有这些行为都不能阻止他伤害无辜的人。对罪犯来说，宗教与邪恶是并存的。

白领罪犯尤为擅长掩饰自己的作恶行为。他们接受过教育、职业身份良好、注重社交礼节，因此人们都把他们视作正直、成功的公民，没有人怀疑他们。这些罪犯不仅相信自己是好人，还把同样的印象传递给他人。

虽然缺少会计或其他任何学位，罗斯还是在一家大型公司谋得了首席运营官的职位，她在这家公司已经工作 10 多年了。当谈及自己与上司之间良好的人际关系时，罗斯说："我天生就会照顾他人。"她供职的这家公司接管了一所濒临倒闭的非营利性艺术学校。"我为公司做出了很大贡献。让这所学校重新运转起来是一件善举。"罗斯骄傲地说，但她认为自己没有得到足够的认可。公司董事长清楚地记得，他让罗斯从学校账户上取出 100 万美元投资到股票市场。罗斯对股票一无所知，她先是把这笔钱以她的名字存入银行，之后又取出来用于投资，期望获得可观的收益。她的计划是，先收回最初的 100 万美元，之后把收益分配给她个人和学校。她把股票市场当成了老虎机，一天之内就进行了 700 多次交易，把所有的钱都赔了进去。最终，因为她没有为存在她名下的百万美元纳税，联邦税务局对她进行了调查。罗斯一贫如洗，她无法负担公寓的费用，只能睡在朋友的办公室里。她装出一份拥有十足把握的样子，根本没有人会想到她身处绝境。她穿着时尚，又重新和一位富有的女士恢复了交往，她还陪同这位女士去了亚特兰大城。在那里，她把自己兼职赚来的微薄收入用在了玩老虎机上。同时，她创立了自己的公司，销售一款维生素含量丰富的营养品，并把产品夸大为"健康营养品界的微软"。由于这些产品不受美国食品药品监督管理局的管控，她大力推广并劝说人们投资。她承诺"这笔投资一定能成功"。罗斯毫不躲闪地跟我说："我没有欺骗他人，也没有欺骗自己。我是一个简单、直接的人。"她相信自己在会计方面很有经验，并夸下海口："我很擅长数字分析。会计的技术分析是我的强项。"罗斯和一名男子坠入爱河，她答应帮助对方管理他的钱。她参与郊区的慈善工作。每一个遇到罗斯的人对她的印象都是优雅、有能力。然而，她的销售事业从未取得进展。她因玩老虎机将钱输了个精光。与此同时，联邦税务局正在整理她的欺诈行为，准备对她提起诉讼。

罪犯可能不接受他人眼中的高道德标准，他们声称他们有自己的道德标准。有些人是骗子、无赖、变态和罪犯，但他们不是。他们看不起这些人，这些人做了他们不会去做的堕落之事。罪犯认为某些特定的罪行是错误的，他们不会去触碰，而原因仅仅是他们自认为这些罪行令人反感。罪犯对自己的行为施加的限制各不相同。有人主张应该杀死猥亵儿童者，有人认为应该阉割强奸犯。但相同的是，每名罪犯都认为自己的所作所为无可非议。一名白领罪犯可能会将几十万美元汇入自己的银行账户，导致一家小企业倒闭，数十名无辜员工失业。但这个胆大妄为的贪污犯一想到人身攻击就会立刻充满恐惧。

犯罪分子宣称，无论他们做了什么，他们都珍视自己的家庭并希望能被家人完全接受。然而，他们的关爱之词却与他们的恶劣行径相悖：他们把家庭成员视为个人财产。他们一次又一次地侮辱、威胁、背叛家人，让他们大失所望、精疲力竭。当罪犯的父母不按照罪犯的意愿行事时，他们便试图让父母感到内疚。如果父母对他们的选择和决定表示反对，他们就会指责父母企图控制他们的生活。

经过多年的经营，特洛伊的家族建立起一家颇为兴旺的房地产开发公司。特洛伊的父母培养特洛伊作为公司的接班人，为他们退休做准备。随着特洛伊身上的责任越来越重，他抱怨这份要求随时待命的工作已经成了他的噩梦。在他的描述中，父亲是一个易怒、掌控欲强的人，拒绝交出手中的权力。无论出现任何问题，特洛伊都将其归结为自己受到了父亲坏脾气的影响。特洛伊埋怨道："他从不表扬我。很明显，他从来都没有完全信任过我，相信我能掌管公司。"特洛伊的父亲的确有充足的理由不信任他。特洛伊开始缺席工作，之后又将公司信用卡用于个人消费。最终，他的父母发现，有大笔资金不知去向。随着时间的推移，几百万元美元不见了。特洛伊拿着这些钱购买了昂贵的电子产品和豪华轿车，还在网上和赌场持续输掉大笔的钱。此外，他还冲动投资，而他所投资的企业最终都倒闭了。他不时地从临时性的投资收益中填补一些被盗用的资金。他之所以能够隐瞒自己的贪污行为，主要就是因为家人足够信任他，给了他很大的自主权。

特洛伊认为自己本质上是个好人，只是犯了错误。他为自己的慷慨大方感到骄傲。在未经允许的情况下，他把家族企业的钱借给有困难的人。他说自己经常光顾价格不菲的餐厅，但从来不让他人请客。他还邀请很多朋友陪他去拉斯维加斯旅行，他认为这趟旅行"比生命还重要"，并为一行人负担酒店和食宿费用。特洛伊说自己很爱妻子，一直都毫不吝啬地送她礼物。如今，他已经快40岁了，他的愿望是"拥有轻松无忧的生活""退休，坐在沙滩上"，并且永远也不需要工作。

我请特洛伊列出自己个性中的优缺点，他把自己描绘成"一个可靠、忠诚、上进、不需要监督、负责任的人"。至于缺点，他说自己喝太多酒、不愿意表达情绪、讨好他人、假装聪明、时而说谎、爱赌博。他毫不动摇地认为自己是一个尽责的儿子、一个乐善好施的人，但他却在短短的几年间就摧毁了家族花费几十年建立起来的公司，并因此被监禁。即使发生了这么多事，他的父母还是会去监狱探望他，他仍然称父母"很支持他"。

我接触过大量类似的案件，在这些案件中，罪犯无情地利用家人的信任和支持。其中一个案件是一个名叫摩根的年轻人过着入不敷出的生活。他乘坐头等舱去度假，入住豪华酒店，在高档餐厅吃饭，而这一切都是用他从父母那里偷来的信用卡支付的。被捕前，他已经欠下了数万美元的信用卡账单。他的父母选择不起诉他，但希望他能工作赚钱，一点点还上欠款，并从中吸取教训。摩根信誓旦旦地表示自己很懊悔，承诺会改过自新，并开始了简朴、自律的生活，依靠自己工作赚钱。他似乎变得有责任感了，直到他辞职和父母生活在一起。那时，他的父亲生病又失业在家。摩根一直对股票感兴趣，他把自己存下的 500 美元投进股票市场并获得了一笔不错的收益。于是，他兴致大涨，并确信如果投入更多，一定可以赚大钱。他冒充他的父亲（他有包括父亲的社会保障号在内的必要身份信息）授权将近 10 万美元转入他自己的银行账户，然后大举介入股票交易。事实证明，他并不如自己想象的那般擅长投资。他骄傲地以为自己能够获得幻想中的"巨大财富"，但实际上，他误判了行情，遭受了重大损失。与此同时，摩根的父亲致电银行，要将账户余额汇款到他名下另一家银行的账户上。结果，他被银行告知账户余额远少于上一次银行对账单上显示的金额，这令他惶恐不安。这次财务损失让摩根的父母大受打击，但摩根的故态复萌更让他们心灰意冷，他又一次算计并利用了他们。摩根解释道，这一次，他的出发点与之前只是为了满足贪婪的欲望不同。他的目的并非变得富有，他只是想赚钱帮助父母渡过难关。"这笔钱不是给我的，我是想为父亲赚钱。"他如此说道。他的父母没有与他断绝关系，也没有把他扫地出门，他们觉得，如果这次经历能让他们的儿子警醒，他们遭受损失也在所不惜。摩根的父亲告诉我："我相信他是想帮助这个家的，这是评断的关键。他做了错事，但他没有意识到。"他还总结道："摩根是个好人，错的是他的想法和他追求自尊的部分方式。"

通常，罪犯的父母及与罪犯关系亲近的人会为罪犯的犯罪行为寻找正当理由。他们认为，罪犯并非怀有恶意，他们的行为一定事出有因或源于深层的心理问题。摩根非常清楚自己的所作所为，他的确是有意为之。但他的父母却永远也不会让自己相信，他们的儿子真的能如此狠心。

罪犯擅于发现弱点。老年人一直都是骗子的欺骗目标。他们骚扰、恫吓老年人透露个人财务信息，然后勒索钱财。他们威胁老年人提前支付"逾期"账单，否则就采取法律手段或暴力措施。他们还警告受害者，如果不听从指示，就会有人上门逮捕他们。

根据美国退休人员协会的统计，感情骗局位列老年人诈骗之首。网络追求者利用老年人的孤独感和认知能力下降将自己融入他们的生活。骗子通过发送电子贺卡、播放歌曲来巴结老年人、向他们示爱，并表现得渴望了解他们的一切。一个孤寂、独居的老年人很可能相信一个骗子胜过相信其他任何人。当骗子确立了自己在受害者生活中的地位，得到了受害者足够的信任时，他们便可以成功地"借"钱了。

骗子还将目标对准那些渴望收养宠物的人。他们在网上发布可爱的猫、狗照片，当有人询问如何购买这些宠物时，他们便给出一个低于市场行情的报价。未来的宠物主人急切地等待着宠物的到来，却又被告知还需要为特殊的木箱、食物或兽医护理支付额外的费用。然而，他们的宠物永远也不可能到来。

骗术的种类不胜枚举，新的骗局又总是层出不穷。这些新的骗局经常以匿名自动呼叫电话的形式打到人们家中。2019 年，美国退休人员协会估算，老年人每年仅在金融诈骗一项上就被骗去了 29 亿美元。老年人还常常成为医疗身份盗用的受害者，罪犯会冒用他们的个人信息为自己开药和预约治疗。此种诈骗类型所造成的损失很难准确计算，因为罪犯会威胁受害者，让他们保持沉默，或者受害者通常羞于承认自己上当受骗。

诈骗老年人的罪犯常常对他们自己的祖父母或其他相识的年长者表现出很深的感情，并不遗余力地伸出援手提供帮助。他们帮老年人搬运杂物、铲除积雪、跑腿办事，扶老年人过马路。假如有人想占他们认识的老年人的便宜，他们会对这些老年人极为保护。罪犯对他们相识的老年人的情感让他们更加认为自己是好人。

当罪犯受托照顾失能老人尤其是患有痴呆症的老年人时，他们犯罪的风险极低。拥有了老年人的个人财务信息，罪犯就可以窃入他们的银行账户，伪造支票，盗用他们的信用卡。在一起案件中，罪犯作为照料者照顾着一位住在美国南佛罗里达州的有钱妇人，因此他可以使用这位妇人的信用卡。他向一家赌场支付少量服务费以套取大量现金装进自己的口袋。当这位妇人收到她的长期护理支票时，罪犯伪造了她的签名，只把其中一部分存入她的账户，将剩余金额全部据为己有。等到妇人远在千里之外的家人发现时，已经有价值30多万美元的现金和财物从妇人家中不翼而飞。

罪犯的情感寄托各不相同。有些人非常喜欢动物，他们会照顾被遗弃的受伤动物，对待它们甚至比对待自己的孩子还要温柔、细心。一名杀人犯拒绝踩死一只虫子，因为他"不想杀死一条生命"。这些动物爱好者会干涉甚至攻击他们认为虐待动物的人。与之相对，有些罪犯则折磨或忽视动物。同样，一些罪犯喜欢孩子——所有孩子。听到婴儿的哭声，他们也会跟着眼泪汪汪，迫不及待地要去安抚婴儿。另一些罪犯根本不关心孩子，哪怕是自己的孩子。哭泣不止的婴儿可能会引发他们的谋杀念头甚至是行动。

威尔森和他的女朋友阿曼达在一起已经快两年了。当阿曼达把自己怀孕的消息告诉威尔森时，他大吃一惊。威尔森没有工作，但他很高兴，期待成为一位父亲。然而，喜悦之情很快就被冲散了。阿曼达对孩子没什么兴趣，她要求威尔森照顾孩子。威尔森夜里起来给小婴儿冲奶粉，哄她睡觉。很多次，无论威尔森怎么做都无法安抚小婴儿，这让他感到十分挫败。阿曼达说，威尔森怒吼着说自己鄙视她和孩子。有时，威尔森会用粗暴的方式对待孩子。一个冬日的下午，威尔森和阿曼达准备外出购物，把孩子留给了威尔森的阿姨。威尔森像往常一样把小婴儿抱到儿童房的小床上午睡，但她不肯乖乖躺下。威尔森把她放到小床上，关上房门，就和阿曼达一起出门了。他们回家后，阿曼达去看孩子。威尔森听到一声尖叫，阿曼达抱着他们的孩子冲到客厅，而孩子脸色灰紫，看起来已经没有了呼吸。小婴儿被迅速送往医院，医生宣告小婴儿已经死亡。威尔森被指控二级谋杀罪。尸检报告显示，小婴儿的脖子部位有被勒过的痕迹。这位父亲谋杀了他尚在襁褓中的女儿，而他曾经为她的到来激动不已。

与未成年人发生性行为的罪犯也在本章的讨论范围。他们同样认为自己是好人。尽管受害者还是孩子，他们也清楚地了解自己的行为是违法的，但他们却不认同自己犯了罪。他们急于指出自己并没有使用暴力，并声称和他们发生关系的受害者热切地参与其中。

在期刊《攻击与暴力行为》（*Aggression and Violent Behavior*）中，杰森·维尔（Jayson Ware）及其同事提出，性侵者通过否认来"保持自我概念的完整……并维持自我的一致性"。换言之，坚决认定自己的好人身份是罪犯身份认同的核心。

咨询师和社会工作者等心怀善意、想要帮助罪犯的专业人士经常错误地以为，低自尊是罪犯的主要心理问题。他们看到罪犯在很多方面都失败了：家庭、学业、工作、人际关系、才能的发挥。因为他们和罪犯接触的时机都是在罪犯心情低落之际，所以他们可能会认为，罪犯很沮丧，觉得自己低人一等。实际上，罪犯或许的确看起来很沮丧，但那只是因为他们正处于想要逃离的境地。理解罪犯把自己视作好人可以帮助心怀善意的专业人士避免在徒劳的努力上浪费时间。他们努力帮助罪犯提升自我，而罪犯的自我已然十分强大。

执法人员了解罪犯的这一点，并且将此运用到审讯策略中。他们告诉罪犯，他们知道罪犯是好人，不想伤害任何人。与一上来就把一个人当成完完全全的坏人不同，这种方式不仅不那么粗暴，而且更具同理心。威尔森因谋杀亲生女儿被指控，警察在对他进行审讯时说："孩子身上发生了一些事情，那不是意外。我能理解，她让你心烦意乱。我不相信你是魔鬼，你只是一位还没有做好准备的新手父亲。发生的这一切并不代表你是坏人。我们只是想知道发生了什么。"这种方式背后的目的是，当犯罪嫌疑人确信审讯者认定他们是好人后，他们会更加配合。

即便人们承认恶魔确实存在，可当事情发生时，人们还是常常会为那些实施犯罪行为的人寻找减轻罪行的理由。他们拒绝看到罪犯的本来面目，坚持认为每个人的内心都是善良的，"情有可原"甚至可以被用来解释那些最恶劣的罪行。罪犯会利用他人倾向于相信他们本质上是好人这一点。他人认可他们的才能，见证他们的善行，听他们宣扬崇高的理想。那些与罪犯有过交流的人——无论是家人、朋友还是陌生人——常常无法识别他们的谎言、模棱两可的话语及利己的言论。人们想要信任他们，不愿对他们做出苛刻的评判，直到他们犯下暴力的罪行或积攒下一连串犯罪记录。即便如此，人们可能还是会为罪犯的行为找理由。

1991 年，一篇发表在《时代》杂志上的封面故事探寻了邪恶的本性，上面写道："邪恶、狡猾又怪异……我们无法用系统、科学的方法了解邪恶。它残酷、难以捉摸……我们可以通过它的产物来了解它。希特勒是素食主义者。萨德侯爵反对死刑。"这篇文章着重于邪恶如何披上良善的外衣。罪犯倚仗着人们的宽容，指望人们可以容忍他们最卑劣的行径。毕竟，在大多数时候，他们并没有参与犯罪。

一个 22 岁的年轻人参与过数不清的盗窃、猥亵和毒品犯罪，他告诉我，他觉得自己是好人。他解释道："我不总是陷入麻烦。我对一些人很关心，如沿街乞讨的穷人。我也不总是让我的父母抓狂。我不是坏人。"这个年轻人的人格中有一些非常有趣的特征：聪明、幽默、愿意从事低贱的日常工作及出乎意料地乐于帮助父母。人们没有意识到的是，施行善举和表现出多愁善感强化了罪犯关于自己本质上是好人的信念。

那些自认为了解罪犯的人很可能会发现自己对他们一无所知。罪犯期待从人们的疑虑中得到好处：人们会相信他们本质上是充满善意的好人。之后，当他们犯下十恶不赦的罪行时，其他人就不会严厉地评判他们，而是将他们的犯罪行为解释成对外部压力的反应、非常规的个性表现或精神疾病症状。

第 16 章

精神疾病还是犯罪人格

"我杀死了我妈妈，我是个精神分裂症患者。"31岁的格伦这样对警察说。格伦曾是荣誉学生，现处于失业状态。他的辩护律师代表他以精神失常为由提出无罪的抗辩。我受法官委托对格伦行凶时的精神状态进行评估。我在本案上的法庭证词是公开记录，但在此，我还是修改了人名和相关识别特征。

格伦有过多次被精神病治疗中心收治入院的记录，多年来也一直在接受门诊治疗。被诊断为患有多种精神障碍的格伦就像一本行走的精神病理学教科书。然而，那些熟悉格伦的人却认为，格伦给他人带来的痛苦远超过他自己所遭受的痛苦。他们指出，格伦的弑母事件源于母子间经年累月的激烈冲突，同时，他们也相信，格伦应该清楚自己的所作所为。

为了了解案发时格伦的精神状态，我必须弄清楚，他在事件发生前是一个什么样的人。我花费了十几个小时的时间对他进行访谈，又用了好几个小时与认识他的人谈话及研究他的档案——这些档案包括学校成绩单、他写过的文章、警方报告、精神病院治疗记录和他的财务信息。

当我们开展第一次监狱访谈时，格伦一上来就给了我一个下马威。他宣称："我听说过你，这可是个坏消息，你要证明每个人都神志清醒。"他说，他认为评估就是一场"骗局"。我立刻就此与他进行了讨论。当他断言我不相信他患有精神疾病时，我礼貌地告诉他，我曾在精神病院工作并治疗精神病患者。他看起来有所缓和地说："这可以打破僵局。"后面的访谈一直进展顺利，直到有一次，在谈到家庭关系的话题时，格伦变得怒气冲冲。他从椅子上站起来，居高临下地看着我，斩钉截铁地说："我认为你已经做出了我神志正常的判断。"他对我做"功课"：他断定，我更乐于出现在《多纳休》（*Donahue*）或《奥普拉》（*Oprah*）等节目上，而不是发现关于他的真相。（我在这两个节目上接受采访时，格伦还是个婴儿。）在进一步讨论了我是否"相信"精神疾病后，格伦再次镇定下来并承诺："我会努力表现得好一些。"由于他的暴怒无法预料，我请求增加了安保配置，并在一间附近有监狱工作人员的房间里与他进行访谈。格伦冷静、专注、反应迅速。他特别关注我的笔记内容，甚至主动提出放慢速度及拼写出某些单词。

格伦的父母在他中学时离婚了。一位亲戚描述格伦是个"可爱的孩子"。据格伦的两个兄弟称，格伦性格孤僻，喜欢待在家里看书。其中一个兄弟提到，格伦是最受父母重视的孩子，他们"欣赏他的才智"。另一个兄弟则评价道，虽然格伦容易相处，但他经常变得"粗鲁、下流、爱挖苦人"，因为他觉得自己更聪明，比其他任何人都好。

格伦被一个特殊的"专为少数选拔出来的学生提供难得的学术自由和创造性机会"的大学项目录取。他主修哲学，同时高强度地学习外语和历史类、文学类等充满挑战的课程。他在自己喜欢的科目上成绩突出，但其他科目却很少及格。格伦感到"迷失和漫无目的"，常常放弃学习。他把自己封闭起来，逃课，并认为他人因为他是"书呆子"而排斥他。他主动承认，他偷过价值几千美元的书、衣服和巧克力糖果，还吸食大麻和致幻剂。

读研究生期间，格伦不再去上课，之后第一次入院接受治疗并以精神状态欠佳为由休学了一段时间。他把这段时间称为"崩溃期"。他砸坏家具，扔掉衣服，甚至在房间里大小便。他被诊断为"可能由物质滥用导致的短暂性精神错乱"。关于这段发作期的重要性，格伦轻描淡写地说："我抽了太多太冲的东西，是它们把我搞垮了。"

出院后，格伦开始和他的母亲米拉·亚瑟生活在一起。他坚信母亲因为他既没有完成研究生课程也没有找到工作而把他视作"巨大的败笔"。他承认母亲对他很慷慨，但他表示："我妈妈真的希望我死了，她想让我安乐死算了。"对于成为母亲抱怨和要求的对象，他感到恼怒。与此同时，他又住在母亲家的地下室里"偷偷摸摸地饮酒"，有时还喝得酩酊大醉。

格伦痛恨自己在经济上依赖母亲。根据格伦的住院治疗情况和精神疾病记录，他可以获得政府的残疾救济金，但他一分不剩地全部花掉了。他不满地对我说："我成了一个每月向她张口要钱的大麻烦。我讨厌被藐视。"他猜测，公诉人会错误地以为他和母亲在经济上的矛盾是他杀人的动机。

尽管亚瑟太太忙于全职工作，还要辛苦地做家务、做饭，格伦却拒绝帮助她。他的一个兄弟告诉我："他令妈妈十分伤心。我跟他说过，他这是在占便宜，一点用都没有……他看不上工作，凌驾于他人之上。他得逞了。妈妈不知道该怎么办，她被困住了。"

格伦从一位去世的亲戚那里继承了一笔遗产，之后他迅速搬离了母亲的房子。然而还不到一年，他就把这笔遗产挥霍殆尽，还欠下两万多美元的债务。

据他的一个兄弟描述，他们的母亲"善良、安静、体贴"。他回忆起谋杀案发生的前一天晚上，亚瑟太太表达了她对格伦情绪失控时可能会做出什么行动感到担忧。当时，他曾邀请母亲去他家过夜，但她回复说自己可以应付并打算将卧室门反锁。后来他又告诉我："有些冲突我们没有觉察到。"

一位叔叔说，格伦对"一系列小时候受的委屈"紧抓着不放。他嫌弃他人，因此他们都离他远远的。这位叔叔的看法是，在格伦身上，你很难分辨出他的行为究竟是"混蛋做法"还是出于精神病态。据他观察，格伦"缺乏人类情感"。

格伦的继母发现，他与自己认识的其他人都不一样。她说："他觉得自己比任何人都重要。他总是充满仇恨。他曾经嚷嚷着责骂他的妈妈，说她如何愚蠢，不应该活在世界上。他特别憎恨他的妈妈。她为他付出越多，他就越恨她。他一直觉得自己可以控制她。她爱他胜过爱自己的生命，她害怕他。他提起他妈妈的时候，就好像她只是一条狗，而他无法摆脱……如果你崇拜他、赞同他，一切都好。但如果你越界了，他就会变成魔鬼。他就是个邪恶的人，并不是精神失常。"这些是格伦的继母基于自身经历得出的结论。

有关格伦精神疾病的就诊记录在我面前堆积如山，以下是部分摘录。

- 第一次入院（临时收治）
  精神类药物摄入过量，患者称"我不是试图伤害自己，我是想自杀。我已经完成了我来到这个世界的使命"。
  诊断结果：未分型精神分裂症

- 第二次入院（临时收治）
  躁狂，威胁要暗杀知名公众人物，这样患者就可以"死于特工的炮火之下"。
  诊断结果：偏执型精神分裂症，未分型

- 第三次入院（主动要求）
  幻视和幻听，守护天使告诉患者前来就医。
  诊断结果：分裂情感性障碍（分型不明确），伴未分型精神分裂症

- 第四次入院（主动要求）
  停药并失代偿后精神病性症状增加。
  诊断结果：分裂情感性障碍

- 第五次入院（由母亲带到急诊室）
  抑郁障碍状，焦虑，精神错乱，幻视，古怪行为。
  诊断结果：分裂情感性障碍，未分型状态

- 第六次入院（救护车送达）

  停止服药。躁狂，夸大观念，思维奔逸，语义破碎。

  诊断结果：分裂情感性障碍

- 第七次入院（主动要求）

  病情恶化，混乱不清，胡言乱语，宗教性观念。

  诊断结果：双相障碍，分型不明确

格伦强调，他讨厌精神科医生，认为他们很"邪恶"。他研究精神障碍，以期控制自己的治疗过程。他告诉我，他在一家医院发展出"一套改变诊断结果的日程表"，这样精神科医生就会让他停用精神类药物。格伦确信精神分裂症的诊断意味着"终身监禁"，因此他钻研权威教科书，让医护人员相信他没有精神分裂症。他还提到，他学会了如何"用精神科医生的语言"与他们沟通，并为自己更胜一筹感到骄傲："我对他们说了很多谎话，我成功了。我骗过了他们。"一位治疗师回忆道："他胡乱吃药，做他自己的精神科医生。"

当亚瑟太太的孙辈出生后，格伦不再是她关注的焦点，因此他对她的怨恨又进一步增加了。他们每日晚餐前的交谈逐渐减少，格伦开始确信"她想摆脱我"。他感觉自己被小侄子和小侄女取代了。格伦回忆道："她变得不耐烦，讨厌和我在一起。我无法谈论那些让我厌倦的事情，她不愿意听。我有点像一个人隐居起来……她要切断和我之间的关系。"格伦把他对大多数人的蔑视蔓延到了母亲身上。他将自己的才华和母亲世俗的兴趣进行了对比："我是个品位高雅的人。而她根本与我不在同一水平上，我无法和她谈论启蒙运动之类的东西……她用教授一样的口吻说，她认为我很专业。没有人能和我讨论我感兴趣的事情。她读推理小说，每天花两个小时研究事件的起因。"

格伦最初被诊断患有分裂情感性障碍，这种疾病起源于童年早期并通常导致社会和职业功能受损。（他同时患有物质使用障碍。）根据 DSM-5，分裂情感性障碍的其他表现还包括"主要心境发作"和"在缺少主要心境发作的情况下，存在持续 2 周或更长时间的妄想或幻觉"。不过，格伦读研究生期间的那次住院治疗记录中首次提及他的另一个人格维度。根据一位精神科医生的记录，格伦具有"潜在的自恋型人格障碍"。格伦始终符合诊断标准，包括表现出"自我重要性的夸大感"、坚信"自己是独特的"、缺少同理心，以及"高傲、傲慢无礼的行为或态度"。

格伦急于讨论母亲的死亡细节。他对我说："她不再做我的妈妈了……她没有灵魂。上帝要送她下地狱。我再也无法忍受和她待在一起了。"紧接着，格伦一边在身上划着十字，一边开始用拉丁语祈祷。他坚持认为，他的母亲因过分贪财而犯下罪过，因此失去了灵魂。

格伦讲道，他进入家门，走进母亲的卧室，确信自己必须杀掉那个控制着她的恶魔，之后他便爬到她的身上扼住了她。他打断了自己的叙述，开始谈论是"约书亚·弥赛亚"袭击了她。突然，他又停止谈论，回到第一人称的口吻，说自己就是作恶者。他回忆起他用脚踢"她的头部右侧"时所穿的鞋子是什么品牌。他又描述起自己走到厨房，抓起一把锤子，然后返回卧室用锤子敲向母亲的面部。他不断地描绘自己的行为："当我敲她的额头时，我觉得她就已经死了。我还踢了她的胯部。我记得我做了这些。"

我问格伦，究竟是他杀死了他的母亲，还是另有其人。他回答："是我的手在动……似乎是我做的。没有其他人做这件事……我的意思是，不是我，因为……我从没有觉得我是凶手。"换句话说，凶手的身份与格伦作为一个好人的自我认知不匹配。

迅速赶到现场的警察与格伦进行了一番对话，对话记录显示，他可以理解警察的问题并做出相应的回答。他告诉警察："我在我妈妈家里杀死了她。我住在她家的地下室里……她偷了我的钱。"格伦还向刑侦警察提供了他的精神病史细节，并给出他目前的治疗师的姓名、职级和地址。他说他需要去精神病院并要求得到特殊机构的安置。一位刑侦警察回忆，格伦对事件的描述"非常生动和清晰"。格伦承认自己杀死了她，他使用"弑母"一词概括自己的行为。尽管他提到了恶魔一事，但他愿意遵从指示，理性地谈论所发生的事情。在警车上，他对警察说："我杀死了我妈妈。我有精神分裂症。"

即便有漫长的精神疾病史和一个看似明确的"分裂情感性障碍"的诊断，格伦还是通过恐吓、操纵和欺骗控制了他的母亲。精神病性症状与宗教有关。他否认精神失常所带来的影响并声称："我还不打算放弃。"

我据此得出结论，格伦具备分辨是非的能力。他能够理解自己行为的性质、特征及后果。他也知道，他袭击的是自己的母亲而非其他人。他说他想杀死她："我只是想确定她已经死了，心脏和大脑都已经死亡。"他还和执法人员讨论可能的后果——监禁或住院治疗。格伦告诉我，他期待自己被法律认定为精神失常，这样他就可以被送去州医院，之后再被释放。他还希望以后可以继续领取残疾救济金，让他能够"在一间放满了书的保障性住房里"独自生活、散步，还能开上一辆"捐赠的车"。

一个人可能既是精神病患者也是罪犯，就像一个人可以同时患上癌症和糖尿病一样。但两者之间没有因果关系。我不得不深入研究海量的精神疾病档案，试图找出这个极其聪明、谨慎的罪犯的潜在人格。在听取了我和支持格伦抗辩申请的辩方心理专家的证词后，法官很快做出裁决，判定格伦犯有一级谋杀罪和严重故意伤害罪并分别判处他终身监禁。

我对格伦案件的描述或许会让读者对服务于法庭的心理专家的工作有所了解。《牛津词典》（*Oxford Dictionary*）对"服务于法庭"的定义是：利用科学的方法和技术调查犯罪事实。我虽然不在犯罪现场或实验室工作，但我专注于理解成年罪犯和青少年罪犯的心理状态并参与法庭诉讼。在格伦的案件中，我受法官指派协助控方起诉。在其他案件中，我也会应辩方要求接受委托。无论向哪一方提供服务，我的评估都是独立的，我会将评估结果提交给控辩双方。

有关精神失常的案件总是错综复杂的。我曾经对一名被告进行了长达34个小时的访谈。由于被告（以及受害者和他们的家人）处于孤注一掷的境地，我有必要与他进入深入的谈话。仅用几个小时实施一两个测验是远远不够的。我需要了解，在犯罪之前、期间及之后，被告经历了怎样的人生。哪些人是他的朋友？他怎样支配他的时间和金钱？他怎样处理挫折，如何做出重大决定？一个人生活的各个方面都能为他的人格构成提供线索，并帮助人们理解他在案发当时的精神状态。

人们也许有理由认为，像我这样的专业人士，从被告那里得到的只是他们自我服务的陈述，以试图减轻惩罚。我用了大量的时间向"间接资源"咨询。在格伦的案件中，我访问了他的家人、邻居和门诊治疗师。我密切关注了警方的录像、刑侦警察的问讯记录，以及被告被捕并被警车押解时的视频。

多萝西·奥诺·刘易斯（Dorothy Otnow Lewis）在她的一本有关谋杀犯访谈的书中指出，当被告企图用精神失常作为辩护理由时，他们会剖开自己的全部心理状态供公众审视。这项任务不亚于拼凑一幅巨型拼图。心理学家不仅无从了解最终结果，甚至对于存在多少片拼图也不得而知。

如果被要求当庭作证，我会在被律师称为"直接审查"的环节呈现我的评估结果，律师相信我的证词会对案件有所帮助。接下来是对方律师的反审查环节，对方律师会就他认为可以推翻我的调查结果的模糊或矛盾之处、其中缺失的信息或其他漏洞要求我做出直接回答。

有质疑者提出，有时出于利益原因，心理学家会为付费方做有利证词。但是，无论受哪一方的聘用，职业道德和个人诚信都要求服务于法庭的心理学家保持中立。

"激情犯罪"

某些罪行发生在罪犯看似失去自我控制之时。在当下的那个时间点，罪犯因冲动而犯罪，犯罪行为没有经过事先计划（相对于有预谋犯罪）。例如，一位心绪不宁的丈夫在一次激烈的争吵中抓过身边的物品作为凶器杀死了他的妻子。

激情犯罪者和经过精密策划的冷血杀手有众多共同之处：狂暴、顽固、急躁，都企图控制和威胁他人。他们脸皮很薄，会因为一些在他人眼中微不足道的小事瞬间暴怒。他们不会积极地应对那些令人不快的情况，只会把问题复杂化。当他们感到挫败或失望时，他们便责备他人。摧毁对方的想法在脑海中一闪而过。在采取消灭对方的最终行动前，他们还曾嘲笑、威胁、攻击对方，但都被对方忽略了。谋杀案凶手的脑海中会反复出现有关暴力的念头。在罪犯心里，他们曾多次消除痛苦的源头。从某种意义上讲，他们被设定成了凶手——设定其成为凶手的人不是他人，正是他们自己的习惯性思维模式。

威利和爱丽丝曾因为金钱、家族关系、家务琐事及其他各种各样的事情发生过许多激烈的争执。在争执过程中，他们互相喊叫、摔门、扔东西。威利克制自己不对爱丽丝造成身体伤害。然而有一次，他暴怒不已，冲向她的衣橱，用刀割坏了好几件衣服。他幻想过把妻子溺死在浴缸里，然后把她推下陡峭的楼梯并扔到地下室去。他经常想象，一旦摆脱了爱丽丝，他将多么高兴。一天，他们因报税的事突发争吵。他们嚷嚷着咒骂对方，然后威利从厨房里拿起一把刀反复地刺向爱丽丝，直到她死在他的脚边。尽管威利并没有计划过日期、时间和地点，但他最终做了他一直幻想的事情。

无知犯罪

如果一个人理解罪犯的心理状态，那么无知犯罪就能说得通了。很多看似无知的犯罪行为背后的动机通常是寻求被禁止的事情所带来的兴奋感和刺激感。托马斯，26岁，从十几岁起就对连环杀手感兴趣。他跟我谈起"他们是如何杀人的，那种愉悦感甚至是性唤起、邪恶的感觉"。他冷漠地说："我崇拜查尔斯·曼森。我想成为一名连环杀手。"托马斯说,他想象过"被人崇拜并让他们为我杀人"的感觉是多么美好。他还强调道:"我喜欢枪,把它握在手里让我感觉很强大。"虽然在尚未付诸行动前,托马斯就被关押起来了,但他还是仅仅为了追求刺激而伤了人。他说自己享受"故意毁掉一段关系、让人崩溃、刁难他人、让他人陷入被否定的境地、提醒他人他们不过是一坨屎"。他会找出一个"容易对付的目标"作为他戏弄的对象,对方没有招惹他,他却让其痛苦不已。托马斯回忆道,他曾把一个素不相识的男孩当作目标:"每天我都会看到他,抢走他的钱,把他揍一顿,并折磨他。"托马斯无法想象自己能成为一个有责任感的人。他告诉我他幻想杀人,并强调道:"如果我死的时候还没有杀过人,我会抱憾终身。"

在一些情况下,人们可以识别那些危险人物,因为他们会发出暴力威胁或参与过暴力行为。美国现行法律制度不允许因他们可能的行为将他们长期拘留或强迫他们接受集中治疗。即便他们接受了治疗,也并非出于自愿,更不可能配合,因为他们并不认为自己有任何严重的问题。

如果一个潜在的危险人物接受治疗,他很可能作为门诊患者每周看诊一到两次。他有可能会出席但不会真正参与其中。罪犯很少向他人袒露心声,更不用说对陌生人了。治疗师只不过是又一个需要被征服的对手而已。罪犯会利用行之有效的策略诱使对手(包括治疗师和咨询师在内)相信他们知道的比他们做的更多,从而让对手陷入困境。许多已经完成治疗的罪犯仍然犯下耸人听闻的罪行。托马斯在父母的强制下接受了心理治疗。他说:"每次见到心理医生时,我都会尽力让他对我感到惋惜。唯一能让我意志消沉的事情就是被捕。"即使托马斯服从法庭要求接受会谈,我们也没有办法强迫像他这样的人配合治疗师。

像托马斯这样的作恶者在筹划参与大规模枪击案等犯罪活动时,不会将他们的意图公之于众,更不用说透露具体计划了。怪异、孤僻、可怕的人居住在美国这个自由的社会中,但只有极少数人会成为大规模枪击案的凶手。心理健康专家或许能够提出他们对某些患者的担忧,但他们不太可能懂得或有办法阻止案件发生。同时，我们必须接受，除非法律有所改变、科学有所进步，否则一些我们无法识别或无法集中实施治疗的人将会出现并造成严重的破坏。

"红旗"法

在美国，19 个州和华盛顿特区已经通过了法案，允许家庭成员、执法人员或医疗保健提供者向法院请愿，以防止人们在被认定为对自身或他人构成威胁的情况下获得枪支。如果一个人被认定为具有严重的枪支暴力风险，法律规定可以收缴他的武器。这些法律被称为"红旗"法，其作用更像针对美国暴力肇事者发布的限制令。

2021 年 4 月 15 日，美国印第安纳州印第安纳波利斯联邦快递中心发生大规模枪击案，造成 8 人死亡。凶手 19 岁，他的母亲于一年前因为担心儿子"借助警察实施自杀"而通知了执法部门，但他还是买到了两把突击步枪。印第安纳州是美国最早实行"红旗"法的州之一。接到通知后，这个年轻人被送往医院，得到"精神健康临时安置"。执法人员没收了他的枪。这起案件未经法庭审理。如果上庭审理，凶手会在 6 个月内被禁止持有任何枪支。据《纽约时报》报道："专家指出，大多数'红旗'法主要针对短期、迫近的危机……遏制更长期的威胁……现行的法律形式无法触达。"

由于"红旗"法相对较新，针对其有效性的研究目前尚少。2018 年 12 月，约翰·R. 小洛特（John R. Lott, Jr.）和卡莱尔·E. 穆迪（Carlisle E. Moody）发表的一篇论文称，这些法律"对谋杀、自杀、由大规模公众枪击案造成的死亡人数、抢劫、严重袭击和入室盗窃没有明显效果"。作者总结道："这些法律显然不能拯救生命。"一项对该研究的评论指出，这些法律可能导致凶杀案和凶手的增加，因为"那些意欲伤害他人的人害怕武器被没收从而不会吐露分毫"。文章还指出："政策制定者应该为美国独有的枪支暴力蔓延寻找其他解决方案"。

孤独症谱系障碍与犯罪行为

一位父亲给我发邮件讲述了他 13 岁的儿子安迪的问题。利兹先生说安迪没有朋友，拒绝与人交往。这个孩子太过调皮捣蛋，幼儿园校长拒绝让他再回到幼儿园，并建议将他送到特殊教育机构。安迪很快就耗尽了全部公立学校及私立学校的耐心和资源，最终只能在家接受教育。他的父母说，安迪会沉迷于某一个兴趣，然后再转向另一个兴趣。他的行为经常不合时宜。例如，他对班级里的一个女孩感到生气，就朝她的脸上吐口水。教育工作者和心理健康专家认为，安迪可能患有孤独症谱系障碍。根据 DSM-5，做出这项诊断的标准包括言语和非言语行为整合困难，社交情感互动缺陷，难以建立、维持和理解人际关系，异常地固着于某些兴趣及转换困难。

如果你观察安迪，你会发现他的行为似乎符合以上标准。利兹先生说，安迪和他人在一起时无法"约束自己"并且"不能理解社交互动"。安迪将大量时间用在计算机上，他的打字速度达到了每分钟 85 个词。他不仅没有朋友，而且似乎并不想有任何朋友。他的父亲观察到，"他不让任何人走近"也"不擅长表达"。

安迪向我表达，他的父母试图对他严加管束，因为他们不相信他的判断。他抱怨道："他们觉得整个世界就像纽瓦克市中心一样，如果我出去了，就会有严重的危险。"他告诉我："我的父母认为我着魔了。"他详细介绍了自己是一个"完全置身事外"的人、一个对"生存事物"的狂热者——他指的是露营、徒步、爬树和建造"原始避难所"。他说："在他们看来，我永远都是个 3 岁的孩子。"当被问及如果去一座荒岛生活，他会带上谁时，这位少年回答："很可能谁也不带。我没有任何想带的人。"

孤独症谱系障碍只是在表面上与犯罪人格的特征相似。罪犯和孤独症患者都存在人际关系困难，但原因完全不同。罪犯使用欺骗、恐吓或暴力手段操纵他人，以获取权力和控制。他们冷酷无情，以自私的方式"回报"他人，很少关心他人的利益。孤独症患者无法理解他人的观点，这并非出于个人选择，而是由疾病造成的。某个孤独症患者可能会因感到挫败而产生攻击性，这是因为他不能理解另一个人的行为。罪犯则不同，只要有人反对、违抗或否定他们夸大的自我形象，他们便会勃然大怒。安迪的案例说明了孤独症谱系障碍和犯罪人格之间的不同。他告诉我，他的咨询师说他很有可能患有阿斯伯格综合征（孤独症谱系障碍的一种形式）。他的父母要送他去社会福利学校，但他认为自己不该去那里。

安迪有轻微孤独症的特征，但更为明显的是，他显示出犯罪人格的发展模式。在谈到安迪无法建立人际关系时，利兹先生告诉我，安迪"总是满口谎言"，他会"捏造事实，试图愚弄或欺骗他人"。在学校里，他会引发混乱，煽动同学，当被老师批评时，他会责怪其他人。他抱怨道："那些孩子孤立我，好像我是个很糟糕的人，其实我才是受害者。"当他违抗父母时，他会反过来怪罪父母朝他嚷嚷。他坚称："他们犯了很多错误。"安迪做出过一些破坏性的行为，如给其他孩子的自行车车胎放气、拔出笔记本电脑的电池并藏起来、取下家用电器的线圈。当我询问他最渴望的三件事时，他回答："更好的生活、更多的电子游戏、另外三个愿望。"当我问他能否依靠自己做些什么以实现"更好的生活"时，他看起来一脸茫然地说道："我不知道，我认为没有。"在对安迪进行评估后，我得出结论，他根本没患孤独症。他的父亲对此十分怀疑，但又受困于安迪的其他评估结果。

类似安迪这样的人表现出与孤独症谱系障碍相似的症状。他们也同样表现出本书所描述的思维错误。二者之间不存在因果关系。众多患有孤独症谱系障碍的人并未发展为少年犯或罪犯，更不用说成为大规模枪击案的袭击者了。

一名因在多伦多杀害10人而被捕的男子提出无罪开释的抗辩。《纽约时报》报道称，他的律师"提出了一个罕见的论点，即该男子无法从道德角度理解谋杀是错误的，因为他患有孤独症谱系障碍，这种疾病通常与暴力袭击无关"。辩方律师称这一抗辩"即便不是前所未有，也是不同寻常的"。

"冲动性障碍" 犯罪

在某些观察者看来，罪犯之所以一再实施犯罪行为，是因为他们受制于自己无法控制的冲动。例如，一个被贴上偷窃癖标签的人似乎无法抗拒自己的盗窃冲动。但在这些无法控制的冲动的表象背后，隐藏着一个赤裸裸的事实——罪犯的算计和熟练的操作方法。窃贼会习惯性地勘查周围环境以利用机会。他不必为每一次盗窃都制订周密的计划。他在盗窃上花费的心思与大多数人在开车上花费的心思差不多。这两种行为都会成为习惯，并且都需要人们始终保持警惕。

习惯性的东西不一定是强迫性的，也不一定是无法控制的。我们说一个人有做某事的习惯，并不意味着他对自己的行为缺乏责任感。就像一个人可以适应在结冰的路面上驾驶一样，窃贼也可以适应当前的条件——观察监控方式、出口位置、他和最近出口之间隔着多少人。如果他发现安全员或监控摄像头，或者发现有人在看他，他就不会"强迫"自己偷东西。他将决定选择其他时间返回或去其他地方。他在算计，而不是被冲动驱使。如果窃贼被捕，他可能会声称自己是被一种不可抗拒的内在力量驱使才实施盗窃的。他把自己描述成在心理医生的处理范围内，希望免于被追究责任。

一个经常纵火的人可能被当作纵火狂，尤其是在报复、嫉妒或保险欺诈等显而易见的动机似乎都不存在的情况下。和偷窃癖一样，纵火癖也涉及抵抗冲动的不断失败。我发现，纵火狂精于算计，并且能控制自己的行为。他们会选择纵火的时间和地点，然后采取预防措施以避免被发现。通过纵火，他们获取了对人类生命和财产的支配权。他们可以恫吓一个社区并造成巨大损失。当看到消防部门奋力控制火势时，他们确信自己不会被抓到。

根据我的临床访谈，我得出结论，所谓的强迫性窃贼和纵火犯以他们的所作所为为乐。他们能够控制自己的行为，并且他们的行为控制力与银行劫匪或为谋利而纵火的罪犯无异。任何犯罪行为，无论是不是重复性犯罪，都是非正常行为，因为这些行为是被社会禁止的行为，而且大多数人都不会参与其中。但这并不意味着犯罪是疾病的症状，罪犯也不该得到责任豁免。罪犯隐藏在罪行背后，他们精心策划和实施犯罪活动，同时对潜在后果有充分的了解，正是这份了解让他们在实现犯罪目标的过程中不断算计。

当罪犯明显失态时，精神病学家或心理学家（以及公众和大众媒体）可能会做出推论，认为罪犯想被抓住。这一结论基于弗洛伊德有关无意识罪疚感的著作。1915 年，弗洛伊德提出，我们所有人都会体验到罪疚感，这是童年时期遗留下来的产物——我们曾对异性父母产生过性欲望（即"俄狄浦斯期"）。他的论点是，孩子会为了受到惩罚而行为不端，以此来缓解罪疚感。弗洛伊德在《自我与本我》（*The Ego and the Id*）一书中写道："令人惊讶的是，这种无意识罪疚感的增加会把人变成罪犯。"弗洛伊德及其后继者从神经症患者的研究结果中做出推断并将其应用于罪犯，尽管他们很少把罪犯作为治疗对象。当今的精神病学家和心理学家也是如此。他们不把罪犯视为过于自信但出了差错的人，而是从罪犯的动机中解读出他们对被捕的渴望，甚至坚持认为，罪犯的行为是在寻求帮助。至今，我还没有遇到过这种情况。

精神失常

根据最近的估算，精神失常辩护大约在 1% 的重罪案件中被援引，其中成功率不足 5%。1923 年，著名精神病学家威廉·阿兰森·怀特（William Alanson White）撰文哀叹道："法律对抽象的精神疾病事实不感兴趣，只对有关被告所要承担的责任感兴趣。"他呼吁结束专家之间的相互竞争及"律师不遗余力地诋毁证人"的法庭程序。他写道："法院迫切需要精神病学家的帮助，但如果法院坚持像对待扒手一样地对待提供帮助的精神病学家，他们就无法获得帮助。"他还呼吁做出"有利于恢复专家尊严"的变革。10 多年前，纽约前助理地区检察官阿瑟·特雷恩（Arthur Train）曾表示："通常专家证词的效果就是抵消对立方证词的影响……结果是陪审团陷入了无助的困惑，倾向于干脆什么都不考虑。"1963 年，精神病学家阿卡杰洛·德阿莫尔（Arcangelo D'Amore）在华盛顿特区接受《华盛顿邮报》的采访时批评了这种对抗性的进程，"控辩双方……使得陪审团不相信任何一方的证词，任何证词都不利于案件的成功审理"。

提呈心理健康专家的证词这一对抗性进程由来已久。在大多数情况下，以精神失常为由申请抗辩的被告要接受两次检查——一次由辩方聘请或法院指派协助辩方的专业人士进行，另一次由法院指派协助控方的专业人士进行。

要使心理健康专家和法院相信被告的确精神失常，被告必须满足有关精神失常的若干法律定义之一，这取决于美国特定司法管辖区域所使用的测验。他能够明辨是非吗（1843 年的迈克纳顿规则，在 23 个州使用）？犯罪行为是精神疾病或缺陷的产物吗（1954 年的德拉姆规则，仅在新罕布什尔州使用）？被告是否缺乏充分的能力以认识其行为的犯罪性或遵守法律要求（1972 年的美国法律学会示范刑法，在 21 个州和华盛顿特区使用）？在弗吉尼亚州，"不可控冲动测验"和迈克纳顿规则被结合使用。这意味着，即使具备明辨是非的能力，被告仍强迫性地犯罪。有 4 个州已经废止了精神失常辩护：爱达荷州、堪萨斯州、蒙大拿州和犹他州。2020 年，美国最高法院支持各州有权禁止被告使用精神失常作为辩护理由。

有一种可能的情况是，一个人短时间内在同一个州犯下两起相似的罪行，但其中一起被定罪，另一起则因精神失常被判无罪。在基尔·D. 桑德斯诉密西西比州案件中，被告使用同一把枪将他的祖父母相继杀害，却分别被判因精神失常而无罪和因神志清醒而获罪。法官判处桑德拉无期徒刑。如果法律经修改后允许他假释，那么他将被送往州立医院并无限期地待在那里。

一个被指控犯罪的人可能会试图通过一些行为表现来假装精神疾病，从轻微的异常举止到古怪行为，这取决于他认为哪种行为最令人信服。他可能会说有一个声音在发号施令，而他只能任其摆布。他可能会宣称自己是上帝派来的使者。另一种策略是以一种故作病态的方式应对心理测验。被告会假装自己有被害妄想，声称有人在密谋反对他。遗忘症也是一种策略，它可以阻碍专家的评估并影响陪审团的判断。

自杀姿态有助于达成罪犯的目的。罪犯会通知狱友自己打算什么时候上吊自尽，来要求狱友通知惩教人员前来将他们救下。他们盘算着，如果被认为有自杀风险，他们便会被送往医院。

精神失常案件的被告常常愿意被送往医院，因为他们在那里可以拥有更大的自由和更好的住宿条件。一名监狱囚犯在电话中告诉自己的母亲，他为什么想被转送到精神病院（监狱内的通话可以被合法录音，通话记录可以作为证据被呈上法庭）。这名罪犯解释道，他"极其渴望到医院去"，他准备表现得像个"疯子"一样以完成他的计划。"那是个政府机构，跟监狱差不多，但比监狱要好，至少你可以看电视。他们会带你去图书馆，还会带你出去。那是个不错的地方。"

如果被告被安置在精神卫生机构，工作人员就有机会连续数周或数月每天24 小时地观察他们。在一起案件中，被告所表现出的精神疾病症状前后不一致，工作人员因此怀疑她可能在装病。以下是观察记录。

- "有好几次，她的情绪表现都很夸张。"
- "她开始报告一些新的、不常见的症状，这些症状她之前从未提及。"
- "她给人的感觉是，她对于自己透露了多少有关她的遗忘症的事过于谨慎。"
- "诊断尚不明确，因为她的表现极不寻常，并且不是任何一种常见障碍的典型表现。"

最终，被告的精神失常抗辩没有获准。

在监狱内、庭审过程中或罪犯被送往观察的医院里，精神疾病的症状表现都充满戏剧性。一名杀人犯在审判短暂休庭后拒绝从法庭拘留室出来，致使诉讼程序暂停。法官命令惩教人员强行将他送回座位，以便他在审判期间在场。该罪犯在狱中和心理评估期间一直很清醒、很配合。他的辩护律师声称，他的拒不服从为证明他患有精神疾病提供了额外证据，但辩护律师的主张未能成功，因此该罪犯的好斗行为被视为事实。

当公众听闻一个令人震惊的暴力犯罪事件时，他们总是倾向于相信，罪犯一定是精神病患者。《华盛顿邮报》专栏作者佩图拉·德沃夏克（Petula Dvorak）在写作时表达了这种广泛相传的观点："如果最暴力的犯罪是由心理疾病引发的，那么在一个慢慢走向疯狂的国家，犯罪数量的增长便不无道理。"

很少有罪犯相信自己患有精神疾病。如果有人叫他们疯子，他们很可能会感到恼火——除非这有利于他们减轻指控。无论如何，至关重要的都不是罪行有多无耻或怪异，而是罪犯能否明辨是非（或者满足犯罪发生地司法管辖区现行的精神失常的法律标准）。

为什么经过严格训练的专业精神病学家和心理学家有时也会被愚弄？原因在于，罪犯的行为非常极端和多变，让他们难以进行评估。他们所面对的是，罪犯的情绪在高峰和低谷间起伏不定，冷酷无情和多愁善感形成了鲜明对比，罪犯对权威既有表面上的顺从，又有厚颜无耻的违抗。作为反社会的人，罪犯会从肆无忌惮的乐观和刀枪不入转变为彻底的悲观和绝望。他们在心态和行为举止上的变化显而易见。不过，情绪不稳定不等同于精神疾病（如以躁狂和抑郁心境为特征的"双相障碍"）。情绪的高低起伏来自罪犯对现实生活的反应，在这个现实的世界中，他们既无法证明自己夸大的自我重要性，也无法满足自己不切实际的期待。

罪犯擅长观察他人。他们有一种超乎常人的技能，可以弄清楚他人想听什么并投其所好。罪犯在接受评估时那令人费解的行为或其罪行的肮脏性质足以让评估者相信他们不是正常人。如果犯罪事件和被告在评估中看起来都很怪异的话，罪犯就很有可能被送往医院。

有些罪犯会在被捕后和监禁期间崩溃，尽管数量相对较少。观察者会错误地认为，这种精神状态在罪犯实施犯罪行为时业已存在。表现出精神错乱迹象的罪犯往往内心极为混乱，根本无法策划并执行那些需要警惕性和算计的罪行。

多年来的研究一致得出结论，患有精神疾病的人不会构成重大暴力风险。心理学家艾米丽·卡斯特（Emily Caster）在《暴力与性别》（*Violence and Gender*）杂志上撰文指出："大多数患有精神疾病的美国人对自己的威胁大于对其他人的威胁。"她敦促同行"纠正关于精神疾病是大规模枪击事件的原因这一错误说法"。

人们认为我是一个不相信精神失常抗辩的专家证人。这种说法并不准确。我的确见证过装病的罪犯，也经手过类似格伦这样的案件—— 一个人有着漫长的精神疾病史，但在行动时精神完全正常。然而，在过去的几年里，我曾经根据弗吉尼亚州的联邦法律，对4名由我进行法院评估的被告依法做出了符合精神失常的结论。在其中一起案件中，陪审团否决了我的结论，认定被告神智正常。在另外三起案件中，我是应控方要求由法官委派的，但我得出的结论却是被告符合精神失常的标准，应因此获无罪处理。有一起案件的被告是25岁的杰克，他无任何明显动机地枪杀了他的外祖父，并被指控犯有一级谋杀罪。我修改了此案中的人名和其他识别特征。

杰克的父母在他尚在襁褓中时就离婚了。在外祖父母的帮助下，杰克和他的姐姐由他们的母亲养大。一位远房亲戚回忆道："杰克是一个正常的孩子。他会过来参加露天烧烤和家庭聚会。"在姨妈的记忆里，杰克就是一个"和表兄弟们跑闹着玩耍"的普通孩子，她说："在我看来，他完全没问题。"杰克上中学时，母亲和她的新伴侣搬到了别的街区。他开始拒绝完成作业，逃学，高中都没有毕业。杰克曾因打架、盗窃和藏有大麻而与警察发生争执。他在一个少管所短暂地服刑过。

"杰克不善于听从他人的命令。"他的母亲说。他的工作经历也反映了这一点。他曾给一个空调承包商做助理，这是他唯一喜欢的工作，但他被开除了。至于被开除的原因，杰克的解释是他的老板"鲁莽、急躁"。他做过的工作很少，每份工作之间的间隔期很长，而且这些工作他都只能持续不到几个月的时间。每当他结束一份工作，他都会偏执地抱怨。他认为有人故意刁难他，但他无法说出具体是谁。

我很难弄清楚杰克的日常生活情况，因为他总是处于失业状态，也很少和同龄人在一起。我采访过的那些人也同样对杰克的日常活动和兴趣一无所知，他们觉得杰克没有朋友。杰克的母亲说，杰克从未提起过朋友的名字，也从未邀请过任何人到家里做客。唯一一个我能联系上的杰克的"朋友"和杰克从高中起就认识了。不过，他们早就不怎么联系了，这个所谓的朋友也已放弃了这段关系。他告诉我："我试过找他聊天，他只会给出一个字的回应。他出奇地沉默寡言，但高中时他是一个正常的孩子。"杰克唯一的兴趣是修理旧车。杰克的姐姐说："他和那些旧车有一种特殊的联结。"

我采访过的另一些人描述了杰克身上发生的令人不安的变化：他变得"封闭""偏执""退缩"。高中时，杰克和琳达关系密切，他们生了两个孩子，但一直没有结婚。琳达说："我们刚认识的时候，他还很正常，但后来就开始走下坡路了。"她说，杰克无法维持一份工作，并把钱都花在了"愚蠢的东西"上。后来，琳达从怨恨杰克的懒惰变为惊慌，那时的杰克除非目睹食物的烹饪过程，否则不吃任何东西。如果他打开一瓶水，而后把水放下并离开房间，他就不会再喝这瓶水，因为他害怕有人在水里动手脚，借此伤害或杀死他。他指责琳达允许那些"招惹他"的人到家里来。他觉得琳达和她的家人想"毁掉"他的生活。琳达的母亲提起她观察到的杰克身上发生的变化："他已经不在了，好像去了外太空，一切都被关闭了。"他甚至忽视他深爱的两个孩子。琳达的另一位亲戚回忆道："他只想一个人待着。他不想和我们一起吃饭，在大部分时间里，他都不说话。我们试着帮助他，但没什么用。"

马克·理查兹和伊莱恩·理查兹夫妇为他们的外孙子尽心尽力。他们持续地照顾着杰克，手把手地把他养大。每一个了解这对夫妇之间关系的人都肯定了他们的付出，并反映说从没听杰克抱怨过他们。

琳达受够了杰克的暴躁和不可靠，她让杰克离开，于是他搬去和外祖父母一起住。在和外祖父母同住期间，杰克开始向琳达透露，他们想伤害甚至杀死他，但又提供不出任何细节。杰克继续和理查兹夫妇住在一起，但行为怪异。他躲在自己的卧室里，几乎不和他们说话。之后，他又开始睡在客厅里，他打开暖气，盖上毯子，而当时正是夏天，客厅里还开着空调。他告诉他的母亲，有人跟踪他，他还会听到一些声音。外祖母回忆道，她曾警告过丈夫，如果杰克再得不到帮助，很可能会"对他做点什么"。

杰克多年来一直抱怨胃疼。他觉得自己中毒了，还告诉琳达"毒药浸入了他的身体"。他到诊所寻求治疗，但他的健康记录记载"无已知病因"导致他的疼痛。琳达和她的家人督促杰克接受心理治疗，但他拒绝了。

杰克回避有关他和外祖父之间关系的话题，他对所有问题的回答都是："我不知道。很模糊，我不记得了。"他承认自己从一家需要背景调查的商店买了两把枪，但拒绝透露购买原因。

在一个和往常一样的早晨，杰克走进外祖父母家的厨房，拿出一把枪，开枪射向他的外祖父。外祖父当场毙命。杰克立即拨打了911，告诉接线员他杀死了自己的外祖父，然后说他会在屋外等待警察的到来，并且不会持枪。接线员问杰克为什么要杀害外祖父，杰克回答："他们带人进来，抚摸我的身体，太恶心了。他们贩卖人口。"他告诉刑侦警察，如果不是因为没人帮助他，他并没打算杀人。至于杰克为何感到危险，他只是说："事情明摆着。人们表现得很滑稽。"当我问他同样的问题时，他说："我一点儿线索都没有。我没有明确的答案。我受到了威胁，但原因模糊不清。"

很明显，在搬离女朋友家之前，杰克的状态已经越来越不稳定。他在青春期时就表现出了行为障碍的征兆：盗窃、饮酒、打架、逃学、吸食大麻。案发前几个月，他开始变得退缩和偏执，并饱受精神病性障碍的折磨。他符合 DSM-5 中关于精神分裂症的诊断标准，这种精神疾病在男性中常见于青春期晚期或成年早期。

- 出现被害妄想
- "消极症状"，如"情绪表达减退"
- 职业和社会功能受损
- 身体或心理失调，但并非由使用致幻类物质造成
- 功能障碍持续 6 个月以上
- 对躯体问题（如身体健康）的担忧达到了妄想的程度

杰克是有意行凶，并且清楚地知道自己开枪杀死了外祖父。他没有责怪任何人。谋杀案发生的根本原因是精神障碍，杰克妄想外祖父允许意图伤害或杀死他的陌生人进入，因此自己面临迫在眉睫的危险。由于他在行凶时的推理能力受损，因此他无法知晓自己的行为是错误的。在他的心里，他是在消除危及自身生存的威胁。

辩方心理学家已经发现杰克符合弗吉尼亚州法律规定的精神失常的标准。我作为独立的一方也得出了同样的结论。法官和陪审团最终接受了这一结论。

与之相反，我强烈反对华盛顿特区对连环狙击惨案凶手李·博伊德·马尔沃（参见第 5 章）的精神失常判决。在 2002 年秋天的三周内，约翰·穆罕默德和李·博伊德·马尔沃对大华盛顿地区实施恐怖袭击，导致 10 人死亡，3 人受伤。案发时，马尔沃只有 17 岁，他曾在弗吉尼亚州一家商店外用枪扫射 FBI 分析师琳达·富兰克林（Linda Franklin）并因此被判犯有谋杀罪。他的律师团申请了精神失常无罪抗辩。他们坚持认为，约翰·穆罕默德以类似父亲的角色支配并掌控了马尔沃的思想，而后者正处于易受影响的年纪。辩方专家提出，马尔沃患有"分离障碍"。根据美国精神医学学会的标准，该疾病的主要

特征是"……意识、记忆、身份、感知的完整性功能被打破"。美国精神医学学会指出，分离障碍可能出现在那些"被长期、密集地胁迫性说服"的人身上，如被洗脑。

辩方观点的核心是，当时的马尔沃并不是他自己，他处于约翰·穆罕默德"充满魅力的欺骗性咒语"的控制之下。《华盛顿邮报》总结道，辩方的任务是"努力说服陪审团，是波斯湾战争老兵（指穆罕默德）把马尔沃变成了他的追随者、一个丧失了理性判断和自由意志的杀人学徒，后者屈从于前者这位年长同伴的心理控制"。宗教专家和童子军专家代表马尔沃做出证言。除辩方律师团外，许多分析家和评论家也都相信马尔沃患有精神疾病。

作为控方专家，我参与了审判的精神健康评估阶段，我的证词是公开记录。我用了34个小时对李·博伊德·马尔沃进行访谈，发现他并不像他们所说的那样是一个易受影响的年轻人，因被已经成年的凶手引诱才误入歧途。事实上，马尔沃肯定地告诉我，他既不"人云亦云"，也非"懦弱无知"。他是一个意志坚定的年轻人，脾气急躁，令人生畏。他说，他曾发现有个同学偷了他的午餐，于是他用垃圾桶把这个同学揍了一顿。他记得当时他真想有把大砍刀，把那个男孩的手剁下来。在遇到约翰·穆罕默德以前，马尔沃偷过他母亲的东西，多次去商店行窃，还用弹弓和金属轴承杀害过不少野猫。另一位提供控方证词的心理学家观察到，为符合律师给马尔沃设定的贫穷、无知、易被操控的人设，马尔沃篡改了自己的过往经历。我和这位心理学家都很清楚，李·博伊德·马尔沃热切地拥戴约翰·穆罕默德，他们的世界观非常相似。陪审团判定他犯有谋杀罪，并判处他终身监禁。[①]

精神失常抗辩仍然争议不断。对于那些做出评估的人，有几点需要注意。第一，要花费大量时间深入了解被告的自我服务陈述并理解其思维过程。第二，不能因为一个人在接受评估时是精神病患者，就认为他在作案时一定也

---

① 我在《解密骇人之罪》(*The Myth of the "Out of Character" Crime*) 一书中对本案进行了详细的讨论。

患有精神疾病。第三，即使可以确定此人在犯罪时患有精神疾病，也不一定意味着他没有明辨是非的能力。

　　精神病院的住院经历给罪犯犯下更多罪行提供了借口。每次在医院接受治疗，他们就增加了一份精神不稳定的档案记录。一旦被捕，他们便会被当成精神失常的犯罪者。结果是，他们因为一项新罪名再次被送进医院，而不是在监狱服刑。如果他们觉得自己可以得到更好的待遇，如医院里的生活比监狱舒服，他们就会继续尽力欺骗精神科医生。

第 17 章

监禁

本书第一版写于 1982 年年中，当时全美国的监狱里共有 394 380 名囚犯。到 2011 年年底，囚犯数量增长到 2 266 800。截至 2019 年年底，这一数字又降至 1 430 800。在这 10 年间，黑人的监禁率下降了 29%，西班牙裔的监禁率下降了 24%，白人的监禁率下降了 12%。美国司法部采用"监禁率"一词来指代在美国 18 岁及以上的人口中，每 10 万人中被各州和联邦司法体系判处超过一年以上徒刑的囚犯人数。当下的趋势是去除"大规模监禁"。

监狱被认为具备四种功能：惩罚、威慑、使丧失能力和改造。大多数收押成年人的监狱系统在其官方机构名称中使用"矫治"一词。监狱通常无法起到令罪犯改过自新的作用，即便罪犯标榜自己会这样做。

无论是在监狱里还是在大街上，罪犯的思维模式都是相同的。那些通过操纵、恐吓或暴力手段竭力控制他人的罪犯不得不接受这样一个现实：他们现在被他人控制了。一名囚犯抱怨道："他人控制了我的人生。我不是一个能随心所欲的自由人了，每分钟都有人告诉我该做什么。"不过，这种相对无助的感觉并不会持续下去，罪犯的行事方式一如既往。他们适应周围环境，在监狱囚犯中建立起等级制度。像在外面时一样，囚犯用不同的方法得到他们在监狱里想要的东西。有些囚犯会发起个人或团伙斗争，不断挑衅工作人员，公然蔑视规章制度。有些囚犯则认为，和工作人员或狱友发生直接对抗没有益处，克制才是明智的选择。模范囚犯可能是个技艺精湛的欺骗高手。从监狱长到狱警，模范囚犯只不过是在迎合他们。他希望通过迎合他们让自己的生活更容易些。

哪怕是最顽固不化的罪犯也会这样做——为了获得印象分,他们会打扫牢房、把地板擦得发亮、认真完成自己的劳改工作,一切都是值得的。他们所谓的"改变"就是服从工作人员以避免麻烦,但实际上他们依旧随心所欲。

当监狱大门第一次在罪犯身后关闭时,他们中的一些人会暂时性地感到害怕、懊悔、心情沮丧。这些情绪并不陌生——当罪犯疲于应对每日提心吊胆的生活或后悔让关心他们的人感到失望时,他们也曾体验过这些情绪。现在,他们被囚禁在铁窗之内,有大量时间用来思考。现状很严酷,未来黯淡且渺茫。有些罪犯会沉浸于祈祷和阅读宗教书籍。有些罪犯琢磨着如何结束这一切。但他们所体验到的被折磨的感觉和恐惧不会一直存在。一名战栗着踏入监狱的罪犯没多久就会变得和之前一样冷酷无情。虽然有些最老练的罪犯也会在服刑之初感到绝望,但的确也有些罪犯始终强悍无惧。如果一名罪犯有犯罪史但还未曾有过服刑经历,那么被捕入狱可以提升他的地位。如今,他已经"进去过了",他就有了"入伙"的资本。

囚犯最初的行为可能与他们入狱前对监狱的了解有关。监狱会在囚犯的"前辈"和其他听说过某个监狱的具体情况的罪犯口中建立起自己的"口碑"。其中有些安全级别最高的监狱以作为无法管束的罪犯的"末路"而闻名。这些监狱通常是令人望而生畏的堡垒,监狱围栏被层层带着尖刺的铁丝网缠绕,武装警卫在高高的瞭望塔上严密地监视着一切,大门都是电控的,监狱内部处处装有监控设备。但是,精心设计和价格昂贵的安全措施并不能阻止那些极度无常的囚犯刺伤或强奸他人、参与帮派斗争、发动暴乱。囚犯的首要目标是生存。一名新来的囚犯知道,他必须从一开始就证明自己和旁边的囚犯一样强硬。在收押暴力罪犯的监狱中,工作人员需要努力防止囚犯掌握控制权。但囚犯偶尔会更胜一筹,工作人员也会被恐吓,他们必须依靠囚犯才能维持秩序。

超级监狱用于关押最恶劣的罪犯——他们极其危险,无法被安全地同监狱里的其他囚犯关在一起。这些罪犯一直是社会上的暴力分子,在被监禁期间也是如此,他们会袭击甚至杀害工作人员和其他囚犯。他们中的一些人会引起骚乱或成为帮派头目。美国唯一一座联邦超级监狱坐落于科罗拉多州的佛洛伦斯，那里关押着一些广受关注的罪犯，如"炸弹客"泰德·卡钦斯基（Ted Kaczynski）、俄克拉何马城联邦大楼爆炸案凶手特里·尼科尔斯，以及 1993 年世贸中心爆炸案凶手拉姆齐·艾哈迈德·优素福（Ramzi Ahmed Yousef）。

达雷尔因一级谋杀罪被判处终身监禁。他辗转于多所监狱，积累了 50 多份行为报告，其中一些涉及极其严重的违规行为。在一起案件中，他被发现持有一把由钉子和木头组装而成的刀柄。他还多次袭击其他囚犯，殴打他们、令他们窒息、把他们撞倒在地再重重踩踏。有一次，他不断地对一名囚犯的头部拳打脚踢，直到另外两名囚犯插手才肯罢休。他还经常辱骂惩教人员。有一次，他把擦完屁股的纸扔向惩教人员。他还对一名女狱警大喊："给我一些该死的咖啡，你这个婊子。不然我就朝你吐口水。"最终，达雷尔被关进一所超级监狱。作为抗议，他撰写了一份长篇声明，指控其正当权利受到了侵犯。

罗德尼因一级谋杀罪、持械抢劫罪和殴打罪被判处终身监禁。在服刑期间，他因为行为不端被传讯过 20 多次。在一所监狱里，他拒绝服从清空口袋的命令，还打伤了一名狱警的脸并威胁要在获释后进行报复。当他因恐吓和袭击狱警而被隔离时，他愤愤不平地尖叫道："你们就因为我打了名狱警就把我隔离起来。我要是弄死这群混蛋，你们打算怎么办？"在餐厅排队时，他紧盯着一名狱警不放，一边大笑一边"把手放在腹股沟，摇晃他的生殖器"。他告诉警察："如果你再敢对我说一句话，我绝对饶不了你。"在另一所监狱里，当罗德尼被指示去隔离室时，他抓住一名狱警并开始袭击这名狱警，为此他被指控蓄意伤人。还有一次，他突然袭击了一名工作人员，用拳头狠狠地殴打他。之后，他还威胁说，等他获释后，他要杀了那名狱警。罗德尼一再拒绝按要求行事，不断恐吓工作人员和其他囚犯。他告诉狱警，他必须独自住在一间牢房，并警告道："你试试把其他人关进这间牢房，我会给他好看的。"他在未经允许的情况下，从图书馆拿走了一本法律书，撕下其中一页刻上自己的名字，以表明他将这本书据为己有。而这仅仅是他所犯下的轻微违规行为。和达雷尔一样，罗德尼完全难以管理，因此他也被送去了超级监狱。

像达雷尔和罗德尼这样的人被送走后，其他囚犯和工作人员才得以长舒一口气。在超级监狱里，这样的囚犯几乎一整天都独自待在单人牢房中。当被转移去洗澡或锻炼时，他们通常得戴着手铐和脚镣，并至少由两名工作人员陪同。正如他们通过暴力行为"赢得"了进入超级监狱的"门票"一样，他们也可以经由参加一个阶段性的系统项目离开那里。教育和自我改进项目可以供那些愿意参与的囚犯申请。即使是联邦超级监狱，也希望能把囚犯从 24 小时的单独监禁转移到限制较少的监狱。佛罗里达州立大学的丹尼尔·米尔斯（Daniel Mears）教授列举了超级监狱的双面"意外影响"：积极影响是"改善了普通囚犯的生存条件和最终结局"，消极影响则是"精神疾病增加"。

超级监狱一直是争议的焦点和诉讼的对象，因为它违反了第八修正案中禁止残忍和非常规性惩罚的内容。原告辩称，囚犯在心理创伤环境中遭受长期隔离和严重的感官剥夺。美国公民自由联盟对超级监狱提出了疑问，坚称其严酷的制度侵犯了人权。批评者指出，超级监狱设施建设过度，因此容纳了很多"令人讨厌的囚犯"，而不是那些极端危险分子。曾经有一段时间，全美三分之二的州都拥有超级监狱，但其中许多都已经降级。

另一个极端是那些安全级别最低的监禁设施，这些地方被称为美国联邦系统的"营地"。这些机构收押的是危险等级最低的罪犯。那里没有警示塔，也没有电网，有些"营地"和大学校园类似。囚犯可以穿自己的衣物，享受相对自由的探视时间，还有机会参与多种学术和职业培训课程。这些"营地"提供内部体育运动和由社区赞助的社会活动。

很多罪犯表面上服从要求，实则藐视惩教人员，甚至不把他们当人看。一名因二级谋杀罪服刑的囚犯表达了一种在囚犯间流行的观点。他说："我看不上那些惩教人员，只是我把对他们的不屑隐藏起来了。我觉得他们毫无人性。要不是他们穿着制服，你很难分辨出他们和我们有什么区别。他们也是罪犯，只是他们在被捕前加入了警察队伍。我认为我比这里的很多人都要好，囚犯、警卫、工作人员都不如我。你很难不这样认为。"

罪犯认为，从被捕开始，自己就遭遇了一系列不公正的对待，而监禁是其中最后一环。过去，法律和他人的权利对他们来说不值一提，但现在他们被关起来了，所以他们一定要维护自己的权利。那些被判处长期监禁的罪犯通常会为自己的困境找一连串借口：警察就是来抓他们的，为争取宽大处理而叛变的同伙才是罪魁祸首，辩护律师不称职，法官有偏见，陪审员在充分考虑证据前就已经做出了判断。

在服刑很长一段时间后，囚犯还有可能试图翻供或获得减刑。有些囚犯下大功夫翻阅监狱图书馆的法律书籍，为上诉编纂理由。有些囚犯甚至开启了牢狱律师的职业，为自己和其他囚犯提供法律援助、准备材料，以此收取财物或个人好处费作为报酬。

权利的主张贯穿了整个监禁过程，甚至远远超出了对法律法规和程序的关注。当囚犯要求保护自己的权利时，他们会试图威胁那些害怕诉讼和暴力的工作人员。如果他们喜欢或不喜欢某项活动，他们就会坚持自己有权参与或有权不参与。对于同一件事情，他们在不同的时刻可能采取相反的立场。他们会要求接受心理治疗并通过威胁起诉达到目的，或者要求行使拒绝接受治疗的权利。

一个由来已久的谬论是，监狱、看守所、少管所扮演了犯罪学校的角色，它们把人们变得比被关押前更坏。只有在罪犯扩大彼此间的联系和为自己的反社会思维行为模式寻找支持方面，监狱才会成为犯罪的滋生地。虽然罪犯很容易接触有关犯罪、毒品和性的话题，但他们可以选择是参与还是忽略它们。罪犯并不是只能受狱友影响的无辜受害者。他们过去曾做出选择，今后也将继续做出选择，选择在监狱内和出狱并重返社会后是否延续他们的犯罪人生。一名在县看守所服刑的囚犯告诉我："我要让自己离冲突远点儿。我不想成为人人关注的焦点。"有过一次监禁经历后，现在他避开了他口中的"惯犯"，即那些屡次进出监狱的人。他说："大部分人从青少年时期就来到这里，现在他们已经进入他们的'黄金岁月'。这些人以监狱为家。他们的兴趣仅限于运动会和犯罪。他们对所有可能改变判决的立法行动了如指掌。"

一名因谋杀罪入狱的罪犯就监狱对囚犯的影响发表了如下看法："监狱是一所学校，你能从里面学到任何你想学的东西——职业教育、高中学历、第二外语或犯罪。这完全取决于个人选择，你可以选择专注于什么事情。如果你选择犯罪——那一点儿也不缺少导师。许多囚犯找到了让其如获至宝的人，他们一起谈论和学习如何犯罪，并计划未来一起犯罪。这一切都是为了实施所谓的完美罪行——不被抓到并且赚很多钱。据我所知，有些囚犯多年来每天都在为未来的犯罪活动深思熟虑。"这名囚犯不想加入那些讨论。相反，他努力锻炼身体、阅读各种各样自我提升类的图书、研究宗教，以及参加各类课程。他与其他囚犯保持着礼貌的关系，配合监狱工作人员，但大部分时间都是独处。另一名囚犯评论自己在监狱的经历："我不会错过这个地方，我只会无视这里的人。我们的罪行是我们自己的。我们在这里分享我们最好的自己——不管怎样，有些人变成了更好的自己。"

除了罪犯一天 24 小时处于某种形式的监视之下，监狱与日常生活无异。罪犯对犯罪的痴迷程度不会仅仅因为被关起来就减少。在严格管理的环境下，他们依然筹划、谈论并持续参与违法行为。任何外部刺激，如电视犯罪节目、侦探小说或报纸上骇人听闻的犯罪故事，以及与其他囚犯的日常对话，都能强化他们已有的想法。他们通过信件和探访维持旧有人际联系，同时在监狱建立新的关系。对一些囚犯来说，被监禁的他们比以往任何时候都更难以逃脱违法行为。监狱里盗窃猖獗。如果一个人想保管好什么东西，必须将其随身携带或上交给值得信赖的工作人员。囚犯会在睡觉、洗澡或放松警惕时被他们的狱友抢劫。囚犯不仅会互相盗窃，还会将工作人员的私人物品顺手牵羊，监狱的食物和其他用品也难逃其手。

戴文曾参与入室盗窃、重大盗窃案和损毁财物案，又在缓刑期间数次违反规定。最终，他因贩卖毒品和持有未经登记的手枪而再次被收押入狱。戴文回忆起自己在狱中的思想过程。他生动地讲述了他对狱友的态度："我看到他的弱点，践踏他的自尊心。他体重超标，不停地吃东西，我让他觉得自己又肥又懒。我拿他女朋友的照片开玩笑，折磨他，往他的毯子上和杯子里撒尿，朝他吐口水，用剃须刀划伤他的胳膊。我羞辱他。他期待我能接受他。他越是这样，我就越霸凌他。他对自己的弱点十分恼火，但他怯懦的行事方式很容易让他成为被欺负的对象。"戴文是白人，在提到他的黑人狱友时，他表现出他人格的另一面："我拿走他们赌博用的骰子，趁他们不注意把它冲进马桶。我看不起黑人，他们总惹我生气。我一直都非常鄙视他们。"戴文对于自己擅长操纵他人感到骄傲，他吹嘘道："我能把自己置身事外，让他人发现不了我才是制造麻烦的人。我以挑起人们之间的矛盾为乐，我还挑唆他人发起事端。"戴文设法在表面上做足文章以避免麻烦，但同时他持续保持着自己的犯罪模式。狱警不得不处理戴文制造的混乱，却不知道混乱的始作俑者究竟是谁。

惩教机构采取戒备措施以防止违禁品被带入，但罪犯十分狡猾。惩教所的一次彻底搜查能获取大量违禁品，特别是手工制作的凶器。在劳动改造工作中，罪犯经常能接触到锋利、粗重、易碎的物品，他们会用这些物品制作凶器。即使接触不到这些材料，他们也能把周围环境中的任何东西改造成凶器。例如，拖把可以变成棍棒。一名囚犯用水槽里的水淹没了牢房，他挥舞着牙刷叫嚣："让他们进来，我要弄死一个。"另一名囚犯则踢翻休息室的桌子，掰断桌子的一条腿用以威胁狱警。在一起不当行为中，一名囚犯用指甲刀、卷起的报纸和圆珠笔制造了一支长矛。

全美国各地的监狱里都盛行非法药物。毒品藏匿于包裹或冒充的法律文件中，这些物品不会像常规信件一样受到安全检查。一个看似无害的苹果的内核可能被注射过毒品，一块香甜诱人的巧克力蛋糕的夹心中可能藏有毒品，硬芯糖中间的糖粉可能是海洛因。在很多监狱里，囚犯和访客隔着一道玻璃通过电话会面和交谈。而允许直接接触式探视的监狱则可能面临毒品泛滥。一个长时间的接吻不一定是爱的表达，而可能是传递胶囊的一种手段。监外工作返回的囚犯可能会把毒品藏在身体里。监狱工作人员也能从外界将违禁品带进来。一名监狱工作人员了解到，监狱里的囚犯市场很容易赚到钱。他不直接向囚犯出售毒品，而是找到一个可以信任的人作为中间人，这个中间人会帮助他隐藏毒品的来源。中间人会因行事可靠而得到可观的报酬。这名工作人员藏在幕后，做着和那些贩卖毒品的罪犯一样的事情。每个人都能从中分一杯羹，但这名工作人员始终没有直接出面。

一位心理健康专家是这样描述他所工作的监狱里的毒品网络的："毒品的头号来源就是腐败的工作人员，这能赚大钱。第二个途径是探视，家人和其他人通过接触式探视传递毒品。相当多的毒品藏在身体里以躲避检查。我们在拉面包装袋、新鲜的生菜，甚至《圣经》里都发现过毒品。监外劳动的囚犯有机会完成交易。囚犯的方法五花八门，无穷无尽。"

《福布斯》（*Forbes*）上的一篇文章提出：手机会成为监狱的毁灭者吗？那些被私带进去的手机扩大了囚犯的联系范围，帮助他们策划新的犯罪活动。手机通过前来探视的访客、腐败的工作人员甚至无人机被偷偷带入监狱。2009 年，加利福尼亚州的监狱共没收了 5000 多部违禁手机。2021 年，一名从新泽西州迪克斯堡联邦监狱释放的罪犯被指控伙同其他人驾驶无人机飞越监狱上空并投掷大量手机和其他违禁品。

赌博是惩教机构里的一种生活方式。与性类似，赌博是囚犯胁迫他人并树立自己支配地位的一种手段。囚犯会在扑克牌、棋类游戏、户外运动会及几乎任何一种结果未知的活动中下注。赌博活动可能是有组织的，就像工作人员每天组织的数字游戏聚会一样。多数监狱禁止囚犯随身携带现金，但有些囚犯从赌博中、从访客那里或通过为工作人员做事得到不少钱。如果没有现金，任何值钱的东西都可以作为赌注，如杂货店的商品、个人物品或毒品。监狱里的不少殴斗都因未偿还的债务而起。如果某名囚犯赢了，他可能会坚持索要高于赌注实际价值的偿付。如果欠债的人恰好是监狱工作人员，并且可以对某一违规行为睁一只眼闭一只眼或能为囚犯谋取特权，那么作为债主的囚犯便不会索要全部偿付或要求对方赊高利贷，而是直接免除债务。

我们无法确定监狱工作人员与囚犯勾结的频率。尽管大多数惩教机构的工作人员都认真尽责，但有些人还是愿意与囚犯合作或接近囚犯，他们认同囚犯，觉得囚犯令人感到刺激。这些人喜欢听囚犯讲述他们的犯罪事迹，有时他们也会加入有关犯罪、毒品和性的无休止的玩笑。他们厌恶与身体有缺陷的人或老年人一起工作，因为那实在太无趣了。囚犯会凭直觉判断哪些监狱工作人员是和他们一样的人，并小心翼翼地试探以确定谁可以被拉下水。囚犯希望得到潜在的盟友，这样他们就不会因为违规而被告发，并能在陷入困境时得到帮助。如果没有达到这样的期望，囚犯就会贿赂工作人员，以便将来可以勒索他们。

罪犯能够迅速察觉工作人员的内部纷争并加以利用。在美国的很多惩教机构里，种族矛盾异常尖锐。种族不公平在监狱系统中的确存在，但囚犯也会仅仅出于个人利益挑起那些原本与事件完全无关的种族争端。他们高喊"种族歧视"以将人们的注意力从他们的不当行为转移到工作人员是否对他们存有偏见上。他们把失去特权、受到严厉指责、被命令去做一些他们不想做的事情或因违反规定而被捕并接受惩罚全部归结为种族原因。

与其他和自己一样具有掌控欲（哪怕是最细微的人际交往也要掌控）的人共同生活在封闭的牢房内，对囚犯来说充满挑战。一名囚犯描述了典型的、几乎每天都在上演的冲突："我和我的对手正准备下棋。我坐在我的座位上，但有人占了他的座位。我们坐的是那种与铁桌子连在一起的椅子，那两个座位和电视机成直角。我的对手让那个人归还座位，那个人却生气了。这可惹恼了我，他坐下之前明明知道那个座位已经有人了，我当时就坐在下了一半的棋盘面前。我受够了这个愚蠢的东西。"这名囚犯说，他见惯了类似的冲突，只能靠"蛮力"解决。

监狱中的强奸威胁事件和实际发生的强奸事件与在外面发生的类似事件的目的相同。这些事件无关性或性取向，而在于建立支配地位。强奸威胁事件可以让囚犯服从和畏惧。每名新进来的囚犯，尤其是那些身材矮小、相貌出众的囚犯，都要受到许多双眼睛上上下下的打量。到了晚上，新囚犯会被一大群囚犯包围，如果他敢反抗或举报，这群囚犯便会用比强奸更严重的手段威胁他。这是个弱肉强食的丛林社会。为了获得保护，囚犯只能屈服于某个最令人恐惧的囚犯并成为其帮凶和性奴。

当拘留所的大门在德瑞克身后砰的一声关闭时，他感到犹豫不定。这是他第一次被关押，因此他忧心忡忡。不过，他认为自己足智多谋，可以撑过传说中的那些经历。"你是个男子汉了。"他对自己说。他下定决心，是时候由他来"统治这个地方"了。一天，我到监狱去做咨询，遇到了眼睛肿胀、唯唯诺诺的德瑞克。他说，当他从戒毒牢房换到普通牢房后，"地狱就降临了"。他记得一名囚犯紧盯着他，并对其他狱友大喊："新来的！"囚犯们冲进他的牢房，抢走他的物品，把东西扔得满地都是。他让他们离开，他们却嘲弄他说，他们本来是想和他发生关系的。德瑞克说，在他看来，自己"一直以来都很强壮，不可能被强奸"。晚上，当狱警锁上德瑞克的牢房时，德瑞克如释重负。第二天，所有牢房又重新打开，骚扰再度发生。有人跟德瑞克搭讪，他的裤子被扒掉，一名囚犯声称要把精液射到他的头发上。另一名囚犯拿起一把椅子，猛地砸向他，然后用膝盖顶住他的脸。这名囚犯提出要训练德瑞克如何打架。当德瑞克洗澡时，他的衣服被人拿走，其他囚犯嘲笑他的身体。"他们看我的笑话。"他哭着对我说。他的内裤不见了，找到时已经被尿液浸湿还沾满了粪便。德瑞克被警告不要告诉任何人。当狱警问德瑞克脸上怎么有伤时，他解释自己摔倒了。他之前认为监狱很酷，如今，打算统治监狱的想法已经不复存在，他承认："我从没有如此害怕过。"他被转到受保护的牢房，他说那里简直"像天堂一样"。他写了一份声明，让袭击他的那些囚犯受到了绑架和恶意袭击的指控。

2003 年《消除监狱强奸法案》（Prison Rape Elimination Act）规定，监狱应配备足够的工作人员，确保报告性虐待事件的私密性，并培训工作人员预防性虐待事件发生等。2017 年，《监狱法律新闻》（*Prison Legal News*）报道称，这项法案的施行依然举步维艰，由于违法所受到的处罚力度不够，美国惩教机构内的强奸和性侵事件依旧猖獗。该报道还指出，其中半数性侵事件涉及工作人员。

谁是可信任的人——这是个无法做出定论的问题，在监狱内外都是如此。罪犯不知道信任究竟为何物。他们"信任"某个人，通常意味着这个人不会背叛他们。"不要告密"是囚犯间的通行密码。告发同伙的代价可能是遭受一顿毒打甚至死亡。即便如此，囚犯也认识到人人为己，哪怕是最亲近的朋友也会为了保全自己或获得特权而出卖他人。虽然囚犯对"不要告密"有着广泛的共识，但监狱里"舍人为己"的主流价值观依然和囚犯在外面时一样。42 年前，斯蒂芬·盖丁格（Stephen Gettinger）发表在《矫治杂志》（*Corrections Magazine*）上的观察结果在今天依然有效。他写道："一些监狱观察人士指出，违反囚犯告密禁令要比遵守它更令人骄傲。信息交易司空见惯，就像囚犯不肯认输一样，不过是所有监狱里最平常不过的事情。"

监狱里的帮派活动使得监狱环境对普通囚犯来说越来越不安全。2018 年，约有 20 万名囚犯参与了监狱内的拉帮结派，尤其集中在加利福尼亚州和得克萨斯州等监狱人口数量最多的州。帮派问题对所有惩教机构都构成了巨大威胁，这些机构不得不开展所谓的"限制性羁押"政策，即将帮派成员从普通囚犯中转移出去。社会学教授戴维·普鲁兹（David Pyrooz）在 2018 年为美国国家司法研究所撰写的一篇论文中总结道："迄今为止，无论是在街头还是在监狱，都没有发现任何一种可以阻止人们加入帮派的行之有效的办法。"

许多帮派都有一套自己的规则和复杂的组织结构。帮派头目能与外界和其他囚犯保持联系，协调违禁品的运输和销售。一个有着"召集者"之称的监狱帮派头目在高墙之外也已经赫赫有名。他向那些言听计从的追随者发号施令。他内外通吃，据说可以和部队将军匹敌，在监狱内外都有相当大的影响力。他甚至拥有生杀决定权，可以命人袭击或杀害监狱内或监狱外的某个人。他的追随者对他忠心耿耿，哪怕他们被释放后也是如此。2013 年，科罗拉多州监狱系统的负责人汤姆·克莱门茨（Tom Clements）遭遇暗杀。多年后的一项调查显示，他的死与一名听命于监狱帮派的假释犯有关。

这些所谓的召集者权力如此之大，以至于监狱工作人员也要依靠他们来维持秩序。在其他同样面临帮派控制问题的国家，政府部门和监狱工作人员曾与帮派头目展开谈判。根据《华盛顿邮报》2020 年的一篇报道，萨尔瓦多政府官员"与 MS-13 团伙头目达成协议"，后者承诺减少凶杀案，以换取"食物改善"和实施不再将三个敌对团伙成员混监的羁押政策。

上面的内容全部旨在强调，不管身在何处，罪犯就是罪犯。即使身处监狱，他们的人格也依旧不变。可能发生变化的，只是他们的冒险程度和做事方法。那些远离了犯罪行为的人依然怀念犯罪，但他们满足于幻想和谈论犯罪。

在服刑期间，罪犯经历了一些心理上的变化。刚被关押时，他们会陷入强烈的抑郁情绪。日复一日，时间漫漫，监狱生活令囚犯饱受折磨。在监外时，他们期待世界按照他们的想法运转，这种期待在监狱内也别无二致。他们愤愤不平地抱怨，却忽视了一个事实，即如今的局面是他们自己所做选择的结果。

除了抱怨，罪犯也会经历真切的悔恨。与监狱内凄凉的生活形成对比的是，囚犯会通过广播、电视、信件、报刊和偶尔前来探视的访客窥见外面的世界。他们可能会为自己的衰老和生命的流逝哀叹。他们有很多后悔的事情——不仅是被监禁，还有之前曾有机会活出不一样的人生，而他们却对此嗤之以鼻。他们有足够的时间反思过往。

厄尼告诉我，他已经厌倦了反复进出监狱并伤害他的家人。他希望改变自己的生活，但每当有这种想法时，其他想法便会不停地涌进他的脑海。他承认："我想和欠我钱的人或说我坏话的人处理那些没算清楚的旧账。我想象着自己回去找到他们，把事情解决。我的大部分幻想都是报复和赚取非法收入，而我的噩梦都是陷入麻烦或逃避法律的惩罚。"厄尼觉得他已经找到了一个解决办法："我的愿望是在一个专业、合法的环境下发挥我的实力。虽然我不想再犯罪，但我还是喜欢操控、算计和欺骗。还有一种选择是，我努力工作以勉强度日，但这令人绝望且无聊。我和自己商讨过，如何在风险最小的情况下游走于灰色地带。我无法自拔，我知道我一辈子都要纠结于此。"经过反思后，厄尼又回到了一直以来的生活方式：责怪周围环境，包括那些因他自己不负责任而造成的局面。"监狱不是一个忏悔的地方，它更像一所罪犯大学。"他做出这样的评判。接着，他又批评他的父亲，因为"他的工作占据了他，而他本应教我如何做人"。万变不离其宗的是，无论厄尼指责谁，他都仍然觉得，远离犯罪的生活理念令人反感。他强调："一想到出狱后要改过自新，我就不知所措。"

约尔也表达了相似的矛盾心理。他清楚自己不想再待在监狱里了，也不想再伤害他的父母——他们为他担忧但相信他会重回正轨。他这样描述自己的两难困境："我还不想改变。有个说法是，没到谷底就不会反弹。我担心我的谷底会不会为时过晚。归根结底，我得到了想要的。我一生都抱有这种心态，最终我很可能会再次犯罪。有时，我满脑子想的都是快速发一笔小财，我会从中获得快乐并向人们展示我有多坏。我很沮丧。"

另一种改变的方式是自杀。在进监狱前，当事情进行得不顺利时，很多罪犯会产生自杀的念头。被关押后，囚犯可能会因为生活的无意义而日益消沉，但他们仍然认为世界从未公平地对待他们，并为此而感到气恼。一名正在考虑自杀的囚犯说："我再也不用忍受了。"

据估算，监狱囚犯的自杀率是普通人群的4倍。根据美国国家广播电台2019年的新闻，在联邦惩教机构，每年有300名囚犯企图自杀，其中有40人自杀死亡，大部分死于自缢。故作姿态的自杀作为囚犯所处困境下的戏剧化表达比实际的自杀行为更常见。吞服大量但剂量不致死的药物、用手工木刀割腕或准备不充分的上吊自杀都可以引起他人的关注。囚犯可能因此被送到一个条件稍好的环境中，如监狱医院、精神病院。

消极的囚犯或许会从宗教中寻求救赎。他们汇集在宗教课堂和讨论小组中，唱圣歌，在读书会或礼拜仪式上交流，参加各种宗教活动。一些囚犯经历了宗教顿悟，一夜之间就皈依了某种信仰，热切地向他人传递自己的观点。这些囚犯的监狱生活弥散着宗教色彩。他们在自己的艺术作品中融入宗教主题，他们的诗歌、信件和其他作品中也都充满了宗教内容。一些囚犯不太公开自己对宗教的关注，他们会独自安静地把大量时间用于阅读和祈祷。

监狱团契（Prison Fellowship）是全球最著名的监狱宗教组织。它成立于1976 年，已故创始人查克·科尔森（Chuck Colson）曾是总统尼克松（Nixon）的特别顾问，因水门事件在联邦监狱服刑。在服刑期间，科尔森经历了一次宗教转变。监狱团契活跃于全美国 50 个州，帮助那些决心将生命奉献给上帝的人。另一个具有广泛性的宗教项目是在坐落于路易斯安那州安哥拉的州立监狱内设立的"内部神学院"。2015 年，一所带有教室和图书馆的新监狱落成，以庆祝其成立 20 周年。学生可以获得基督教牧师学士学位或非学分证书。

监狱工作人员无从得知，罪犯的消沉、精神振奋、努力改过自新究竟是发自内心的，还是故伎重演。如果是发自内心的，这个过程可能会持续数月或数年时间。过往报告证明，信奉宗教的囚犯在狱中的行为有所改善。但对大多数囚犯来说，这不过是一个短暂的阶段。当这个阶段告一段落时，罪犯又会故态复萌。

与许多人所认为的不同，大部分罪犯的确从监禁经历中学到了些什么——但并非社会希望他们所学到的东西。在狱中，罪犯有大量时间和机会提升犯罪技能，琢磨如何从过去的经验中吸取教训以避免再次失误。一些人决定获释后低调行事，不再冒大的风险，只实施小的罪行。或者，他们策划犯罪，但躲在幕后而不直接参与犯罪。不过这些想法也只是暂时的。一旦走出监狱大门，他们对过往生活中那种刺激感的渴望便一发不可收拾。其中有些人成了更厉害的罪犯，他们沉溺于犯罪却十分狡猾地逃过抓捕。另一些人虽然在很长一段时间内没有再次被捕，但最后还是回到了监狱。一名罪犯称，未来他将只从事"轻犯罪"活动。他说，他会满足于使用少量"温和"的毒品、嫖娼并尽量避免殴斗，除非有人激怒他。然而一年后，他就因为一连串武装抢劫案又重返监狱。一些囚犯在获释前就计划好了下一次犯罪。对他们来说，身后的监狱大门还没有关紧，他们就又一次因触犯法律而被捕，又一次因一项新的罪名受到指控。

人们普遍认为，罪犯会因对犯罪产生"倦怠"而停止犯罪。倦怠理论可能基于这样一个事实，即一些年龄较大的罪犯没有再因为街头犯罪而被捕，因此他们没有再回到监狱。刑事司法教授沙德·马鲁纳（Shadd Maruna）在他的著作《做个好人：前罪犯如何改变和重建他们的生活》（*Making Good: How Ex-Convicts Reform and Rebuild Their Lives*）中指出："显然，一个人会感到倦怠，跌入谷底，但仍会继续犯罪行为。"圣安东尼奥圣玛丽大学的阿曼多·阿布尼（Armando Abney）和克里斯托弗·特雷维诺（Christopher Treviño）研究了年长罪犯增加的问题，他们的研究结果显示，"在被捕的罪犯中，年过 50 岁的罪犯所占的比例近年来翻了一倍。"显而易见，随着街头罪犯年龄的增长，他们已经不再如从前那般机敏了，逃跑速度也必然不可能像之前那样快了。他们虽然已经足够老练，但他们不再冒太大的风险，只会实施一些不那么严重的罪行。他们的犯罪人格没有改变，人们仍然深受其扰。

第 18 章

罪犯改造

　　除结尾处的补充说明部分，本章保留了 1984 年版本的原貌。这一章的内容保持不变，是因为它呈现了有助于罪犯改造的行之有效的方法。很多早期版本的读者告诉我，他们觉得勒罗伊的故事既富有教育意义，又能鼓舞人心。

　　一位年长的精神科医生倚靠在椅背上，他头发花白，瘦骨嶙峋，大部分时间都在讲话。他的对面坐着勒罗伊——一名持械入室抢劫犯。勒罗伊是一个蓄着胡须的黑人，看起来似乎正因为惧怕而沉默不语。塞缪尔·约克尔森医生用一种直接但不失礼貌的方式告诉他，他对社会构成了威胁。

　　约克尔森曾无数次地与此类案件的罪犯打交道，不过在方式的使用上，他已经和 10 年前（1961 年，当他刚来到位于华盛顿特区的圣伊丽莎白医院开始他的第二段职业生涯时）完全不同了。作为布法罗最杰出的精神病学家之一，他的知名度不仅源于他是一位成功的医生，还在于他定期通过当地电视节目向公众普及有关精神病学的知识。当时，他年近半百，觉得自己是时候为这一领域做出一些既有助于学术又有利于实践的贡献了。作为布法罗的公众人物，他决定换一个环境，在新的环境里，他可以做一个默默无闻的普通人，并且在未来的 15 年里不被人所知。约克尔森之所以选择在医院而不是监狱从事犯罪行为的研究性治疗项目，是因为他认为医院的治疗环境更有利于临床研究，而且医院拥有庞大的医疗和社会工作部门，他可以利用这些部门的专长。

　　在研究之初，约克尔森并没有把他的患者视为"罪犯"。相反，他把他们看作不良家庭环境和压迫性社会状况影响下的受害者。他花费几百个小时研究他们过往的经历，又投入更多时间运用那些曾让他在布法罗取得成功的传统疗法对患者展开个体和团体治疗。他相信，如果他能帮助圣伊丽莎白医院的患者认识到他们过去的行为，他们就可以解决自身冲突，不再犯罪。他历经多年，深入调查了患者的早年经历和社会心理发展，并观察到一些令人十分警醒的事实。虽然患者已经深刻理解了自身行为，但他们仍旧持续犯罪，甚至就在医院内作案，一旦被发现，他们还会用新学到的知识为自己辩解。

约克尔森没有就此放弃，他意识到自己应该换一种思路。他已经发现，探求原因的研究徒劳无益，只会将犯罪行为合理化，因此他决定不再相信患者自我服务的故事，转而聚焦于他们当下的思维。这样做之后，他发觉他们神志清醒，根本不是精神病患者。于是，他得出结论，罪犯用以逃避监禁的精神失常抗辩纯属无稽之谈。事实上，这些提出精神失常抗辩的罪犯与他研究过的、从未因精神状况入院的罪犯没有任何区别。

渐渐地，约克尔森变成了一个强硬派——强硬的意思并非主张惩治罪犯，而是坚持认为罪犯应该被视作有能力对自己的行为负责的人，并且应该为之承担起相应的责任。只有把罪犯当作施害者，而不是他们声称的受害者，才能成功地应对这些罪犯设置的阻碍，这些阻碍迷惑了包括约克尔森在内的所有人，并转移了大家的注意力。

和罪犯（后来他把那些患者称为"罪犯"了）一起工作是一件漫长、艰苦且难以取得成就的事。但约克尔森始终坚持不懈，他认真地记录了上千页观察结果，包括那些他无法马上做出解释的内容。最终，他发现，只有当罪犯的思维模式发生 180 度转变时，他们的行为才能发生显著且持久的变化。他发展出一套技术，教罪犯报告他们的想法，然后对这些想法进行监控，指出并纠正其中的错误。

在形式上，约克尔森的新研究项目更像一间课堂，而不是一个治疗小组。他制定的这套程序应用起来需要耗费一定的时间，但它们有望在刑事司法系统和心理健康领域的诸多方面引发变革性的实践。

　　勒罗伊不是自己从大街上走进医生办公室寻求帮助的，尽管约克尔森遇到过一些罪犯会这样。其中一些罪犯想戒除毒瘾或酒瘾，另一些罪犯则暂时性地变得抑郁或焦虑，想要摆脱妻子或父母。不过，他们对做出深刻的改变并无兴趣。勒罗伊说，他在过去的 30 年里毫无建树。为了性、海洛因、酒精、枪支及其他充斥在华盛顿特区街头的刺激感，他抛弃了妻子和孩子。他假装精神病患者以逃过抢劫银行的指控并被送到圣伊丽莎白医院，在那里，他见到了约克尔森。他希望实现两件事：离开医院和改变自己的生活。至于实现哪些改变，他并不确定，但他明确地表示，他想变得和以前不同。

　　约克尔森一上来便说，他知道勒罗伊会对他见到的每个人做出评价。由于第一次会谈的目的是让勒罗伊了解他是在和谁打交道，因此约克尔森并不担心自己能否和他建立融洽的关系。约克尔森没有谈他对勒罗伊的看法以控制会谈，也没有从勒罗伊准备好的自我服务性的故事和理由中寻找解释。他说他不会掉入勒罗伊的圈套，被其分散注意力或用借口误导和迷惑。勒罗伊没有机会谈论他的父母、他人生中的"倒霉事"，甚至他犯下的罪行。约克尔森对勒罗伊的背景资料一无所知，他对此不感兴趣。他甚至不了解勒罗伊因精神失常而躲过了何种指控。但是，他对大量罪犯做过深入研究，并在他们的众多思维模式中找到了共同点，他很了解勒罗伊的想法是如何运作的。

　　约克尔森要求勒罗伊聆听他的陈述，然后告诉他是否同意他的说法。他断言，勒罗伊在很早以前就走上了一条不同于周围大多数人的路，他过着一种隐秘的生活，以狡猾多端和愚弄他人为傲。约克尔森还指出，勒罗伊早期频繁的违法行为源于他要求世界以他为中心（而不是他去适应环境）的想法。约克尔森举例说，勒罗伊要求他人尊重他，可他却不尊重任何人。尽管嘴上说着责任和义务，但勒罗伊却鄙视所有人，尤其是成功人士，因为他觉得自己的才能和成就远超过他们。约克尔森还说，勒罗伊有颗"玻璃心"，他可以数落他人，却不能接受一点点批评。他告诉勒罗伊，虽然他可能会炫耀自己的朋友，但他并不知道友谊为何物。他认为，勒罗伊思想扭曲——他一方面认为自己是个好人，另一方面又接二连三地犯罪；他宣称自己一直深爱妻儿，却忽视并抛弃了他们。每做出一条论断，约克尔森都会停下来凝视勒罗伊，并问他："我说得对吗？"有时，勒罗伊会郑重地点点头。有时，他会耸耸肩，并评论道："你可以这么说。"约克尔森抓住这些回答，并指出这正说明勒罗伊是个胆小鬼，他表现出一副顽固的样子，却没有胆量面对真实的自己。勒罗伊回答："我不知道。"约克尔森说，"我不知道"是罪犯的典型说法，他们害怕真实的自己玷污了他们的形象。他揭示了勒罗伊所说的一切如何反映出他的人格。

约克尔森像一只猎犬，在长达近 3 个小时的会谈过程中对勒罗伊步步紧逼，撕下他的伪装。勒罗伊不喜欢约克尔森说的话，但又很难否认。他满腹牢骚，但他的意志力却在不断瓦解。后来勒罗伊承认，在会谈开始时，他就感觉自己这次面对的不是一位能被他牵着鼻子走的普通精神科医生，约克尔森远比他预期的要强硬得多。勒罗伊怀疑，这位医生是不是会读心术。有一瞬间，勒罗伊甚至在想，约克尔森如此了解罪犯的心理，或许他自己也是一名罪犯。最让勒罗伊感到吃惊的是，对面的这位老人把他说得那么不堪，可他竟然就坐在那里听其讲话。他被揭穿了，但他并没有觉得被冒犯。约克尔森依然保持着冷静和礼貌，哪怕在对勒罗伊的生活方式做出全盘否定时也是如此。约克尔森没有嘲讽、威逼、斥责勒罗伊，也没有对他表示出半点不尊重。因此，勒罗伊一直坐在那里听约克尔森讲话，像被催眠了一样听着约克尔森剖析他，仿佛约克尔森拿着一面镜子照出了他本人。

这仅仅是个开始。约克尔森邀请勒罗伊再次重复相同的过程。勒罗伊听说过约克尔森的研究项目，但在会谈中，有关这个项目的事情却未被提及。约克尔森说，在阐述完勒罗伊的人格全貌之前，他们不会就这个项目做出任何讨论。

勒罗伊又接受了进一步的会谈。他的生活没有一个方面值得称颂，甚至连他的新女朋友也不例外——勒罗伊认为他的新女朋友是一个有责任感的人，因为她上过大学。约克尔森试探性的提问揭示出，她并非勒罗伊所描绘的圣母般的形象。她吸食大麻，举止轻佻，作为从犯帮助勒罗伊把枪支藏匿在她的家里。几次会谈下来，约克尔森显然没有发现勒罗伊身上有什么可取之处。甚至他的音乐才华也被滥用了，他只在罪犯出没的地方演奏。约克尔森直言不讳地告诉勒罗伊，作为一名妥妥的罪犯，他只有三种选择：继续犯罪并承担相应的后果；自杀，这样社会能变得好一点；学会像一个文明人一样负责任地生活。勒罗伊排除了前两种选择，只剩下改变这一种可能，他认为这很容易。

有了想法，接下来就是行动。要想消除犯罪行为，当务之急便是改变像勒罗伊这样的人的思维模式。这绝不是一个快速或简单的过程。这项任务需要打破旧有思维模式，通过教授新的概念、奠定新的思维基础，并建立起全新的认知结构，让罪犯能将所学内容付诸实践。勒罗伊一生都在听人们谈论"责任"一词，这个词随处可见，它可以代表任何事情，也可以毫无意义。勒罗伊习惯于说起这个词，尽管他对如何承担责任一无所知。对他来说，承担责任等于树立一个人的门面，可以让人显得体面。他说："一个人一旦成为有责任感的人，他就可以逃脱很多惩罚。"责任可以带动他，以他能想到的任何方式一夜成名或一夜暴富。然而，在勒罗伊即将参加的研究项目中，"责任"意味着一个积极高效、绝对正直的人应具备的品质。换言之，学习并运用某种特定的思维模式对大多数人来说是一种天性，但对罪犯而言却是陌生的。

勒罗伊被告知，他的那些不幸经历都与此无关，他的生活环境也无关紧要。他不是一个受害者。这个研究项目的核心在于，一个人可以在好人和恶魔之间做出选择。约克尔森非但没有缓解勒罗伊的恐惧和愧疚感，反而试图强化他的这些感受。勒罗伊曾接受过几次心理治疗，他习惯了表达感受和愤怒情绪。令他意想不到的是，约克尔森作为一位精神病学家，竟然对他的感受毫无兴趣。这个研究项目完全不是让勒罗伊对自我"感觉好一点"或接纳自己，相反，为了达到改变的目的，勒罗伊需要发展出强烈的自我厌恶感。这激起了勒罗伊的好奇心，但更重要的是，除了相信约克尔森和继续完成这个项目，他别无选择。他告诉约克尔森，他会做出"诚心的努力"。约克尔森没有放过这句话，他指出，只有诚心实意才会有进步。他断言，勒罗伊似乎正在对该项目进行评判。如果事情没有按照他所想的方式发展，他就会转而去做他喜欢的事，让医生相信他已经尝试过了。约克尔森继续对勒罗伊的每句话和每个问题做出诠释，以此来揭穿他的真面目。

随后，勒罗伊被允许加入一个 5 人小组，小组成员分别处于改变过程的不同阶段。小组之所以这样设置，是因为新成员可以看到其他人的改变是如何运作的。同时，现有成员在听到一个还完全没有任何改变的罪犯提出的问题、论点和借口时，会如同重新经历了一遍自己当初的改变过程一样。勒罗伊熟悉治疗小组，在一般的治疗小组里，患者会决定讨论内容，医生很少说话。约克尔森的治疗小组不同于那些自由讨论的小组。在他的小组里，掌控整个过程的是医生而非罪犯。每名罪犯都要记录并报告过去 24 小时内自己的想法，包括对病房内其他患者的想法、对护理人员的想法、对家庭的想法、对电视里播放的暴力电影的想法、对小组的想法、对约克尔森的想法及手淫时的想法等。小组成员要安静地听，除非约克尔森打断并针对某一个或某一系列想法做出评论。约克尔森的评论会成为讨论的焦点，他会将纠正性的概念应用到每位小组成员身上，而不仅限于报告人。

当勒罗伊加入这个项目时，他对自己接下来的生活做了一些预期。约克尔森告诫他，他将过上一种修行僧般的与世隔绝的生活。他需要切断和其他罪犯的联系，生活里没有毒品，甚至连啤酒也没有，并且直到他学会如何建立一段负责任的性关系之前，他不能接触性生活。他每天都要参加小组会谈，出院以后也是如此。当他遇到之前从未有过的问题时，他的生活将会变得刻板而令人沮丧。勒罗伊仔细琢磨了这些话。这个项目听起来对他有点太极端了，但他还有别的选择吗？他对过去感到厌恶，对未来又充满恐惧，这足以让他决定重新开始。

无论是勒罗伊还是其他罪犯，没有人从一开始便热切地致力于改变。一个人不可能立刻就投身于他从前嗤之以鼻又一无所知的生活。投入与经验成正比，这和学习打网球类似。这一比喻正适合勒罗伊，他在住院期间学习了网球。起初，这项运动看起来非常有吸引力，他很乐意尝试。华盛顿的八月异常潮湿，他在这样的天气里四处追球，和蚊子搏斗，结果对网球兴致全无。不过，通过一段时间的学习和练习，他有所进步。他越努力练习，技术就越娴熟，对打球和提高球技的热情也就越高。可惜的是，他没有把学习网球的经验推广到生活中。但约克尔森这样做了。约克尔森告诉勒罗伊，随着经验和知识的积累，他对改变的投入程度也会像他对待网球一样。

约克尔森无从了解，勒罗伊为何同意加入这个项目。或许，他是为了给医院留下好印象，这样他就可以早点出院。多年来和罪犯打交道的经验让约克尔森练就了既不轻信也不怀疑的态度。他清楚地知道，如果他相信了勒罗伊说的话，勒罗伊便会控制他并收回对他的尊重。但是约克尔森也知道，如果他一直不相信勒罗伊，他们将无法继续交流。他不急于做出判断，更希望持保留立场，等待"时间揭晓答案"。正如他所见，勒罗伊的人生处于攸关时刻。决定权在勒罗伊手中，他必须真诚以待并将所学到的东西付诸实践。否则，失败的将是勒罗伊，而不是约克尔森。

得知约克尔森的小组会谈每天都要占用整个上午的时间，勒罗伊好奇世界上有什么事情需要如此耗时。很快，他就找到了答案。小组讨论的内容并不局限于所谓的事件或问题。首先，事件没那么多，也都不起眼，尤其是在监狱或医院的常规生活中更是如此。其次，罪犯只有在因为做了不该做的事而陷入麻烦时，才会认为自己遇到了"问题"。因此，将讨论局限于此并无意义。小组会谈的主要内容就是报告每天的想法。这样，即便是因感冒而卧床一整天的人也有很多可以报告的内容。最开始，勒罗伊要学习停下来回忆自己的想法，然后学习记笔记。他被要求把这个练习想象成一盘记录了他的想法的录像带正在回放。对想法如此强调的原因在于，当下的想法中孕育着未来犯罪的种子。勒罗伊很快就开始理解这一点。

一天上午，勒罗伊报告了一个场景：他被叫到办公室，一名护工指责他吸食了太多大麻，为此他感到非常生气。他之所以异常愤怒，是因为他参加了这个项目，因此已经一周没有使用过毒品了。一个念头闪过他的脑海："我要打爆这个傻瓜的头。"在小组讨论中，勒罗伊袭击护工的想法被非常严肃地对待，好像他已经将此付诸行动了一样。约克尔森知道，如果这样的想法不被控制，勒罗伊迟早会真的这样做。重要的不仅仅是关于犯罪的想法，勒罗伊思想中的任何元素都不应被掩盖。作为一名尚未有所改变的罪犯，他无法确定什么内容是重要的。在他看来微不足道的事情可以作为他们整个上午讨论的话题。当大家做报告时，约克尔森会仔细地倾听，从纷繁的想法中挑出重点。一名居住在社区的罪犯随口提到，在来参加会谈的路上，他曾想超过一辆突然从他前面变道的车。这个想法一闪而过，大概只持续了几秒钟。大部分人对此可能立刻就忘记了，但这名罪犯经过训练，学会了把自己的想法放大。这件看似无关紧要的小事为讨论提供了素材，它涉及好几个主题：他对他人的期待、他控制他人的企图，以及他的恐惧和愤怒。

勒罗伊觉得上午的会谈就像上课一样，小组成员都井然有序。但课堂一点也不枯燥或过于理论化，因为教学内容与小组成员当下的经历直接相关。勒罗伊主动显示出自己颇有见地的一面，他想给其他人留下好印象。在第一次小组会谈的过程中，一名罪犯和约克尔森展开了激烈的争论。勒罗伊用自以为是的口吻斥责对方的争论耽误了大家学习。他建议那名罪犯："医生知道自己要说什么，你听着就行了。"他期待着被表扬，但令他惊讶的是，约克尔森告诉他，小组会谈的目的不是评判彼此，而是从其他人错误的经验中有所收获。约克尔森注意到，勒罗伊总是很快在人群中挑起事端，但从不对自身提出批评。约克尔森最常向罪犯提出的问题是："你学到了什么？"在项目开始阶段，勒罗伊固执地指出小组成员或约克尔森的缺点，却回避自我思考。他从不承认自己是罪犯，并竭尽全力抗拒这一观念。

一天下午，一名护工提议可以载勒罗伊一程，把他从网球场带回居住区。勒罗伊接受了，不料护工在路过杂货店时买了啤酒。勒罗伊喝了几口，然后回到病房。没人看到他，除了护工外，没人知道啤酒的事，而且护工也不会泄密。当勒罗伊在小组会谈上报告这件事时，约克尔森的反应就像勒罗伊杀了人一样。勒罗伊觉得这不过是一件小事，因为"所有人"都偷着出去过。对一名经验丰富的罪犯来说，躲过警卫是一件很容易的事。啤酒没有伤害任何人，也没有人会察觉。难道他不可以犯错吗？他又不是一个完美的人。单单这一件事中就蕴藏着许多思维错误。首先，他未经许可离开医院并饮酒，这违反了医院的两项规定和这个项目的一项要求。其次，他坚持认为自己可以被视作特例来对待。这又是有关黑白颠倒的老生常谈，只要他认为当下这件事对他有利，那么错误的事情也是对的。事情不在于喝几口啤酒所带来的危害，而在于勒罗伊一生都在破例而为，其结果就是接连犯罪。此外，勒罗伊对啤酒很少浅尝辄止。啤酒会引发后续一系列关于威士忌、海洛因、性和犯罪的行为。他自称犯了错误及并非完美之人，这不过意味着他没有采取必要的自律以消除旧有模式。这与是否每个人都离开过医院无关，那只是一个冠冕堂皇的借口。不是所有人都在这个项目中，但勒罗伊在。主要问题在于，一杯啤酒是否值得他牺牲成为一名负责任的社会成员的机会。

罪犯带给几乎每位小组成员及改造项目的一个阻碍便是他们持"每个人都这么做"或"人们就是这样"的论调。他们指责社会腐败，觉得自己与他人的唯一区别就是他们被捕了。他们举出具体的丑闻，指出商界和政府人士是如何撇清关系的。勒罗伊也是如此。约克尔森承认确实有很多坏人逍遥法外或免予惩罚，但他拒绝让这些事分散他的注意力，眼下的任务就是处理勒罗伊的责任感问题。

约克尔森这个研究项目的要求比勒罗伊所了解的任何一个项目的要求都严格。为了实现转变，勒罗伊需要从一个极端走向另一个极端，但他很难接受这一事实。他一开始并不认为自己是个坏人。接受关于自身的现实是极其痛苦的，这是他经历过的最困难的事情。一位小组成员表达了罪犯不愿面对真相的态度，他承认："我不愿意去想这些东西，因为一旦真的去想，就会像触电一样。"这个项目对罪犯最起码的要求就是，当他们报告想法时，不能修饰、改变或忽略任何内容。勒罗伊故意编造了一些谎言，因为他不想触碰自己那根"电线"。其他时候，谎言会自动从他的嘴里冒出来。他否认一些事，只承认一部分事实，或者掩饰自己的回答以求让自己看起来很好。正如他所指出的，从会说话起，他就开始说谎，因此说谎是他的第二天性。

由于罪犯习惯于说谎，因此矫治项目的负责人要与一个熟悉罪犯的人保持联系，如罪犯的父母、妻子、雇主。这必须在罪犯知情并同意的情况下定期进行，尤其是在罪犯获释后。约克尔森可以跟与勒罗伊日夜相处的医院工作人员交谈，并在勒罗伊获释后，同他的家人交谈以了解情况。获取外部资料对于评估罪犯的改造进展至关重要，这也是因为其他人可能会发现罪犯由于缺乏负责任地生活的经验而没有意识到的某些问题。

在项目进行的第一个月，勒罗伊觉得新奇且兴奋。他相信自己一定会比其他人改变得更快、更彻底，他为自己取得的小小成就感到开心。他拿到了通行证去洗衣店买储物袋，店主热情地接待了他。他还在一家杂货店买了一些纸盒并满载而归。买东西的确体现了他的变化。过去，他只会顺手牵羊，拿走他想要的东西。他说，有责任感让他觉得很爽。然而，麻烦就在于，他依然在寻求刺激感。不久后，新鲜感退去，勒罗伊开始觉得无聊。在他漫长的犯罪生涯中，他也经常这样缺乏耐性。过去，他可以按照自己的方法寻找捷径，但这个项目没有捷径，只有无休止的琐事。每次他开口，医生都能找出一些可批评之处，即使他按要求做了事情也不会得到奖励。约克尔森会问："像文明人一样生活有什么需要赞扬的吗？"勒罗伊注意到，他有太多需要一下子学会的东西，他说："我做得越多，就越有事情要做。"他觉得整个项目都令人生厌，并时常抱怨自己颈部紧张和头痛。虽然戒除毒品已经有几个月了，但他还是出现了一些与海洛因戒断期间相同的症状。他知道，如果他违反规定，胃疼、流汗及其他难受的感觉就会消失。"违规是唯一舒服的事。"勒罗伊想。

这个总是不可一世、想要掌控一切的人突然变得像个无助的受害者，但造成这一局面的不是别人，正是他自己。他表现得好像他的情绪来自外部，令他完全无能为力。勒罗伊在争执中动手打了前去探望他的女朋友，对此他的解释是，他无法控制自己的愤怒情绪。他又开始吸食大麻，他说因为他太无聊和绝望了。他缺席了一次小组会谈，因为他焦虑得无法安静地坐下来。他认为，改变他的情绪及让他愿意做出改变应该是约克尔森的责任。

勒罗伊的感受决定了他的关注点，于是他不断地用"我没有这种感受"或"我不感兴趣"来回绝其他人的问题。事实上，勒罗伊认为，其他人有责任给他一个理由，告诉他为什么要去履行一项他根本不认为是义务的义务。最终，医院允许他到社区工作，只在睡觉时间返回医院。同时，他也可以在周末外出。约克尔森多次强调过时间规划的重要性，尤其是周末的时间规划。一个周六，勒罗伊觉得很挫败。他觉得无所事事，也没有计划。看望过母亲后，他来到毒品和犯罪的中心地带。尽管那是一个天气极好的春日，他却没有考虑打网球，也不想拜访朋友。他在酒吧和台球厅闲逛，感觉只想喝点酒。他在一家常去的店前停下，对自己说不能这样，然后回到了母亲家。周日，他喝了两瓶啤酒，回到医院，开始和一名女患者调情。随着气氛不断升温，勒罗伊笑得合不拢嘴，拍了下女患者的屁股。那名女患者准备进入下一步，但勒罗伊停了下来，他问自己到底在做什么，然后回到了病房。周日上午，他抱怨自己无法对这个项目产生兴趣。他对约克尔森感到愤怒，指责约克尔森把他变成了一个跟班，夺走了他的男子气概。他大喊着说，他才不会"和有色人种一样"。在整个项目实施期间，每当勒罗伊提到种族问题时，他都很生气并为自己的不负责任寻找借口。这时，约克尔森便成了一个"坏家伙"。

勒罗伊发现，约克尔森反对愤怒情绪，这和他之前参与过的治疗截然相反，在那些治疗中，医生都鼓励他表达愤怒。约克尔森坚信，狂暴的罪犯已经借由"释放"愤怒造成了太多伤害。只要外界不符合他们的期待或局面无法控制，他们便会大发雷霆。当他们觉得自己受到威胁时，愤怒便是他们的习惯性反应，而这在他们每天的日常生活中都要上演很多次。如果一个有责任感的人感到愤怒，他可能会冒犯他人、思虑不周、做事效率低下，但也仅限于此。而对罪犯来说，愤怒是一种"恶性肿瘤"，它必须在蔓延开来并导致犯罪行为前被消除。当约克尔森告诉勒罗伊要压抑而不是宣泄愤怒时，勒罗伊大为震惊。约克尔森建议，暂时的压抑或许会憋出内伤，但也总比最终头破血流要好。

不过宣泄和压抑都不是好的解决办法。要想帮助勒罗伊这样的罪犯，必须让他们对自己和世界有现实的认识，这样他们遇到的困扰他们的事情才会少一些，他们也才能做出更有建设性的反应。"玻璃心"的罪犯需要学会从批评中获益、应对否定、顺应来自生活的锤炼。专栏作家本·斯坦（Ben Stein）简明扼要地总结道，生活需要"对苦难甘之如饴"。

但罪犯需要做的远不止这些。他们必须学会预见那些可能引发愤怒的局面，提前思考应对措施。例如，根据以往的经验，他们应该能预见到把车留在修理厂可能会出现的差错：无法按时完工、车没被修好、费用比预想的高、修错了位置，甚至服务经理连车也找不到了。客户对此应有现实的预期，避免为此而生气。因此，他们可以提前打电话确认车辆是否已经修好、在修理前询问大致的时间和费用、让修理厂在进行额外的维修前通知他们。在去取车的路上，他们还可以提醒自己，尽管已经采取了一些预防措施，有些事可能还是会出现问题。这并不意味着他们是任人摆布的受气包。但是因为事前预见到了问题，他们可以控制自己的愤怒。心理学家保罗·豪克（Paul Hauck）提出，人可以不带愤怒地生活："我们完全可以养育出在大多数焦躁的情况下不乱发脾气的孩子。"他主张："一个人可以同时既像直布罗陀巨岩一样严肃，又像阳光明媚的日子一样温和。"

有责任感的人可能并不需要通过这样的步骤来避免愤怒。但是，与罪犯被激怒后的破坏力相比，他们的愤怒不会产生那么严重的后果。类似勒罗伊这样的罪犯通过愤怒来确立自己在世界上的位置，这往往让他人付出了巨大的代价。如果不能控制他人，勒罗伊又是谁呢？如果他人不听从他的指挥、不能满足他的每一个愿望，生活又将是什么样的呢？从一次愤怒事件的报告来看，我们可以发现愤怒在他的生活中所扮演的角色。

一个周六，勒罗伊去了他女朋友杰姬的公寓。杰姬的电话响起，勒罗伊拿起电话听到一个男人说要找杰姬。他把电话递给杰姬，站在她身边竖着耳朵一直听到通话结束。杰姬假装对方打错了，想要挂断电话。勒罗伊指责她说谎，他已经听到了那个男人叫她的名字。杰姬不承认，但勒罗伊还是控制住了自己。当天晚上，他们一起去了一家夜店。当杰姬去卫生间的时候，一个身材丰盈、穿着时尚的女孩邀请勒罗伊一起跳舞。杰姬回来后看到两个人在舞池里脸贴着脸跳舞，于是与勒罗伊闹了起来，勒罗伊宣称没有哪个"婊子"可以告诉他该做什么，尤其是当城里的所有男人都给她打过电话后。当杰姬从椅子上站起来准备离开时，勒罗伊转过身扇了她一耳光。这就是勒罗伊处理生活的方式。

勒罗伊依然觉得自己是神圣的主宰者，凌驾于他人之上。他期望自己是杰姬唯一的"男人"，无论他自己有多少女人，也无论他如何对待杰姬。如果他人没到达到勒罗伊的期望，他便会恼羞成怒。因此，他总是处于愤怒之中。为了帮助勒罗伊变得具有现实性，约克尔森向他介绍了"墨菲定律"。勒罗伊听一名小组成员打趣说，他发现了墨菲定律的一个必然结果：他认为一定不会出错的事情也会出错。勒罗伊觉得自己的余生都会受到墨菲定律的困扰。墨菲定律只是一种工具，整个项目中还涉及一些基本议题：你是谁，勒罗伊？你是如何影响他人的？你想变成什么样的人？你对他人有什么期望？

虽然他对这个项目持怀疑态度，也不知道整件事是否值得一试，但除了坚持下去，他别无选择。一个周五晚上，勒罗伊的情绪被他的想法占据。

"我在那扇我度过了几个下午的大门附近看到了一个经常和我聊天的人，"他报告说，"我不知道他的名字，我觉得他也不知道我的名字。我们一起聊天，很明显他曾经酗酒并因此失去了痛觉。我反思到，我所接触的每个人都对某样东西上瘾还乐在其中。然后我觉得，孤独且无趣的呆板生活就应该如此。当漂亮的汽车从大门驶出医院时，我想这些汽车不过是那些呆板的人的一部分，那些人有家庭和孩子、有贴心且美丽的爱他们的妻子、有尊重他们的亲朋好友，还有很多其他虽小但美好的东西。然后，我感觉，我如此艰苦卓绝的生活会带给我那些美好的东西，否则我就又要重返老路，无家可归。见鬼去吧，那实在太惨了。"在报告的结尾，他写道："我不知道为什么，但我现在很想哭。所以我要停下来，明天再继续。我讨厌这种感觉，愿上帝保佑我。"

勒罗伊早期面对的最糟糕的问题是，作为一名尚未改变的罪犯，犯罪的想法每天都涌进他的脑海。他和他的街头生活之间的唯一阻碍就是对被捕的恐惧及一点尚存的良知。只是这些想法从前并不强烈，但现在他知道今后不能再继续如此。约克尔森开始教他抵制犯罪思维的方法。第一种方法是考虑将想法付诸行动的诸多后果。在作为一名职员工作时，勒罗伊确信他的老板对黑人存有偏见，因此他担心自己得不到晋升。他每天都看老板不顺眼，觉得老板不是对他有敌意就是漠不关心，老板对其他人很友好，因为他们都是白人。一天，勒罗伊因为迟到而受到了批评。他从未见过其他人被如此严厉地批评过。他控制住了自己，悄悄地溜进小组会谈，宣称他再也不会忍受"那个混蛋的羞辱"了。约克尔森耐心地指出，这所谓的宣言反映了勒罗伊的人生：如果事情没有按他的想法发展，他就会教训对方；如果情况不佳，他就会让其变得更加难以收拾。他一直要求公平竞争，可他对待他人却缺乏公正。

约克尔森还指出，勒罗伊才工作了几个月便做出定论，这也是他的典型做法。他告诉勒罗伊，他会遇到比目前更困难的情况。事实上，约克尔森建议罪犯要对出错的事情心存感激，因为这可以帮助他们学会应对逆境，在未来更好地面对困难。如果勒罗伊斥责他的老板，不仅会将其激怒，而且如果其确实存在种族偏见，勒罗伊的行为还会加剧这种偏见。此外，勒罗伊还会在办公室树敌，让他的工作难以开展。他可能会被解雇，并失去工作推荐信。最重要的是，他的愤怒情绪会引发一系列事件，这些事件很可能导致他实施犯罪，这是他一直以来的模式。事先考虑后果是抵制犯罪思维的一种方式。接下来，勒罗伊还将学习新的概念，这些概念将为避免重复旧有反应模式提供更大的保障。他会理解长远思考、团队合作及设身处地为他人着想的重要性。但在那之前，让他掌握立即上手的思维抵制工具是至关重要的。正如罪犯学会如何平息愤怒一样，他们也要学会在犯罪思维发展成犯罪活动前将其扼杀在萌芽状态。如果能做到这一点，他就能为将来遇到的任何困境做好准备。

马克是小组中进步最大的成员之一，他报告了他和妻子丽兹周末开车去山区度假的经历。过去，每当他们在一起的时候，尤其是在度假时，他们就会长时间地冷战、哭闹、激烈地相互指责。由于马克总是坚持他自己的方式，因此他们在周末或旅行中总会因为一件件琐事不欢而散。他试图控制丽兹，甚至连她晚餐点什么菜也要经过他的同意。这一次，马克尽力对一切可能出错的事情做好预期——迷路、汽车故障、生病、住处不干净、天气寒冷、下雨、咖啡难喝、遇到考虑不周的人、娱乐设施拥挤、妻子想做他不感兴趣的事或行动磨蹭，以及她因为例假拒绝与他发生性行为等。

这对勒罗伊来说是陌生的想法。除了抢劫银行，他很少为自己的生活做任何规划。在这个项目中，他不仅要学习思考今后的事情，还要考虑自己今后的想法会是什么样的。约克尔森强调了思考想法的重要性。

夏天临近，天气变得闷热难耐。另一位小组成员彼特报告了自己在看到一个女孩穿着性感、暴露的比基尼时感到"被欲望冲昏了头"。他把对面三层阳台上的"性感尤物"和自己"又老又丑"的妻子作对比——实际上，他的妻子既不老也不丑。他向约克尔森报告说，他意识到了自己的想法，并让自己停了下来。如果他允许自己继续想下去，他就会在脑海中想象这位邻居一丝不挂的样子，然后想象自己"假装她是个处女并和她发生关系"。从以往的经验来看，他知道自己不会满足于幻想，他会悄悄穿过走廊，伺机和她搭话，然后把她拽到一个地方，撕下她的衣服以满足自己的欲望。

勒罗伊对于彼特如此快速地抑制住自己的想法印象深刻。但他也提出，有时，他没有时间去考虑后果。另外，他也无法预料到自己所想的一切，更不用说去做了。他需要一种更有效的方法来处理当下的欲望。当吸一口可卡因的快感能帮助他摆脱低迷状态时，如何能快速压制住这种想法呢？约克尔森建议，也许处理有关毒品或其他违禁药品最好的方法就是问问自己，这些东西是否值得自己抛弃现有的生活，回到寒臼？如果勒罗伊的答案是否定的，他就可以让自己去想些别的事情。勒罗伊照做了。

在办公室里，勒罗伊看到一位女士用注射器的针头从她的脚上挑出一根刺。他一下子就联想到了毒品。他提醒自己"毒品等于死亡"，然后转而去想些别的事情。

彼特报告说，他在医生检查室的架子上看到一副橡胶手套，他想到戴上这副手套、抓住一名护士然后强奸她。彼特立刻停止自己的思绪，开始想工作上的问题。另一位小组成员报告自己在外出买牛奶时路过一家卖酒的商店，他告诉自己"把注意力集中在牛奶上"。如果想到一个负责任的人可以允许自己饮酒，那么这个想法可能会对罪犯产生爆炸性的影响，罪犯会利用它并将它转化为行动。

最后，约克尔森教每个人做自我评估，这是一个他反复强调的思维抵制过程。约克尔森拿着一面镜子对着勒罗伊，让他对着镜子思考过去的自己。现在，是时候把这面镜子交给勒罗伊了。匿名戒酒会要求成员进行"搜索性道德盘点"。同样，如果罪犯没有养成反思的习惯，他们就不会进步，因为改变的动力微乎其微。

恐惧感和内疚感对改变至关重要，因为它们会促使人们考虑他人并做出负责任的决定。勒罗伊很清楚，每当他接近和逃离犯罪现场时，他都会感到令人脊背发凉的恐惧和一阵阵胃部痉挛。而他唯一的良知是，当他再次意识到自己伤害了某人或让某人失望时，他会有短暂的悔恨感。勒罗伊可以在做他想做的事情时，把任何事情都从头脑中隔绝出去。罪犯必须明白，恐惧是生活的一部分。有些人出于恐惧而节食，有些人因为害怕而锻炼身体、安全驾驶。恐惧是让人们做得更好的动力。因为担心伤害他人，人们在采取行动前要采取预防措施。因为对未来充满恐惧，人们会为家人和自己做必要的准备，如购买人寿保险、储蓄、安排体检、保养汽车。勒罗伊还被教育，如果他伤害了什么人或鲁莽行事，他应该感到内疚。脱离了恐惧和内疚，他将永远无法负责任地生活。只有对不负责任的想法进行仔细审查，然后努力掌握正确的概念并最终将其付诸实践，勒罗伊的恐惧感和内疚感才会得到增强。

勒罗伊认为，只要学会了负责任地生活，他就不再有任何可担忧的事情了。但约克尔森却警告他，人只有在死后才能没有压力。随着新经验的积累，勒罗伊明白了约克尔森的意思。他开始担心工作的事，11月的订单比10月的订单少，以及老板总是骚扰他。此外，他的工作总是被打断，不称职的同事净问些愚蠢的问题，截止日期不合理，当其他机构的人查找出不准确的信息时，事情被无限期地搁置，最终他不得不重做工作。勒罗伊抱怨道，这一切毫无意义。当一个问题得到解决时，仿佛有一缕阳光使得云开雾散——但在新的一天，又会有一系列问题出现。勒罗伊想说："见鬼去吧。"工作为什么如此麻烦？他为什么要担心？如果这就是生活，那可不是他所期望的样子。约克尔森耐心地做了他曾多次做过的事。他问勒罗伊："你还有什么选择？"每份工作都有它的难处，约克尔森也有他自己和圣伊丽莎白医院工作方面的困难。生活就是充满了问题。在一个问题还没有得到解决之前，另一个问题又出现了，这是很正常的事情。勒罗伊想重新回到充斥着欺诈、抢劫和海洛因的生活吗？他想自杀吗？如果都不是，那么唯一的出路就是继续向前，做他必须做的事情。

这个项目要求极强的忍耐力，生活本身也是如此。这恰恰是勒罗伊欠缺的品质。他总是期待不用付出任何努力就能取得成功，一旦未能如愿，他便会愤怒不已。他的生活中充满了突发事件，而这一切都是由他自己造成的。他没有人生目标，只能通过一系列无休止的征服来支撑他那膨胀但脆弱的自我形象。他看不到一点黑暗尽头的曙光。

他不明白，工作又不能保证一定会有所回报，为什么还会有人一直工作。

他需要确保自己不会失败，失败对他来说意味着他所做的一切都一无是处。他说："出于某种原因，我无法接受可能失败的情况。"由于勒罗伊得不到成功的保证，他开始怀疑一切。"这一切的目的是什么？"他问道，"每一天，我都像穿着盔甲去战斗一样，这太过分了。"

在勒罗伊心存疑虑的同时，医院却认为他做得非常好，允许他获得有条件释放。截至此时，他已经融入了约克尔森的研究项目，坚持每天参加小组会谈。虽然获释带来了瞬间的喜悦，但勒罗伊依然觉得自己生活在监狱里——在他看来，研究项目这所"监狱"要求他做出极大的牺牲。他能够看到的依旧只有剥夺，而不是重生的机会。他回到了被他抛弃多年的妻子和孩子身边。但问题仍然是，生活究竟是什么？日复一日，生活就只有工作、家庭和研究项目。

勒罗伊抱怨道，他从这个项目中得到的只有头痛、胃痛和无尽的疲惫。当他感到无聊时，他便会说出那句他一辈子都在说的"见鬼去吧"。每到这个时候，他都觉得除了犯罪无事可做。某个周六，他很晚才结束加班回到家，他的妻子玛丽还没有购物回来。他溜达到街角，开始和几个四处游荡的酒鬼聊了起来。就在他们攀谈之时，玛丽的几个朋友大声喊他，提出送他回家，还批评他不该和那几个酒鬼混在一起。勒罗伊回答说，他自己一个人觉得很孤独。回到家后，他发现玛丽还没有回家。于是，他去敲了房东的门，房东邀请他参加一场聚会。勒罗伊喝下一两杯酒，盯上了一个 20 岁左右的年轻女孩。女孩发现勒罗伊在看她，于是走上前去，和他打情骂俏起来。勒罗伊摸了摸她的脸，在她的嘴唇上亲了一下，然后把她拉进卧室，关上了门。一阵搂抱和亲吻过后，他们脱下衣服，疯狂地发生了关系。穿好衣服后，勒罗伊回到聚会上，发现他的妻子正破门而入，到处找他。玛丽没有指责他，他却很生气，因为"她不该找我"。勒罗伊不觉得这次约会有什么不妥，他宣称自己不过是"释放一下"。约克尔森的看法则完全不同，他问勒罗伊，和一个轻佻的女孩发生一次关系是否值得勒罗伊冒失去妻儿及其试图建立起来的稳定生活的风险。勒罗伊并没有遭受性剥夺，他几乎每晚都和妻子发生关系。最后，约克尔森还提醒勒罗伊，他给自己破的这次例，只是一个开始。每当他因为一时不满而说出"见鬼去吧"时，他就向着放弃变得有责任心又迈进了一步。这是有关选择和意愿的问题。勒罗伊开始感到懊悔，他承认自己做错了，并感慨自己是个无可救药的人。约克尔森则不留情面地提醒他，他说"我做不到"只是因为他不想去做。"你到底是个男人还是只老鼠？"约克尔森问道。他又问勒罗伊是要像个男人一样接受批评并改进，还是就此放弃并责怪他人。

在约克尔森的项目中，罪犯对他人造成的伤害一直是被讨论的主题。当勒罗伊自己的家遭遇抢劫，并且他的儿子被一个男孩持刀威胁后，他懂得了什么是伤害。但是，他从不认为自己伤害了他人。他觉得伤害等同于让人流血，他从不这样做，也从不在意他人的权利和感受。一位小组成员反思道："我能体会到他人的感受。如果我看到人们被困于着火的房子里，我也会体验到某种恐慌感。"这位小组成员继续说道："可我真的体会不到那些被我伤害的人的感受。当我强奸一个女孩的时候，我一点都感受不到她的痛苦。我能感受到失火的房子里的人所遭受的痛苦，却对我的受害者缺乏同情，我无法解释其中的矛盾。我猜这是因为，只要涉及我自己的利益和享受，我对他人的情感就会自动地被压抑和丢弃，以至于完全不存在。我不知道。我只知道如果我能意识到受害者的痛苦，他们就不会成为我的受害者了。"

了解伤害的构成对于罪犯的自我认识至关重要。在整个项目中，勒罗伊经历了一波又一波意识冲击，他对自己在过去近30年的犯罪生涯中所造成的伤害感到憎恶。除了身体上的痛苦和经济损失，伤害还延伸至情感创伤、由犯罪引发的恐惧气氛及生活的混乱。一次小小的违法行为会产生深远的影响。如果一个人用空头支票支付餐费，那么餐厅就会遭受直接的损失。除此之外，顾客也会受到损害，因为如果这样的损失多了，餐厅管理层将拒绝接受支票，顾客只能用现金或信用卡支付。另外，由于损失的成本将转嫁给顾客，罪犯本人的母亲最终也必须在那家餐厅支付更多费用。约克尔森小组中的一位成员曾入室行窃并参与过几次斗殴，但最近他没有再做过类似的事情，因此他宣称自己已经不再是十恶不赦的罪犯了，他现在"只贩毒"。约克尔森指出，他贩毒所造成的伤害不计其数。这名罪犯确实记得，他的一个买家在购买过一些海洛因后，抢劫了一家商店，恐吓了顾客并枪杀了收银员。但他以前从未想过这些及由贩毒活动造成的其他伤害。

罪犯习惯于责怪他人的毛病始终是改造过程中的一个阻碍。约克尔森告诉勒罗伊，其他人怎么做在这个项目中毫无意义。重要的是他自己做了些什么。他是否制造了一个糟糕的局面？他是否因为愤怒或失之偏颇的判断使本已不妙的情况变得更糟？在批评他人之前，他必须先评估一下自己。如果他的妻子不讲道理，那么重要的是他如何回应。如果他因为他人能力不足而未能如期完成工作，那么重要的不是对方的缺点，而是他如何应对这种情况。即使他在完全没有做出挑衅行为的情况下遭到攻击，小组会谈的重点也仍旧会放在他对攻击的想法上。勒罗伊和其他人一样，要对改变自己的人生担负起全部责任。一味地指责环境除了发泄愤怒之外没有任何用处。一位小组成员反思道："当你审视自己的整个人生时，你看到的全是伤害。你应该靠自己创造新的生活，没有人能替你去做。"

随着勒罗伊学会了新的思考和行为方式，他逐渐从只能容得下自己一个人的内在世界走向了分享、团队合作、忠诚和信任的外部关系。他的态度也从"除了我之外的其他人都见鬼去吧"转变成了"我要学会分享，我甚至还不知道什么是分享"。他慢慢地放弃了自以为是的孤立，开始探索互相包容的人际关系。在小组会谈上，他明白了什么是讨论，也见证了一个人可以在不侮辱另一个人的前提下表达不同的观点。他还学会了倾听。过去，勒罗伊认为没有人能教给他任何东西，他的理由是他从一开始就知道这一切。他先是在小组里，然后是在工作中及与家人在一起时，开始学习并实践一些基本的文明行为。他变成了一个团队合作者，而不再只是发号施令的队长。

当勒罗伊沿着这条新的人生道路前行时，不起眼的日常琐事唤起了他对自己卑劣过往的回忆。勒罗伊和玛丽正在讨论他们装修公寓的先后次序。他们两个人都有工作，已经为这次装修预留了500多美元。但他们需要的东西太多了，他们很难决定究竟是买沙发、椅子和台灯，还是买几副窗帘和一张咖啡桌。他们列出了希望购买的物品清单及大致价格。第二天早上，勒罗伊在乘坐公交车去上班的途中，仔细地思考了他们前一天的讨论。当他想到自己过去用虚假的借口向玛丽"借"她辛苦赚来的工资，然后把这些钱花在毒品和其他女人身上时，他皱了皱眉。他倒吸了一口气，开始思考如果自己当初能负起责任，他们现在该拥有什么样的生活。

另外两位更早参加该项目的小组成员同样报告了他们对目前的进展进行的深刻反思。彼特在销售方面做得很好并因此获得晋升，管理层委派他去参加一个在外地召开的会议。彼特拿起电话簿查找航空公司的电话号码并预订机票。当他用手指着页面往下看时，他想起了他给几乎所有航空公司的客服都打过淫秽电话，当时他一边幻想和手淫，一边试图通过电话找到可以和他进行电话性爱的人。当这些回忆在他的脑海中闪现时，他感到非常恶心。

托尼已经出狱，目前在一所学校做兼职工作。他谈到了自己在图书馆读一本心理学图书时的体验。他满意地报告说，他花了整整两个小时全神贯注地阅读，学到了特别多的东西。他的脑海中涌现出很多想法，为此他激动不已。他记得，在入狱前，他的阅读习惯完全不是这样的。他很难安静地坐两个小时，即使坐在那里，他也只有15分钟能用在学习上。在其余时间里，他一直都在想着在街上游荡的事情，或者盯着女孩的大腿和胸部。他还深入地思考了，在那段时间里，他浪费了多少父母多年来为他上大学攒下的积蓄。

在遇到约克尔森之前的几年里，勒罗伊一直在接受心理治疗，当时的治疗师探究他的潜意识并挖掘他某些隐藏的情结。他也曾参与一些行为奖惩项目。约克尔森的研究项目既不像心理动力学方法那样复杂，也不像行为矫治法那样简单。他发现，这个项目的概念能够讲得通，并且当他允许自己接受这些概念的指导时，他可以看到自己的进步。他学到的东西越多，现在与过去的对比就越鲜明，他也就越觉得需要学习更多东西。勒罗伊惊讶地发现，他对如何负责任地做出决定几乎一无所知。他不是那种喜欢提问的人，因为他觉得这样做是在羞辱他。除了策划犯罪，他没有必要提前计划某件事。他回忆道："我从不考虑明天。"现在他意识到，承认自己无知要好过假装什么都知道。他开始权衡可供选择的行动方案，考虑事情的短期和长期结果。

有些项目教罪犯如何做决定和获得其他技能。不过，这些项目关注的是在特定情境下的问题解决和情绪感受，而不是无处不在的思维模式。约克尔森的研究项目旨在通过学习一种全新的、终身受用的思维和行为模式，帮助罪犯实现 180 度的转变。勒罗伊还惊讶于这个项目对细节的关注。例如，他曾报告自己有时会在付费电话里放 25 美分而不是 20 美分，因为他不想花时间找零。约克尔森将他的这种模式发展成了一个重要的讨论主题——罪犯的金钱观。勒罗伊从不重视金钱。5 美分硬币、25 美分硬币甚至 1000 美元对他而言都没有什么意义。他在短短几周内花出去的钱比大多数人几年内赚到的还要多。为了管理金钱，勒罗伊首先必须了解它的踪迹。这又是从一个极端到另一个极端的问题，他从浪费数千美元变成了算计每一分钱。重要的是建立储蓄规则，而不是电信公司是否在付费电话上多赚了 5 美分。在这个项目中，最小的诚信违规行为也会成为一个大问题，即便没有人从中受到伤害。一位男性小组成员在感恩节吃了火腿而不是火鸡，当一位朋友问他是否吃了火鸡时，他回答是的。这是一个谎言，当然只是一个微不足道的谎言，但罪犯不该如此。勒罗伊和其他小组成员一辈子都在说谎，即使这些谎言看起来并没有让他们得到什么好处。一个谎言会导致另一个谎言。要想摧毁这种模式，罪犯必须保持绝对的诚实。勒罗伊的同伴可以回答："今年我吃了火腿。"保持绝对诚实的纪律和数清楚每一分钱的纪律同样重要。

和所有人一样，勒罗伊在改造过程中经历了一些起伏。随着他在承担起责任的生活中取得越来越多的成就，他也越来越不想再回到过去。他把过去的自己看作行尸走肉。的确，赶在截止日期前完成工作、为账单发愁、平衡开支、承受抚养孩子的压力，以及解决与妻子的分歧都无法让他体验到他所习惯的那种兴奋感。有时，他会自怨自艾，违背项目的要求——喝上一口雪莉酒，再来一杯苏格兰威士忌，不想上班的时候请假在家里待一整天，因玛丽花了太多钱而一气之下打她一耳光。但每次违规后，勒罗伊都学到了一些东西。转变最重要的推动力在于，通过坚持参与这个项目，他实现了自己设定的新目标。勒罗伊和玛丽买下了一栋小房子，这让勒罗伊感到非常自豪。在解决了融资担保延误和搬家的苦差事后，他开始着手装修房子，把几乎所有空闲时间都用在了抹灰、粉刷墙面、清洁和修缮院子上。他还痴迷于照料菜园。经过几个月的体力劳动，他终于能够说："一到拐角处，你就能看到我的房子。"他还有很多事情要做——修理围栏、扩建花园、铺屋前的草坪和粉刷卧室。

勒罗伊感觉家庭生活的意义越来越大。他的两个儿子马上要进入青春期，他们希望得到他的认可和指导。当汤米在球迷的欢呼声中为学校足球队赢得比赛时，勒罗伊强忍喜悦的泪水。勒罗伊以前一直认为，作为一个男人，他必须拥有多个女人。但现在，他开始改变想法了。

有一天，勒罗伊在小组内报告，一个"性感的小妞"正在公交车站等车。他发现自己在想"这是个好目标"，于是他转移了视线，之后上了公交车开始埋头看报。女孩穿过走道，轻轻地坐到他身边，用大腿碰了碰他。勒罗伊挪开他的腿，礼貌地回应了一下。他决定说些轻松的话题，于是他讨论了天气和公交车故障。当他下车时，他觉得自己是个"该死的白痴"，竟然没有要她的电话号码。但当他走向办公楼时，他的脑海中出现了玛丽，她曾因为他受了那么多苦。现在，她开始信任他，允许他作为她的丈夫和两个儿子的父亲和她一起生活。他为自己在公交车上对那个女孩的想法感到羞愧，转而投入了办公桌上堆积的工作。

随着家里的事情相继顺利推进，勒罗伊发现他对其他女人的想法变少了，也不再那么关注她们了。"我只看了一眼，就不允许自己再看，"他报告说，"我永远也不会再放任自己。自控让我感觉很好。"

勒罗伊相信，他过去经历了太多，现在他发奋图强，一定能把烂摊子收拾干净。努力工作有了成果——他获得了晋升，有了一个装饰精美、一尘不染的家，有两个爱他的儿子和依赖他的妻子，还有尊重他的邻居。勒罗伊改变了自己的消费习惯，他和妻子有了银行存款，债务也少了很多。他说："我很在乎钱，当我把钱藏起来的时候，我会感到兴奋。"勒罗伊在其他小组成员身上也看到了类似的变化。一位冷漠且易怒的小组成员因为表现和蔼而在工作中被称为"复活节兔子"。另一位小组成员从勤杂工被提拔为一家大餐厅的经理。或许最值得他们骄傲的并非这些看得见的成绩，而是他们能感觉到自己的清白。一位小组成员说："一切都可以放到明面上，包括我的健康，我为此感到自豪，我要保持这种清白。"那些曾经的诱惑已经不再能诱惑他们了。勒罗伊切断了和那些罪犯、妓女及毒品圈子的联系，他也不再需要提心吊胆地警惕警察。他自豪又有些吃惊地说："那仿佛是一场梦。"

勒罗伊没有沾沾自喜。犯罪生涯或许的确看起来像一场梦，但他深知，如果他疏于自我评判或不再努力改进自己，那种生活很快就会卷土重来。法律已经不再强制他去医院，他获得了假释。但在每天小组会谈的强化阶段结束很久以后，勒罗伊仍继续主动寻求约克尔森的建议。他每周与约克尔森会面一次，主动描述自己的想法。他不再像过去一样害怕医生将他揭穿，而是对此表示欢迎。他担心自己在工作、家庭和朋友的赞美中变得自大。勒罗伊赞同彼特的观点，彼特把自己目前的状态比作划船离开尼加拉瀑布的边缘。他说，除非一直用力划桨，否则他将从瀑布上掉下去。另一位小组成员则这样说："我的妻子，我们的小公寓、汽车、立体声音响都像坐在沙子上，只要轻轻一滑就会被吹得无影无踪。"

1976 年 11 月，勒罗伊从未设想过的悲剧降临了，尽管约克尔森曾提醒过他这有可能会发生。在约克尔森第一次离开华盛顿去交流工作的途中，这位 70 岁的精神病学家在圣路易斯机场晕倒，并于几天后去世。勒罗伊感到十分震惊，但他知道自己应该做什么："我感觉糟透了，但我必须那么做。我必须比以往任何时候都更强大。"一年多后，他仍然对自己的想法保持警惕，并且又获得了晋升。最重要的是，他继续让这个研究项目成为他生活的一部分。

按照约克尔森的指示，勒罗伊继续进行他的每日道德盘点。他知道自己永远也不会达到"完成"的程度。但是，他乐观地相信，他会持续努力并将过去的生活牢记于心。这个项目似乎没那么苦闷了，因为勒罗伊已经不再像从前那样自负了。他在新生活中获得的回报越多，犯罪就越让他觉得反感。他过着平静的生活，这是他以前从未想过的，他把时间花在家庭、工作和朋友身上。他对金钱和时间做出规划，时间宝贵，他无法完成他想做的所有事情。他知道取得进展需要做些什么，他有约克尔森教给他的工具——新的思维模式。勒罗伊反思道："当我头脑清晰的时候，我很容易把事情安排得当。"重拾犯罪是不可想象的。勒罗伊称："我想要的东西太多了，我不希望任何事情干扰我达成目标。"

本章内容发表 20 年后，勒罗伊一直保持着稳定的工作，也仍然和妻子玛丽住在一起。他的孩子们都长大了。他记录清白——没有再次被捕。据他报告，他努力通过锻炼和保持健康来照顾好自己。他继续坚持不使用违禁药品。他报告过的唯一一次重要矫治活动是他自愿参加了匿名戒酒会，当时他意识到自己的饮酒量有可能会破坏他富有成效的生活。

10 年后的再一次随访发现，勒罗伊正在医院里与死神搏斗，处于癌症手术后康复期的他遭遇了心搏骤停。据一位亲密的家庭成员透露，勒罗伊已经从他的终身市政工作中退休，他在一家商店做兼职，一直为他的妻子和已经成年的子女无私奉献着。他的亲戚说，他没有再次被捕，"过着正常人的生活"。

最后一次随访显示，作为一个多年来控制欲极强、脾气暴躁的人，勒罗伊已经不再试图证明自己是个大人物，而是致力于自我提升。他听从约克尔森医生的教导，直到生命的最后一刻。勒罗伊膨胀的自尊心源于自命不凡，当他建立起一种负责任的生活后，他可以把逆境视为机会而不是侮辱，这时他的自尊心能够让位于平静的满足感。在弥留之际，勒罗伊被悲伤的家人包围着。许多年前，他们曾万分沮丧，准备放弃勒罗伊。渐渐地，他们又回来看他了，并给予他理解、鼓励和支持。勒罗伊从不认为自己"做到了"，因为他觉得改造工作永远也不会停止。2014 年，勒罗伊平静地离开了人世。

第 19 章

我们该做些什么

公众对犯罪的原因及补救措施的看法仍然呈现两极分化的特点。从"把他们关起来并扔掉钥匙"到将罪犯视作因被剥夺了机会而需要帮助的受害者，人们立场不一。一些主张改革的人认为，犯罪行为往往是对社会不公的反映。一位作家甚至为抢劫行为辩护，称其是"给社会带来真正、持久的改变的有力工具"。这种观点所表达的意思是，罪犯成了捍卫自身权利、反抗社会不公的英雄。

"大规模监禁"一词意指美国人口占全球总人口的 5%，但其囚犯人数却占世界监狱人口的 25%。大规模监禁主要发生在二十世纪八九十年代，部分原因是应对不断增长的城市犯罪事件。人们感到恐慌，希望获得安全。二十世纪八九十年代，随着美国大中型城市的核心地带变得破败不堪，犯罪猖獗，很多居民和公司都另觅他处。我曾在全美国 50 个州中的 48 个州举办关于犯罪心理的工作坊和培训课程，因此见证了"大规模监禁"趋势所带来的后果。我讲课的大多数场地都不在市中心，如果我想看看会议场地和酒店以外的地方，就需要开车去市中心。我看到那些曾经繁荣一时的市中心已经荒弃。

监狱人口的膨胀，集中体现在年轻黑人男性罪犯数量的增长，这在一定程度上归因于刑事司法系统政策中固有的种族主义——一种新式的"吉姆·克劳"。致力于罪犯改造的专业人士发现，一些罪犯利用种族主义作为他们犯罪的借口。与罪犯工作的问题之一不是种族主义是否存在，而是他们如何应对种族主义及他们所遇到的其他不公正现象。

犯罪没有种族、民族、社会或经济之分，罪犯来自社会各个阶层。半个多世纪以来，政策制定者、学术界的社会学家及犯罪学家一直呼吁，减少犯罪的方法是找到其"根本原因"。1969 年，克纳委员会发起了"解决城市犯罪根源"的请愿。米尔顿·S.艾森豪威尔基金会在 1990 年的报告中表示，遏制美国暴力犯罪的方法是"改善所有居住在城市中的人尤其是穷人的家庭和社区生活环境"。2021 年，《华盛顿邮报》在其社论版指出，尽管"国家可能重新陷入人们所熟悉的大规模监禁和激进治安的循环"，但更好的做法应该是"消除大多数滋生犯罪的条件"。

环境确实会影响行为。然而，在我作为心理学家的 50 年里，给我留下深刻印象的并不是一个人周围的环境，而是他选择如何处理生活交给他的一切。减轻贫困、改善学校、提供更好的住房和其他社会项目帮助了数百万人，但是，它们并没有显著减少犯罪。无论罪犯生活在什么环境中，思维错误都持续存在。

无论是"严厉打击犯罪"的提议还是提倡"改过自新"，有两件事是明确的。其一，监禁的经济成本巨大，而重复犯罪率仍然居高不下。根据美国司法部的数据，2017 年，一名联邦囚犯平均每年的监禁费用为 36 299.25 美元。2018 年，加利福尼亚州的监禁费用为 81 203 美元。其二，美国司法部对囚犯再次犯罪的情况进行了为期 9 年的跟踪调查。结果显示，68% 的囚犯在获释后的 3 年内再次被捕，83% 的囚犯在 9 年内再次被捕。这些统计数据可能还低估了囚犯出狱后的犯罪发生率。数据仅表明了罪犯是否再次被捕，而且很可能只占他们所犯罪行的一小部分。显然，目前的惩治做法并没有产生持久的纠正效果。

52 年前，我对"罪犯心理"还一无所知。我认为罪犯和其他人一样，他们的犯罪行为不过是对不良环境、失职父母或精神疾病的反映。当我看到塞缪尔·约克尔森医生如何对一个以犯罪为生的人展开访谈时，我大开眼界。我发现，他们看待人生的方式与我身边的人及我治疗过的人非常不同。表面上看，他们想要的东西似乎也是我们大多数人想要的——友情、安全感、爱、合法的生存方式。但我渐渐意识到，即使罪犯想要这些东西，他们获取这些东西的方式也与具有基本责任心的人大相径庭。

本书着眼于罪犯的思维模式，这种思维模式与他们所处的环境无关。罪犯的自我形象建立在他们通过欺骗、恐吓或暴力手段取得的对他人的征服和控制的基础上。他们对外界感到愤怒，认为世界没有给他们应得的待遇。他们以一种令人不寒而栗的方式消除了对后果的恐惧和良知。他们缺乏责任感，认为自己是宇宙的中心，万事万物都应该围着他们转。尽管造成了巨大伤害，他们仍然确信自己是好人。除非被判处无期徒刑，否则每一个被监禁的人，无论男人、女人还是孩子，最终都会被释放。"从严处置"就是：在一段时间内让罪犯远离大众。当他们重归社会时，他们的思维模式并不会发生改变。

有两个主要原因使帮助罪犯建立责任感的努力无效。第一个原因是低估了使顽固的人格发生改变的难度。第二个原因是将"改过自新"的理念用在帮助罪犯上是存在缺陷的。一名罪犯从狱中写信给我，说监狱工作人员"完全不知道要真正改变一个人的认知有多难，需要花费多少时间"。

仅仅是改变一个习惯就已经颇具挑战了，这还是在我们有强烈动机的前提下。减肥就是一个例子。一个人阅读饮食书，寻求营养学家的专业建议并做了最好的计划。然而，实现持续减重需要一个人对自己的思维进行自我监控。每当他想品尝一包薯条或一盒冰激凌的时候，他都必须中断自己的想法，转念去想一些有助于目标达成的事情。改变习惯没有捷径。那么，想想改变一个人用了一辈子的、影响他生活的方方面面的思维模式，该是多么艰难的任务。

"改过自新"理论的缺陷

改过自新的意思是恢复成原来的样子，即回到早期状态或情形。我们可以说一个人将房子恢复成 20 世纪初的样子，因为这座房子曾经就是那样的。我们也会帮助一位中风的患者康复，使其重回之前健康的状态。但我们不可能让一名罪犯恢复成原样，他们原本就从未经历过负责任的人生。所谓的"改过自新"其实是一个全面识别和纠正认知错误的过程。

大众对富有成效的"改过自新"所涵盖的内容存在普遍的误解，即把"放弃犯罪"作为主要目标。用这种有局限的想法去看待问题，就好比患者因癌症被切除双肾却没有得到肾脏移植一样。罪犯不再犯罪，那他们该做些什么呢？改造不是把他们的手从他人的财物上移开或给他们拉上裤子拉链那么简单。改造要求他们放弃全部的生活方式，参与识别和纠正认知错误的过程。期待在没有任何引导的情况下让一名刑满释放的罪犯改变他一辈子的生活方式并从此过上负责任的生活简直是痴心妄想，他们根本还没有学会该怎么做。

这项努力无法成功的另一个原因在于，"改过自新"理论的前提是，罪犯具有与大多数人一样的需要，只是他们不知道如何用被社会接受的方式去实现这些需要，或者被剥夺了实现这些需要的机会。由于许多矫治和心理健康专家并没有意识到，罪犯和常人的思维模式相异，因此他们相信那些成功的助人项目也可以在罪犯身上取得成效。几十年来，大笔资金投入教育、职业培训、社会技能培养、财务管理辅导和艺术活动中。其中还包括一些前沿项目，如瑜伽、园艺、日志写作、制片甚至驯犬。这些项目的初衷是好的，但它们的结果无异于在一片腐烂的地基上建造高楼大厦。

"不让我犯罪，我的整个世界都空了。"一名囚犯这样说道。他无法想象没有犯罪的生活。犯罪是他们的生活必需品，通过合法的努力获得成功根本无法与犯罪行为相提并论，这和他们具备了什么技能或得到多少报酬都没有关系。

那些建设性地占用囚犯时间的项目无疑有助于改善监狱环境。但这些项目的主要目的不仅仅是填补时间，而是为囚犯"重返社会"做准备。然而，罪犯从一开始就没有"融入"过这些项目，只要他们坚持认为生活没有退路、自己优于他人、约束他人的规则不适用于自己，他们就永远无法融入其中。

据估计，大约有三分之一的囚犯没有高中文凭。而监狱可以提供从基础扫盲到大学课程的一系列教育机会。

上千名囚犯报名参加课程，获得了相当于高中学历的文凭。普通同等学力考试的高通过率很能说明问题。在大多数情况下，他们的学业失败并不是因为他们能力不足。在被监禁期间，他们有大把的时间且无事可做，他们学习的速度之快让教官也为之惊讶。他们在一年的时间里学到的东西可能比过去在学校的许多年里学到的东西还要多。一些从未读过整本书的人变成了狂热的阅读爱好者，因为他们发现沉浸在书中可以冲淡监狱生活的乏味。

监狱教育领域的另一个极端案例是，2021 年，耶鲁监狱教育倡议会与纽黑文大学合作，获得了安德鲁·W. 梅隆基金会提供的 150 万美元拨款，用于为康涅狄格州一所超级监狱的囚犯提供课程。囚犯在狱中获得学位，获释后有资格继续接受教育。

参与教育计划可以提高囚犯获释后寻找工作的市场竞争力。然而，他们的犯罪行为与他们接受的正规教育水平几乎没什么关系。罪犯就是罪犯，无论他是小学辍学者还是大学毕业生。我记得有一名白领罪犯整日把柏拉图和亚里士多德的话挂在嘴边，但关于如何负责任地生活，他却比大多数小学生了解的还要少。他因挪用公款被判入狱。

另一个善意帮助罪犯获释后重返社会的例子是"父母技能培训"。囚犯会学习关于儿童发展的知识及如何管束孩子，并被鼓励表达他们对孩子活动的兴趣及关心孩子的情感。大部分囚犯都能脱口而出一连串高效父母所具备的品质。但说和做是两码事。除非让孩子得到高度重视并让罪犯认识到自己对孩子的义务，否则他们不太可能成为高效的父母。我采访过的罪犯无一例外地声称他们爱自己的孩子，但这并没有阻止他们忽略、虐待或无视他们的孩子，因为他们有比抚养孩子更重要的优先级事项。亨利告诉我，他为自己的两个儿子在学业和体育上取得的成绩感到万分骄傲。但是，他既不能辅导他们做功课，也不能在赛场上给他们加油，因为他要和他的那些街头伙计混在一起。有一次，亨利四处搜寻买毒品的钱，竟然砸开了大儿子的储蓄罐。他可以滔滔不绝地谈论什么是好父母，而他自己却是一位失职的父亲。

财务基础计划旨在帮助罪犯远离债务、有预算地生活、按时还清账单、养成储蓄习惯及记录开支。很多罪犯认为没必要做预算。如果他们想要什么东西，他们会觉得自己理应拥有，并不择手段地占有。虽然他们也会提前谋划，但他们不会就负责任的努力进行长期规划。对大多数罪犯来说，给孩子的教育留出资金或对未来进行投资的想法与自己毫不相干。

我们的目的不是诋毁这些教会囚犯重要技能的项目，而是要指出，如果因犯不接受自己认知中的错误并改正他们，这些项目将收效甚微。"改过自新"的缺陷不在于这些项目本身，而在于这些项目未能与改变认知这一首要目标结合起来。

来自芝加哥大学的马修·艾普森（Matthew Epperson）注意到，自由派和保守派一致认为现行的监狱改造政策无效。他援引保守派"犯罪权利"的倡议作为开头，并说道："是时候重新思考我们该如何对待和改造我们的囚犯了。"

纠正思维错误——监狱项目的共同核心

在《掉进兔子洞》（*Down the Rabbit Hole*）一书中，布伦特·麦考尔（Brent McCall）和迈克尔·利博维茨（Michael Liebowitz）两位作者基于他们在康涅狄格监狱服刑的亲身经历对惩教项目提出了具体的批评。他们强调，这些项目只有"在更大的、把重点放在罪犯思维上的综合矫治框架下"才能发挥作用。例如，麦考尔和利博维茨建议，监狱劳改项目的教官不应仅传授木工等技能，还应同时纠正罪犯的思维错误，如"时间管理不善或不愿获取信息"。他们还着重提到，监管人员必须具备"正确的态度和资格"，这样才能发挥"权威人物、技术人员、讲师和指导顾问"的作用。两位作者说："不同惩教内容之间的关系应该是协作性的，彼此相互加强，相互借鉴。"

所有工作人员都应该熟悉思维错误，一位惩教官把思维错误描述为"一切混乱的根源——罪犯在被监禁以前把这种思维错误融入日常的家庭和工作中，入狱后又把它带进了监狱"。他根据自己多年的监狱工作经验呼吁道："罪犯从治疗项目中学到的内容应该通过医院、监狱或社区的工作人员得到强化。如果每名工作人员都经过培训了解了思维错误，那么他们就能成为改造的有力推动者。这样，治疗概念就不再是抽象的理论，它可以走进罪犯的日常生活，让罪犯对自己承担起责任并帮助他们做出改变。"

麦考尔和利博维茨从他们作为囚犯的经历出发，指出了我在为罪犯所设计的项目中发现的最常见的漏洞。即使各个独立组成部分都被很好地执行，监狱工作人员也受过良好的培训，它们也并不能形成一套清晰、明确的概念体系共同发挥作用。例如，我们有完善的职业培训、娱乐和教授社交技能的设施。但是，如果不将这些设施视作相同思维模式在不同场合下得以展示并被改造的场所，那么改造的重点就只能停留在某项具体技能的教学上。未能教会囚犯如何认识和履行义务、管理不切实际的期待、承担责任和纠正其他思维错误的问题应在每项活动或每个课堂上得到解决。不过，只有当包括与囚犯打交道的轮值惩教官在内的所有工作人员都达成一致时，这种情况才有可能发生。

正确看待认知行为疗法

认知行为疗法（Cognitive Behavioral Therapy，CBT）被广泛地应用于治疗焦虑障碍、抑郁障碍和其他精神障碍。它可以帮助人们纠正错误的认知模式。例如，类似于流行电视节目《周六夜现场》（*Saturday Night Live*）中黛比·唐纳（Debbie Downer）的角色，一个总是对未来持消极态度的人会失去很多生活的乐趣。CBT 帮助这样的患者意识到自己自动化的悲观想法，并对其进行分析，然后做出更为理性化的评估。

　　哈佛医学院的一份公开出版物指明，CBT 一类的治疗方法可以帮助人们"通过学习关注过往的成功经验而不是失败来获得更多的信心"。但是，如果将这些治疗方法应用在罪犯身上，其目标就完全不同了。罪犯把征服视为成功，当其他人没有满足他们膨胀的自我认知时，他们就会产生失败感。让他们关注过去的成功经验等同于助长他们的犯罪行为。除非治疗师理解这一点，否则他们的努力将是徒劳的。

　　夏洛特曾接受抑郁障碍和双相障碍的心理与药物治疗。她从大学辍学，拒绝找工作，又突然从家里一下子消失了好几个晚上，这令她的父母十分绝望。他们在心理治疗上花费了数千美元，却没什么效果。夏洛特告诉我："我的自我认知一直很好。当我和朋友们一起玩的时候，我很开心。我的性格很好，我没有任何问题。"在对她进行评估的过程中，我发现夏洛特自己就是导致她患抑郁障碍的罪魁祸首，她无视责任，喜欢寻求捷径，被那些她认为富有冒险精神的流浪者吸引，她面对的正是以上这些行为的后果。她承认自己对生活永远都不满意，她说，"我总是怪罪于外部因素"——这些外部因素主要是她的父母、老师或不断变化的朋友圈子。她最近给自己制造的一个大麻烦是，她因重大盗窃行为被指控犯有重罪，还有可能面临牢狱之灾。夏洛特的母亲在谈到女儿最近的治疗师时说："他从来都抓不住事情的重点。我们能让夏洛特接受一种有效的治疗吗？"毫无疑问，治疗过这位年轻女性的心理健康专家已经尽了他们最大的努力。但是，对大多数患者有效的治疗方法对夏洛特而言却不起作用，因为她的思维模式与罪犯的思维模式相似。

　　《经济学人》（*The Economist*）2017 年的一篇文章指出："CBT……可以使惯犯数量减少 10%~30%，尤其对年轻罪犯效果显著。这种疗法费用低廉……不过，据估计，只有 5% 的美国囚犯能够被安排接受该疗法的治疗。"

　　需要提出的一个问题是，对于将咨询师视为另一个征服目标的罪犯而言，什么样的 CBT 才可能是有效的？为了避免产生与数十年来困扰罪犯改造咨询同样的问题，CBT 必须基于对罪犯世界观的全面了解。我们不会给摩托车和战斗机使用相同的燃料，也是同样的道理。

正如我们在第 16 章提到的，罪犯和普通人一样可能患上精神疾病。一个人可能同时患有两种互不相干的疾病，如黑色素瘤和流感。一位在惩教机构工作的心理健康专家发现，他的同事们在制订罪犯改造计划时过于关注精神疾病症状，却忽视了罪犯的核心人格。这位心理健康专家评论道："我已经疲于质疑我的同事和公司的教导者了，我懒得再去不断地告诉他们罪犯是怎么想的。他们只关心精神健康，却忘记了自己在监狱里工作。"

大多数接受 CBT 的普通患者都急于从困扰他们的心理问题中解脱出来。受内在痛苦的驱动，他们对治疗师坦诚相待，接受治疗师的建议，并将他们所学应用于生活。罪犯则掩饰自己，对治疗师支支吾吾。他们只接受自己赞同的观点。他们不断地挑他人的刺，却很少进行积极的自我批评。他们永远只想着证明自己是对的，从不努力提升自己。

批评者提出，自恋者缺乏洞察力和同理心，无法学会这些品质。最近的研究得出了不同的结论。《华盛顿邮报》上的一篇文章指出，同理心并非一种"固有的品质"，而"更像一种技能"，可以通过学习获得。此外，多伦多一间实验室的研究"挑战了自恋者对自己那以自我为中心的特质缺乏洞察力的假设"。

识别并纠正思维错误是专为囚犯设计的一种认知取向的方法。这种方法要求一种"现象学"的视角——从囚犯的角度理解世界，而不是停留在理念和假设层面的原因上。

40 多年前，芝加哥大学法学院刑事司法研究中心的埃里克·斯蒂尔（Eric Steele）写道："我们或许不能理解犯罪也无法解决其根源，但我们仍然可以提供一种能够让每个人依靠自主性做出最大限度的改变并促使他们努力在没有暴力犯罪的情况下生活。"

无论是惩教机构内的项目还是社区项目，重视"犯罪思维"都尤为关键。

这种方式给那些被判处终身监禁但仍愿意自我改进的囚犯提供了希望。自 20 世纪 90 年代末以来，佛罗里达州萨姆特监狱的"终身囚犯俱乐部"利用与思维错误相关的宣传单和视听材料对被判处终身监禁的罪犯实施教育。这些资料经过调整，成为该机构"获释前培训计划"的一部分。

在本书中，不管罪行的严重程度如何，我都将犯罪之人称为"罪犯"。显然，并不是每名罪犯都是十恶不赦的惯犯，但所有类型的犯罪行为都源于一个人的思维模式。我在上一章详细介绍过的罪犯改造项目经过调整可被用于帮助尚未发展成为职业罪犯的年轻人和成年人变得更加负责任。

戒毒治疗只是权宜之计

从由尼克松总统发动的、已有几十年历史的"禁毒战争"到由"进步"检察官采取的温和立场，政策一直摇摆不定。那些进步检察官对他们认为的"低级犯罪行为"（如持有毒品、卖淫和偷渡）免除法律制裁。批评者认为，检察官试图通过减少被指控犯罪的人数来"降低犯罪率"。放弃执法引发了一些后果。《巴尔的摩太阳报》（*The Baltimore Sun*）在 2021 年 5 月报道称，致命的阿片类物质过量已创历史新高，"无约束的公共毒品交易"仍在进行，而警方没有采取任何行动。根据该报所述，居民"抱怨警察执法不力损害了他们的生活质量"。贩毒及其他"低级犯罪"经常导致抢劫、枪击和帮派斗争。所谓的非暴力毒贩会与一些包括帮派成员在内的极端暴力分子做交易。

极少有罪犯会主动寻求戒毒治疗。对他们来说，毒品提供了一个激动人心的世界——吸毒的人、场所、交易的刺激感。当罪犯感到无聊、不安、易怒时，只要一想到毒品，其症状便会开始消失。

一些罪犯自愿参与戒毒治疗项目，目的是提高自己的犯罪能力。当罪犯不再使用毒品时，他们可能会发现自己成了"更好的罪犯"，因为他们的思维更加敏锐，协调能力也有所提高。但即便戒除了毒品，他们的核心思维模式仍然保持不变。

大多数罪犯只有在面临监禁或法院判决时，才将戒毒治疗作为一种替代性方案。截至 2020 年，美国共有 3000 个毒品法庭，这些法庭存在的目的是"减少毒瘾复发和多次犯罪"。如果检察官不执行毒品法，那么这些专门法庭在帮助吸毒罪犯方面发挥作用的机会就会减少。《太阳报》称"通过毒品法庭接受治疗的人数仅为 10 年前的 25%"。

惩教人员的录用和培训

惩教人员奠定了监狱日常生活的基调，也影响了整个监狱的文化。招聘惩教人员时很重要的一点是，要考虑候选人既能够了解罪犯的思维模式，同时自身又不具备这样的思维模式。淘汰有犯罪人格的候选人是有一定难度的。惩教机构需要对求职者进行广泛的面试和心理测验并审查其过往工作的业绩评估。

惩教机构管理者一定要避免录用那些"滥好人"或"强硬派"。他们应该考虑以下几点：这名可能被录用的员工是否因为喜欢惩罚"坏人"而喜欢这份工作？他是否首先将自己视为一名执法者，从"我们和他们"的对立角度看待自己的工作？他之前是否有滥用职权的记录？

在圣伊丽莎白医院工作时，我意识到腐败的员工不仅利用法律为自己服务，还阻挠那些勤勉的同事尽力工作。这些员工会时不时地与囚犯勾结，替他们保守秘密，或者伙同他们做出一些违反机构政策的举动或显而易见的非法勾当。这些员工不仅在工作中玩忽职守，有些人甚至在工作之外犯罪。

麦考尔和利博维茨在他们被关押的监狱里也观察到了类似的现象："工作人员和囚犯之间的界限变得如此模糊，以至于无法分辨出哪些人是被判了刑的囚犯，哪些人是在监狱工作的员工。"

在向美国司法部提交的一份关于建立一所改造暴力罪犯的"超级监狱"的提案中，埃里克·斯蒂尔强调了"工作人员素质"的重要性。他说："所需的技能和敏感性只能在工作中培养。传统的角色概念必须被与囚犯有关的新的、积极的方式所取代。"他还提议，"个人技能和态度而非专业身份"应该作为筛选主要管理者的关键因素。

其他改变要素

帮助囚犯识别和纠正思维错误的项目并不需要新的设施类型。心理学家和精神病学家也不是帮助囚犯改变的必要条件。概念和方法简单而直接：知识、奉献精神和耐力是这项工作所必需的。

无论是在惩教机构还是在社区，教导人员表达同情的方式都不应是为罪犯的困境潸然泪下，而是应该对帮助罪犯成为有责任心的人这一伟大事业倾注大量的时间和精力，这对社会和罪犯有举足轻重的作用。

与罪犯一起工作最大的职业危害可能是遭受人身伤害的风险。同样不利于职业满意度的还有工作热情、承诺和兴趣的快速耗竭。有理想、有责任心的年轻人进入管教所，渴望把工作做好。但他们几乎立即就要面对一系列他们尚未准备好的困难。尽管这些新手员工的工作对象极难相处，但他们认为，自己应该完成这些人的父母、老师、雇主、牧师和其他人多年来一直未完成的任务。此外，他们的工作量巨大。除了和罪犯打交道的工作，他们还要处理成堆的文书、参加冗长的会议。新员工还会遇到来自老员工的冷漠、挖苦及偶尔的敌意，这些老员工已经对与罪犯及官僚体制的斗争感到厌倦。

新员工急切地想与罪犯建立关系。当他们认为自己取得了进展时，他们会发现自己被"利用"了。这是罪犯惯用的伎俩——他们隐藏自己的真实意图和非法活动，给人留下另外一种印象。就在新员工开始相信自己的努力产生了效果的同时，他们又会一下子猛然醒悟。例如，一名新员工了解到，在一次牢房搜查中，那名一直在向他咨询的囚犯数周来藏匿了包括几件自制武器在内的违禁品。起初，这名新员工把自己的失败归因于缺乏经验。在经历过一次又一次类似的事件后，他的信心和士气都下降了，他怀疑自己是否真的适合这份工作。对于那些辜负了他的努力的囚犯，他的怨恨与日俱增。一些新员工会开始认为这项工作毫无希望。这在某些情况下可能的确如此，但过早出现的失败主义态度可能会变成自证预言。一名资深惩教人员描述了自己从早期的热情发展到倦怠的过程。"第一年，"他说，"新人总觉得自己做得不够。第二年，他们做得就没那么多了。到了第三年，他们就什么都不想做了。"当专业人士变得冷漠、自私时，人性因素就消失了。有些人会坚持下来，但那只是为了挨过每一天并获得薪水。少数人会坚持不懈，仍然希望完成一些有价值的事情。

一名惩教人员写信给我，讲述了他如何变得自我怀疑的过程。他曾热烈地投身于他的工作，却逐渐感到挫败。他说："我意识到我不可能实现任何成功的改造，当时我对罪犯的思维模式缺少最基本的了解。"他认识到，"将观察结果和经验纳入过时理论的框架是多么徒劳的努力"。他评论道："我们一直走进死胡同，从一开始就错了，我们做得最错误的事就是以为罪犯和普通人的基本价值观相同。"

社会适应

刑事司法改革的一个主要方向是去监禁化。《经济学人》上的一篇文章建议，"为最恶劣的罪犯保留监狱，对情节轻的罪犯做其他处置"。问题是，除了那些已经有暴力犯罪记录的罪犯，我们如何识别哪些是"恶劣"的罪犯呢？刑事司法教授伦尼·阿森斯（Lonnie Athens）警告说："犯罪记录并不能衡量一个人的犯罪程度，它只是记录了这个人被刑事司法系统抓住的次数。"他正确地表明了"对这些人进行深入调查"的必要性。但其中也存在一个问题：通过深入评估来决定哪些罪犯可以被释放既费时又昂贵。不过，不经仔细评估就做出决定所要付出的代价更大。

将看起来没有重大再犯风险的囚犯释放的举措已在逐步推进中。这项政策在新冠疫情期间被加速实施，并酿成了一些悲剧性的后果。2020 年 7 月，马里兰州一名被指控谋杀的男子以"由新冠疫情构成的直接威胁"为由，成功申请了从监禁中获释的紧急动议。三个月后，他再次因刺死一名男子而受到指控。一名强奸犯也在弗吉尼亚州提出过类似动议并获释，之后他杀死了他的指控者。

2018 年颁发的《第一步法案》(First Step Act) 是美国两党在联邦层面的共同努力，旨在撤销造成大规模监禁的"严厉打击犯罪"政策。除了量刑改革外，该法案还根据囚犯再次犯罪的可能性，将其分为低、中和最高风险等类别。囚犯可以通过参加"减少再犯活动"来获得减刑积分。在回到更大的社区居住之前，囚犯首先要参与获释前的项目，这个项目要求罪犯在 24 小时的电子监控下居家。该法案的实施还有待长期的跟进。

早在《第一步法案》颁布之前，就有人致力于对青少年罪犯区别化量刑。在华盛顿特区，根据 1985 年的《青少年改造法案》(Youth Rehabilitation Act)，一些罪犯就被撤销定罪或得到减刑。2016 年，《华盛顿邮报》报道称，在该计划运作了 30 多年后，"许多缓刑犯加大了他们的犯罪力度"。事实证明，在某些情况下，一项出发点良好的立法会成为更多犯罪行为的许可证。例如，一名在获得二次机会后又犯下谋杀罪的年轻男子说："我又回去做同样的事情了。他们只是给了我这项法案，然后就马上让我回去了。他们真的不在乎。"

人们普遍认为，少年犯能够改过自新的可能性更大。尽管在某些情况下确实是这样，但我的经验告诉我，事实恰恰相反。许多青少年和年轻人尚未经历足以促成他们改变的严重后果。他们关注的是立竿见影。一旦摆脱被法律惩罚的危险，他们犯罪的频率和严重性都会增加。

风险管理远不只决定哪些人可以被释放及在什么条件下可以被释放那么简单。

"去监禁化"运动：机会还是危险

20世纪60年代，一场将精神病患者从医院转移出来的运动愈演愈烈。各种住院设施，特别是州立精神病院，被认为是精神病患者绝望的最终归宿，甚至在某些情况下，还涉及虐待事件。1963年，美国《社区精神卫生法》（Community Mental Health Act）通过后，州立精神病院纷纷关门歇业，人们越来越乐观地认为，通过协调各种服务（包括精神药物的管理），精神病患者在家附近就能得到有效治疗。1955年至1994年间，公立医院内的精神病患者人数从56万下降到7.1万。然而，去监禁化的失败使人们不断地付出巨大的代价。由于规划不善和缺乏资源，男女老少生活在肮脏的城市街道上、露宿在桥下和帐篷里，或者挤在危险的避难所内。

无法提供足够的社区精神健康服务设施还存在另外一个后果。美国心理学会刊物《心理学观察》（*Monitor on Psychology*）注意到，"容纳了全美国220万名囚犯的监狱已经成为那些寻求社区服务的人的精神健康设施"。

一项与去监禁化类似的改革也正在推进中，在刑事司法领域，改革派迫切要求释放千余名囚犯。芝加哥大学的马修·艾普森警告说："去监禁化，无论是在精神健康领域还是在刑事司法领域，都需要一个资金充足的后续系统。清空医院或监狱本身不是目标。"

如果没有充足的资源用以监督罪犯、向他们提供服务并雇佣相关工作人员与那些愿意进行改造的人一起工作，就草率地将罪犯从惩教机构内释放并期望他们负责任地生活是不现实的。

缓刑

自 19 世纪末以来，法院便对罪犯施以缓刑以代替监禁，或者在罪犯服刑一段时间后做假释处理。2018 年，美国共有 354 万名罪犯处于缓刑期。缓刑管理人员会监督罪犯，并根据具体情况对罪犯的一些限制条件（包括社区服务、随机药物测试、咨询和保持稳定住所）进行监督。在许多社区，缓刑没有任何约束：它几乎不会给罪犯带来不便，更不用说什么处罚了。对一名超负荷工作的缓刑监督官来说，每隔一周的半小时会面都很难让他有时间完成他的书面工作，更不用说和罪犯进行有意义的讨论了。一些缓刑监督官的工作量实在太大了，就算在大街上碰到自己负责的假释犯，他们可能都认不出来。

批评者声称，缓刑在实施过程中采取的往往是"追踪、锁定和监禁"策略。美国人权观察组织和美国公民自由联盟的一份报告称，"武断和过于严苛的缓刑监督政策"已经"把人们送回了监狱"。该报告强调，为了"引导弱势群体远离刑事司法系统"，应将资源投入教育、职业培训等。持这种观点的人认为，一个"弱势"的被告被"带回"监狱，是因为社会辜负了他，我们需要给他提供更多机会。其实更大的可能性是，假释犯违反了明确规定的假释要求。

缓刑监督官已经习惯了听到一个又一个不遵守规定的借口。他们经常遇到公然违反缓刑条件的罪犯。最终，当缓刑监督官找到当事人时，他会警告说，如果违规行为继续存在，法院将会收到通知。对此，假释犯会采取一种典型的策略，即违法后指责缓刑监督官，称是对方想让他回到监狱，还不给他机会，不讲道理地误解他。除非假释犯经常或严重违法，否则工作量过大的缓刑监督官并不会急于向法庭提出撤销缓刑的动议。要申请撤销缓刑，缓刑监督官需要投入大量时间提供证明文件、填写表格及等待在法庭听证会上作证。

如果罪犯没有达到缓刑（或假释）要求，他们就极有可能认为自己不需要在思维和生活方式上做出任何实质性的改变。

缓刑改革的倡导者提出对缓刑决定采取风险评估措施，这个建议看似合理，但极难执行。试想一下，两名罪犯同样因重大盗窃罪被捕。念及二人都是初犯，他们均获得了缓刑，这一判决没有考虑到他们是否曾经因其他罪名而被捕。实际上，其中一名罪犯有过几次商店行窃的记录，而另一名罪犯不仅行窃多年，还犯下过其他类型的罪行。对前者来说，遭遇起诉对他的婚姻和工作造成了毁灭性的影响，他再犯的风险相对较小。而后者把缓刑看作"逃脱"，认为这只是个轻微的警告而已。对他而言，缓刑不太可能起到有力的震慑作用。工作负担过重的法院工作人员通常没有时间去做深入的风险评估。

关于改造过程的几点思考

可以预料的是，一些罪犯会不假思索地拒绝所有帮助他们改造的强化措施。另一些罪犯则会尝试做出改变，但很快就放弃了，因为改变看起来限制过多。如果上述这两种罪犯居住在监禁机构外，他们就需要受到密切监控。如今，这种形式的改造项目所面临的风险比过去要小一些，先进的技术能够严密地监控生活在社区的罪犯。

极少有罪犯会寻求咨询师的帮助。最初，我们有必要利用法律的杠杆作用促使罪犯参与改造，如将其作为缓刑条件。但归根结底，没有人能强迫罪犯做出改变。最终，罪犯必须达到一个对当下处境和自身状况都感到不满的地步。他们可能厌倦了反复进出警察局、拘留所和监狱，也可能发现失去了自己在乎的人和关心自己的人。

摆在他们面前的只有三条路：犯罪、自杀、做出改变。许多罪犯坚持认为还有第四种选择——表面上装作有责任感，实际上仍在犯罪。如果罪犯允许自己说谎，那么谎言最终会变得无处不在。如果一名罪犯从工作中偷拿了一些东西，那么很快他便会用其他方式欺骗雇主并盗窃雇主的东西。轻微的犯罪行为就像滚落的雪球，只会变得越来越大。

鲍勃已经在监狱中度过了几十年，终于有一天，他意识到，无论是否会被释放，他都应该做出一些根本性的改变。多年来，他一直写信告诉我他的进展。他在写给我的信中说道："我的个性中有太多方面难以改变。没有哪个部分是容易的。"他提到自己目前正在努力"反思自己喜欢发号施令、不愿听命于人的动机"。在最终获得假释许可前，假释委员会曾多次拒绝了他的申请。在社区居住了近一年后，鲍勃给我写了一封信，并在信中表达了他对今后刑事司法计划的期望："刑事司法改革带来的挑战令人生畏。为了最有效地保护社会利益，现行的刑罚文化一定要有所转变，要为罪犯做出有意义的持续性改变提供更大的支持。只有当一个人愿意向好，监狱才是学习的地方。"

有效的改造项目将决定权交给罪犯，他们有机会和能力做出新的选择。这种方法强调的不是罪犯的遭遇，而是他们对其他人做过什么。

在这样的项目中，我们不能替罪犯做决定。我们要把重点放在罪犯做决定的过程上。最终，罪犯会像守法公民一样选择自己终身的职业，并尽力发挥自己的才能。在负责任的选择范围内，总有许多不同的机会。

改造过程要求罪犯建立基本的道德价值观，其目标是教会罪犯在不伤害他人的前提下生活。专栏作家迈克尔·格尔森（Michael Gerson）在《华盛顿邮报》上写道："把囚犯视为毫无价值和希望的人……是一种道德渎职行为，会给后代带来恶果。"希望刑事司法改革能把其关注点放在罪犯改造方面，并且在改造项目中提升对思维错误的重视。

我在这里谈的并不是什么新鲜的话题：选择的力量、自由意志、善与恶、一个人对诱惑的反应及在面对逆境时表现出的是勇敢还是懦弱。我们认为自己是什么样的人，我们就是什么样的人。如果不帮助罪犯改变其最基本的认知，我们就不可能帮助他们放弃犯罪并建立起负责任的人生。

致 谢

我要对以下这些人表示感谢，感谢他们阅读我的手稿并提出有帮助的建议。他们是阿尔伯特·博宁（Albert Bonin，律师）、诺曼·格罗斯布拉特（Norman Grossblatt，生命科学领域外联编辑）、特里·莱亚（Terry Leap，田纳西大学诺克斯维尔分校劳森商学院教授）、约瑟夫·C.林奇（Joseph C. Lynch，退休律师）及理查德·斯特龙伯格（Richard Stromberg，我一生的朋友）。

我还要感谢我的一生挚爱多茜·K.萨梅诺（Dorothy K. Samenow），在我们50年的婚姻生活中，她一直毫不犹豫地支持我做的每一件事。

感谢特里西娅·博茨科夫斯基（Tricia Boczkowski）接受了我对此次修订版的提议，并促成了与企鹅兰登书屋的合作。

我深深地感激能有机会与本书编辑奥布里·马丁森（Aubrey Martinson）合作。她在很多方面都极为出色——她认真地修改我的文稿，提出优秀的建议，反馈迅速，并且总是那么积极、乐观。每次与她交流都让我受益匪浅，我觉得自己十分幸运。